Mes tout premiers pas avec Windows 8.1

FIRST Interactive

SERVANE HEUDIARD

Mes tout premiers pas avec Windows 8.1

12, avenue d'Italie
75013 – Paris
Tél : 01 44 16 09 00
Fax : 01 44 16 09 01
Courriel : firstinfo@efirst.com
Internet : www.editionsfirst.fr

ISBN : 978-2-7540-5596-3
Dépôt légal : 4e trimestre 2013
Imprimé en France

Mise en page : Catherine Kédémos
Avec la collaboration de : Servane Heudiard

Table des matières

Chapitre 1 Windows 8.1 : une expérience inédite

Vivez l'informatique autrement avec Windows 8.1 12

Que l'aventure commence ! 14

Tout premiers pas
Démarrez Windows 8.1 15

Découvrez les deux visages de Windows 8.1 17

Tout premiers pas
Basculez entre l'écran d'accueil et le bureau 20

Coupez le moteur 21

Tout premiers pas
Fermez Windows depuis l'environnement moderne . . 22

Tout premiers pas
Fermez Windows depuis l'environnement classique . . 23

Chapitre 2 Constituez-vous un solide bagage pour Windows 8.1

De « tactile » à « facile », il n'y a qu'un doigt ! 28

Tout premiers pas
Maîtrisez l'art du balayage 29

Pas de Windows 8.1 qui vaille sans l'Internet ! 34

Tout premiers pas
Établissez votre connexion à l'Internet 35

Donnez des ailes à Windows 8.1 avec un compte Microsoft Live 39

Tout premiers pas
Créez-vous un compte Microsoft Live 39

Chapitre 3 — Applications et programmes : au cœur de l'action !

Invitez les applications et les programmes sur le devant de la scène 48

Tout premiers pas
Démarrez et fermez une application 48

Tout premiers pas
Démarrez et fermez un programme. 51

Mettez les applications et les programmes au travail 53

Tout premiers pas
Redimensionnez et déplacez une fenêtre de programme 58

Faites cohabiter plusieurs applications et programmes 60

Tout premiers pas
Basculez entre des applications et des programmes ouverts. 61

Tout premiers pas
Basculez entre des programmes ouverts 64

Tout premiers pas
Affichez simultanément plusieurs applications ou programmes 66

Chapitre 4 — Gérez le contenu de votre ordinateur de main de maître

Gros plan sur le contenu de votre ordinateur. 72

Tout premiers pas
Parcourez le contenu de votre ordinateur 74

Tout premiers pas
Rendez l'Explorateur plus efficace . . 76

Une petite sélection pour de grandes actions. 79

Rangez, classez, éliminez ! 81

Tout premiers pas
Renommez un fichier 83

Tout premiers pas
Créez un dossier 84

Tout premiers pas
Déplacez un fichier 84

Tout premiers pas
Supprimez un fichier 86

Ne mettez pas tous vos fichiers dans le même panier. 88

Tout premiers pas
Copiez un fichier sur un support amovible 89

Tout premiers pas
Copiez des fichiers sur SkyDrive . . 92

Chapitre 5 — Un ordinateur à toute épreuve

Avancez à couvert 98

Tout premiers pas
Préservez la sécurité de votre ordinateur grâce au Centre de maintenance 100

Pas une ride pour Windows 8.1 ! 102

Tout premiers pas
Utilisez Windows Update 103

Sortez-vous des mauvais pas. 106

Tout premiers pas
Dépannez votre ordinateur avec l'outil Résolution des problèmes 108

Chapitre 6 — Offrez-vous une escapade sur l'Internet

De site en site, et de page en page ! . . 114

Tout premiers pas
Visitez un site Web avec Internet Explorer. 115

Tout premiers pas
Affichez plusieurs pages en même temps 120

Une petite recherche pour de grandes trouvailles 124

Tout premiers pas
Recherchez des informations avec Google. 124

Compilez votre best-of du Web 128

Tout premiers pas
Choisissez votre page de démarrage 129

Tout premiers pas
Enregistrez une page Web comme favori 131

Tout premiers pas
Épinglez une page Web à l'écran d'accueil. 132

Chapitre 7 — Goûtez aux joies de la messagerie électronique

Ouvrez votre cyberbureau de poste . . 136
Tout premiers pas
Démarrez l'application Courrier. . . 137
Engagez et alimentez les conversations 141
Tout premiers pas
Envoyez un courriel 141
Tout premiers pas
Relevez votre courrier 143
Tout premiers pas
Répondez à un courriel 146
Partagez plus que de simples propos 148
Tout premiers pas
Envoyez un fichier 149
Tout premiers pas
Consultez les pièces jointes de vos courriels 151
Soyez plus efficace grâce à un carnet d'adresses 153
Tout premiers pas
Créez-vous un carnet d'adresses . . 153

Chapitre 8 — Photo, musique ou vidéo ? Les trois !

Vos photos à l'honneur 158
Tout premiers pas
Copiez vos photos numériques sur votre ordinateur 158
Tout premiers pas
Regardez vos photos. 160
Offrez-vous une escapade musicale . . 164
Tout premiers pas
Recherchez de la musique. 164
Tout premiers pas
Écoutez des morceaux de votre bibliothèque musicale . . 168
Cinéma à domicile ! 170
Tout premiers pas
Regardez, louez ou achetez des films ou des séries télévisées . 170

Chapitre 9 — Boostez les compétences de votre ordinateur

Dopez votre ordinateur grâce à de nouveaux appareils 176

De nouvelles applications pour de nouvelles fonctionnalités . . . 179

Tout premiers pas
Obtenez des applications gratuites sur le Windows Store 179

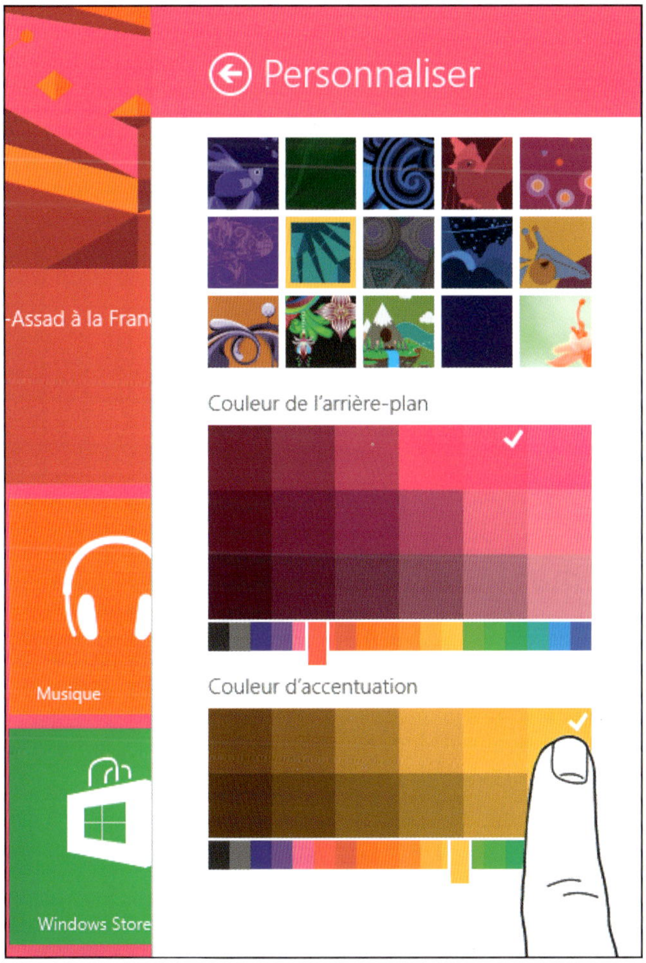

Chapitre 10 — Adaptez votre ordinateur à vos envies

Revisitez l'écran d'accueil. 188

Tout premiers pas
Changez le décor de l'écran d'accueil. 188

Tout premiers pas
Ajoutez ou supprimez des vignettes sur l'écran d'accueil. . . . 190

Changez la déco du bureau 193

Tout premiers pas
Changez l'image de fond du bureau 193

Tout premiers pas
Épinglez vos programmes préférés dans la barre des tâches 196

Effectuez quelques réglages salutaires 197

Tout premiers pas
Optimisez votre démarrage dans Windows. 198

Mémo visuel 201

Glossaire 205

Index. 211

Présentation

Heureux propriétaire d'un ordinateur flambant neuf, équipé de Windows 8.1, et bien décidé à en profiter au maximum, vous venez d'acquérir ce livre *Mes tout premiers pas avec Windows 8.1* : parfait ! En dix chapitres très illustrés, écrits avec des mots simples et pleins de procédures pratiques étapes par étapes, vous vous familiariserez en douceur avec ce programme ultra puissant qu'est Windows 8.1, puis vous apprendrez à exploiter ses principales ressources pour obtenir le meilleur de l'Internet et du multimédia, notamment.

Partez sur des bases solides

En poussant la porte de Windows 8.1, vous entrez dans un univers totalement révolutionnaire, constitué à la fois d'un environnement tactile ultramoderne et d'un environnement 100 % classique. C'est pourquoi tout le chapitre 1 sera consacré à sa présentation. Ensuite, grâce aux chapitres 2 et 3, vous vous constituerez le bagage essentiel pour évoluer facilement dans ce monde nouveau et en exploiter toutes les ressources. Par exemple, vous relierez votre ordinateur à l'Internet et apprendrez à utiliser les applications et les programmes aussi bien depuis l'écran tactile qu'avec la souris.

Un minimum de gestion pour un maximum d'efficacité

Un peu comme avec une voiture qu'il faut entretenir régulièrement pour rouler longtemps, vous n'échapperez pas à quelques tâches de gestion pour garder votre ordinateur en pleine forme. Ainsi, le chapitre 4 vous livrera les techniques indispensables pour organiser convenablement l'ensemble des photos, documents, chansons, *etc.* stockés sur votre machine. Et au chapitre 5, vous mettrez tout en œuvre pour protéger votre ordinateur contre les dangers issus de l'Internet, notamment, et contre le vieillissement.

Élargissez votre horizon informatique grâce à l'Internet

Après cette première moitié de livre plutôt technique, vous aurez votre ordinateur et Windows 8.1 bien en main, et pourrez passer à des activités beaucoup plus divertissantes. Après une longue balade sur l'Internet au chapitre 6, vous percerez tous les secrets du courrier électronique au chapitre 7. Et au chapitre 8, dépaysement garanti avec une immersion totale dans l'univers multimédia !

Dopez votre ordinateur

Arrivé à ce stade de l'ouvrage, vous saurez obtenir monts et merveilles de votre ordinateur : il ne nous restera donc plus qu'à ajouter la cerise sur le gâteau ! Ainsi, au chapitre 9, vous apprendrez à enrichir votre machine en la dotant de nouveaux appareils et de nouvelles applications. Et au chapitre 10, vous découvrirez comment rendre les deux environnements de Windows 8.1 encore plus jolis et plus pratiques.

Superbe programme en perspective, n'est-ce pas ? Qui sera complété par un mémo visuel et un glossaire pour résumer les composants et termes essentiels de Windows 8.1. Néanmoins, si, après tout cela, il vous reste des questions ou si vous avez des remarques, n'hésitez pas à m'envoyer un petit courriel à l'adresse `s.heudiard@laposte.net`.

Allez droit au but avec les 10 tâches essentielles de ce livre

Difficile de faire un choix parmi toutes les techniques que vous apprendrez dans ce livre et qui vous permettront d'obtenir le meilleur de Windows 8.1. Mais une chose est sûre : vous n'irez nulle part si vous ne maîtrisez pas au moins les tâches listées dans le tableau ci-dessous !

Pour savoir comment…	… rendez-vous en page…
Accéder aux deux environnements de Windows 8.1	20
Démarrer une application ou un programme	48 et 51
Vous connecter en Wi-Fi à l'Internet	35
Vous créer un compte Microsoft Live	39
Accéder à vos documents, chansons et vidéos	74
Garder Windows 8.1 à jour	103
Visiter un site Web	115
Envoyer et recevoir des courriels	141 et 143
Copier vos photos sur votre ordinateur	158
Obtenir de nouvelles applications sur le Windows Store	179

Chapitre 1

Windows 8.1 : une expérience inédite

Même si vous brûlez d'envie de vous balader sur l'Internet et d'envoyer des courriels à vos amis, vous devez d'abord prendre vos marques dans Windows 8.1. Sans quoi, il vous manquera toujours les bases indispensables pour utiliser correctement votre ordinateur.

Ainsi, à la fin de ce chapitre, vous saurez, entre autres :

- ➔ Démarrer et éteindre Windows 8.1
- ➔ Vous repérer sur l'écran d'accueil et sur le bureau
- ➔ Basculer entre les deux environnements de Windows 8.1

Chapitre 1

Vivez l'informatique autrement avec Windows 8.1

Windows 8.1 marque la fin d'une époque où l'informatique se pratiquait « dans son coin », avec un ordinateur de bureau, sa fidèle souris et son bon vieux clavier. Aujourd'hui, votre machine peut vous accompagner partout, en restant connectée en permanence au monde entier et à vos autres appareils, comme votre mobile. Et si elle continue d'obéir aux clics, elle peut néanmoins être dirigée de manière beaucoup plus conviviale directement depuis son écran tactile.

Que vous vouliez lire l'actualité allongé dans un transat sur la terrasse, vous renseigner sur les curiosités touristiques de votre prochain lieu de vacances, ou envoyer à vos enfants des photos de votre soirée d'anniversaire, Windows 8.1 sera votre partenaire idéal !

Mais ne nous emballons pas, et faisons d'abord les présentations en bonne et due forme de ce fameux Windows 8.1 ! Très concrètement, il s'agit de la dernière version en date de *Windows*, programme extrêmement puissant qui existe depuis de nombreuses années et qui commande votre ordinateur, tout en vous permettant d'obtenir de lui monts et merveilles.

- D'un côté, Windows 8.1 agit en toute autonomie et en coulisses pour garantir que tous les matériels et programmes collaborent harmonieusement : ainsi, c'est grâce à lui que vous êtes sûr d'obtenir un *M* en appuyant sur la touche **M** du clavier, et d'entendre les notes s'égrener lors de la diffusion d'une chanson stockée sur votre ordinateur. Et c'est aussi lui qui veille à ce que votre machine ne subisse aucune attaque de gens malintentionnés sur l'Internet. Bref, un véritable ange gardien !
- Mais malgré tout cela, il reste à votre entière disposition pour exécuter chaque commande dont vous avez besoin : consultation d'une photo, échange de courriels, dépannage de votre ordinateur, *etc.* Il vous plonge également dans le *Nuage* (ou *cloud*), univers virtuel que vous découvrirez au chapitre 2 et qui vous permet de garder un accès quasi permanent à toutes vos ressources informatiques, comme vos clichés, vos messages, vos contacts et votre calendrier.

Aucun doute : Windows 8.1 est si polyvalent et si complet que sans lui, votre ordinateur ne serait qu'une grosse machine inanimée, peu importe qu'il s'agisse d'un ordinateur classique de bureau ou d'une tablette PC ultramoderne, comme la célèbre *Surface* de Microsoft !

En principe, selon que vous possédez un ordinateur standard ou une tablette PC, vous disposez respectivement de Windows 8.1 « classique » ou de Windows 8.1 RT. Heureusement, dans votre utilisation quotidienne, vous ne noterez pas de différence majeure entre les deux, si ce n'est au moment d'ajouter des programmes ou des applications.

Simplement, cette diversité d'équipements aboutit à la coexistence de deux grandes versions : **Windows 8.1** « tout court », si j'ose dire (avec une variante *Windows 8 Pro* conçue spécialement pour les entreprises), et **Windows 8.1 RT**. Par chance, elles s'utilisent quasiment de la même manière. Mais pour éviter les déconvenues, notez les trois grandes différences suivantes.

- **Disponibilité du produit.** Windows 8.1 « classique » est commercialisé soit comme un produit indépendant (que vous pouvez donc acheter isolément, puis installer sur un ordinateur équipé d'une ancienne version de Windows), soit comme un programme déjà installé sur un ordinateur neuf. En revanche, Windows 8 RT (qui équipe principalement les tablettes PC) n'est disponible que sous cette seconde forme : impossible de l'acheter seul en magasin !

- **Ajout de programmes.** Sur un ordinateur équipé de Windows 8.1, vous pouvez installer soit des programmes achetés indépendamment en magasin ou téléchargés depuis des sites Web d'éditeurs, soit des *applications* (programmes « modernes » de Windows 8.1) obtenues sur le *Windows Store* (magasin en ligne de Microsoft que vous découvrirez au chapitre 9). Avec Windows 8.1 RT, en revanche, vous n'avez que cette seconde possibilité.
- **Suite Microsoft Office.** Contrairement à ce que pourraient laisser penser les deux points précédents, vous n'êtes pas lésé si vous possédez Windows 8.1 RT. Bien au contraire ! Car il est le seul à inclure l'ensemble de programmes bureautiques commercialisés par Microsoft, dont *Word* pour créer des documents, et *Excel* pour gérer vos comptes.

COUP DE POUCE !

De Windows 8 à Windows 8.1

Juste un petit 1 sépare les noms des deux dernières versions de Windows : rien à voir avec le grand écart entre Windows Vista et Windows 7, ni même Windows 7 et Windows 8 ! Mais cela se comprend, car en réalité, Windows 8.1 n'est qu'une **mise à jour** de Windows 8. Majeure, certes, mais mise à jour, et non pas nouveau programme ! Autrement dit : un ensemble d'améliorations et de correctifs apportés par Microsoft à son programme initial.

Si vous avez acheté votre ordinateur à l'automne 2013 ou après, il est forcément déjà équipé de Windows 8.1. En revanche, si vous possédez une machine équipée de Windows 8 antérieure à cette date, vous devez installer vous-même la mise à jour 8.1. Pour ce faire, rien à débourser, heureusement, mais deux possibilités : attendre que votre Windows actuel vous la propose, ou vous rendre directement sur le site Web de Microsoft `www.microsoft.fr` et agir conformément aux instructions qu'il donne.

Que l'aventure commence !

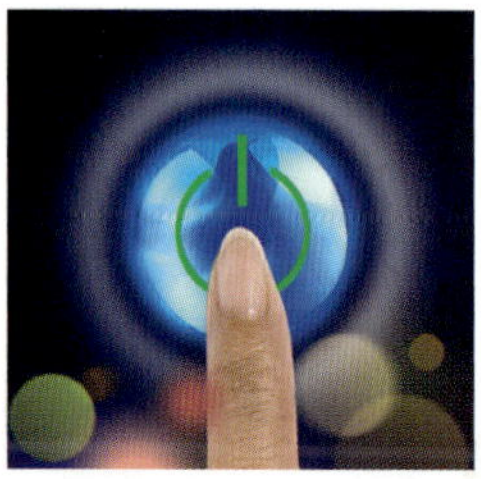

Après cette entrée en matière assez peu conviviale, je vous le concède (mais je devais bien vous présenter celui qui vous accompagnera tout au long de ce livre et des nombreuses heures passées avec votre ordinateur !), passons de la théorie à la pratique et allumons votre ordinateur, afin de découvrir à quoi ressemble concrètement ce cher Windows 8.1.

TOUT PREMIERS PAS

Démarrez Windows 8.1

1 Puisque Windows 8.1 commande votre ordinateur, vous n'avez rien d'autre à faire pour le démarrer qu'allumer votre machine. Alors, appuyez sur le bouton de mise en marche marqué de l'icône ⏻. Selon que vous possédez un ordinateur de bureau, un modèle portable ou une tablette PC, ce bouton se trouve respectivement sur le gros boîtier et sur l'écran, uniquement sur la base (près du clavier) ou sans doute sur le bord du capot, en haut de l'écran.

2 Votre ordinateur démarre et, presque aussitôt, le nom du constructeur apparaît, très vite suivi par le logo de Windows. La toute première fois, vous êtes invité à faire quelques réglages (nous y reviendrons dans le prochain « Coup de pouce »). Mais par la suite, vous arrivez à chaque fois devant l'**écran de verrouillage**, grand fond imagé, avec au moins la date et l'heure dans l'angle inférieur gauche.

Cet écran permet de barrer élégamment la porte à toute personne non autorisée qui voudrait utiliser votre ordinateur. En effet, pour accéder vraiment à Windows, vous devez montrer patte blanche ! Cliquez donc dans l'écran de verrouillage ou *balayez*-le du bas vers le haut (c'est-à-dire posez votre index en bas et faites-le glisser vers le haut, en gardant le contact avec l'écran).

3 Le prénom que vous avez choisi lors du premier démarrage de Windows apparaît sur un grand fond bleu, avec une zone de saisie rectangulaire juste au-dessous : tapez-y le mot de passe que vous avez défini en même temps que votre prénom et appuyez sur la grosse touche **Entrée** du clavier.

À moins que vous n'avez balayé l'écran à l'étape 2 ? Dans ce cas, le clavier tactile apparaît automatiquement, et vous pouvez alors fournir votre précieux sésame en touchant successivement chaque lettre requise, puis la touche **Entrée**. À vous de choisir !

Dernier lever de rideau, et vous voici devant l'**écran d'accueil** ! Comme vous allez commencer à vous en rendre compte dans quelques instants, c'est depuis ce gros damier coloré que tout se joue. Notamment parce presque tous les rectangles ou carrés de couleur, appelés **vignettes**, démarrent une **application** (nom des programmes modernes, souvenez-vous).

Mais ne vous étonnez pas si votre écran d'accueil présente des différences par rapport au mien : la taille et la place des vignettes peuvent varier d'un ordinateur à l'autre (d'ailleurs, vous apprendrez à les modifier au chapitre 10), et beaucoup d'entre elles changent régulièrement d'apparence pour vous informer ou éviter la monotonie.

Par exemple, **Calendrier** affiche chaque jour une nouvelle date (logique !), tandis que **Photos** fait sa coquette en arborant successivement les clichés présents sur votre ordinateur. Quant à **Actualités** et **Météo**, elles font défiler respectivement les gros titres de l'actualité et un mini bulletin météorologique des grandes villes du monde. Et je pourrais en citer bien d'autres ! Mais vous avez compris le principe…

COUP DE POUCE !

Pas de précipitation pour le tout premier démarrage

La première fois que vous allumez votre nouvel ordinateur équipé de Windows 8.1 ou que vous redémarrez votre machine où vous venez tout juste d'installer ce programme, vous n'accédez pas de suite à l'écran de verrouillage : Windows vous invite d'abord à effectuer différents choix et réglages pour vous concocter un ordinateur de rêve.

Dans la mesure du possible, répondez à ses questions. Mais dès que quelque chose vous chagrine, passez sans crainte à l'étape d'après en touchant ou cliquant sur une option ou un bouton du type **Suivant** ou **Plus tard** : vous aurez tout le loisir de revenir sur ces aspects par la suite !

Car si certaines demandes sont très faciles, comme indiquer votre langue, choisir une couleur d'arrière-plan ou taper la *clé d'installation* (long code composé de chiffres et de lettres et fourni avec le produit que vous venez d'acquérir), d'autres réclament un peu plus de connaissances et/ou d'expérience. Je pense notamment à l'établissement de votre connexion Internet et à la création de votre compte Microsoft Live, deux points traités en détail au chapitre 2.

Découvrez les deux visages de Windows 8.1

Après cette découverte de l'écran d'accueil, vous pourriez penser connaître le décor de Windows 8.1. Certes... mais en partie seulement. Car Windows 8.1 se compose de deux environnements radicalement différents, bien que parfaitement complémentaires : le moderne, qui gravite autour de l'écran d'accueil (dont vous venez effectivement de faire la connaissance !), et le classique, fondé, lui, sur un autre décor : le **bureau**.

Ce second environnement traditionnel a beau être caché derrière le premier, il est tout aussi indispensable que lui. En effet, il est seul à vous permettre d'utiliser des programmes classiques et bon nombre de fonctionnalités de réglage et de sécurité poussées. Par exemple, c'est dans cet environnement que vous pouvez créer des documents avec Word ou WordPad.

Le bureau se présente sous la forme d'une grande image d'arrière-plan sur laquelle ont pris place au moins une *icône*, en haut à gauche, et la *barre des tâches*, tout en bas. Mais comme pour l'écran d'accueil, ne soyez pas surpris si vous voyez une autre illustration que la mienne sur votre bureau : le fabricant de votre ordinateur a pu imposer la sienne ! Dans tous les cas, là aussi, vous apprendrez, au chapitre 10, à choisir une image à votre convenance.

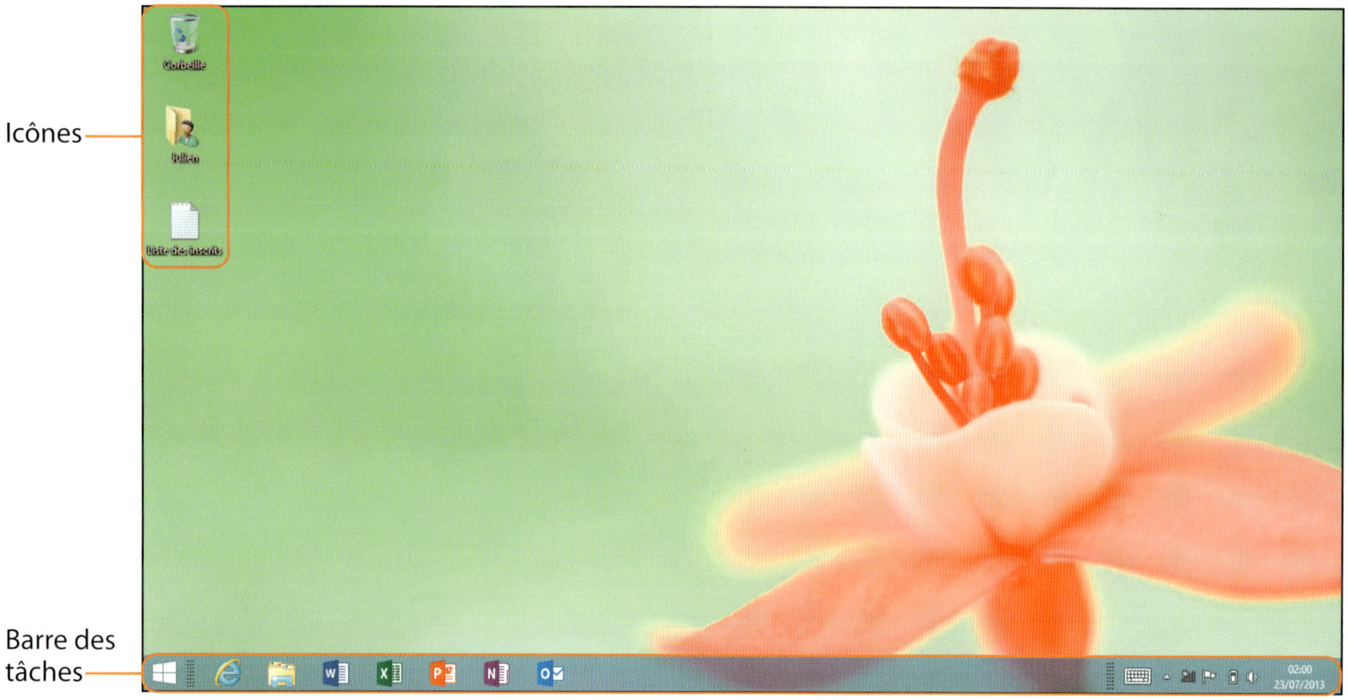

Aussi révolutionnaire que veuille être Windows 8.1, il ne peut se passer de l'environnement classique ni de son fidèle bureau !

- Les **icônes** correspondent à des imagettes qui matérialisent principalement des programmes ou des outils. Pour démarrer ou utiliser l'un d'entre eux, il suffit de double-cliquer ou de tapoter deux fois rapprochées sur son icône : facile !

  Les icônes affichées varient en fonction du fabricant et/ou du vendeur de l'ordinateur, mais une reste immuable : **Corbeille**. En toute logique, elle représente un composant appelé Corbeille qui accueille tous les documents, photos, chansons, *etc.* que vous supprimez sur votre ordinateur, vous permettant ainsi de les récupérer en cas d'effacement accidentel (nous y reviendrons au chapitre 4). Selon que la Corbeille contient ou non des éléments, son icône se présente sous la forme  ou .

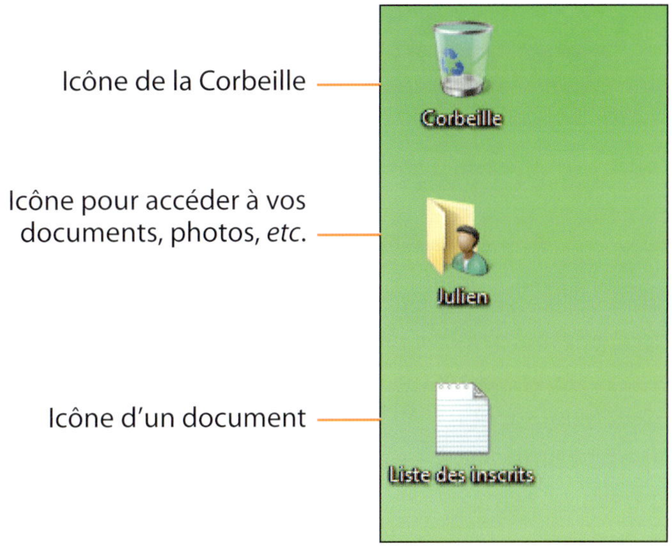

- La **barre des tâches** ne fait que quelques millimètres de haut mais s'étend sur toute la largeur du bureau, et il fallait bien ça ! Car elle se scinde en trois grandes zones.

  - Tout au début, le bouton **Démarrer**, qui sert principalement à accéder à l'écran d'accueil et à éteindre votre ordinateur : nous y reviendrons dans la suite de ce chapitre.

  - Juste à sa droite, quelques icônes de programmes qui vous permettent de démarrer ces derniers à la vitesse grand V, puisqu'il suffit de les toucher ou de cliquer dessus ; par exemple, ouvre l'Explorateur, dédié à la gestion du contenu de votre ordinateur (et traité au chapitre 4). Outre ces icônes, permanentes, d'autres apparaîtront temporairement à chaque fois que vous démarrerez un programme supplémentaire.

  - Complètement à droite, la zone de notification, avec la date, l'heure et ses petites icônes qui, elles, sont essentiellement là pour vous informer sur les activités en cours sur votre ordinateur ; par exemple, indique si le son est coupé ou non, et permet de régler le volume. Juste avant cette zone figure l'icône qui permet d'afficher le clavier tactile.

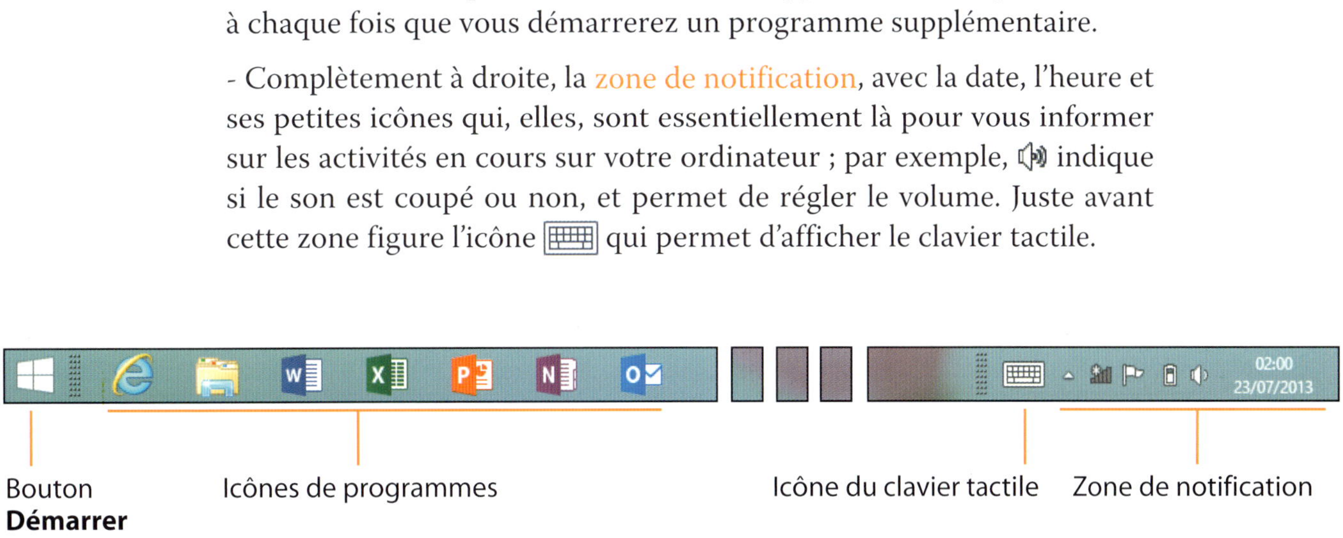

TOUT PREMIERS PAS

Basculez entre l'écran d'accueil et le bureau

1 Vous serez si souvent amené à passer d'un environnement à l'autre de Windows 8.1 que Microsoft n'a pas lésiné sur les techniques qui permettent de le faire. Voyons d'abord comment opérer un petit retour en arrière dans le temps en basculant de l'environnement moderne dans l'environnement classique.

- Pour afficher le bureau depuis l'écran d'accueil, touchez ou cliquez sur la vignette **Bureau**, en bas à gauche. Comme elle arbore la même image que celle appliquée en arrière-plan du bureau et que ce fond peut varier d'un ordinateur à l'autre, ne vous étonnez pas si votre vignette diffère de la mienne.
- Pour afficher le bureau à un tout autre moment (même quand vous vous trouvez déjà dans l'environnement classique et qu'au moins un programme est déjà ouvert), enfoncez simultanément les touches **`Windows`** et **`D`** du clavier, dans la partie inférieure gauche de celui-ci.

2 Le bureau s'affiche : vous pouvez enfin examiner « en vrai » celui que je viens de vous décrire ! Et quand vous voudrez revenir à l'écran d'accueil, là encore, vous aurez le choix entre deux techniques.

- Touchez ou cliquez sur le bouton **Démarrer** ⊞, tout au début de la barre des tâches.
- Ou appuyez sur la touche **`Windows`** du clavier. Cette seconde technique présente un double intérêt, car elle permet aussi d'afficher l'écran d'accueil quand vous vous trouvez déjà dans l'environnement moderne et qu'au moins une application est ouverte. À mémoriser absolument, donc !

Coupez le moteur

Puisque nous avons commencé ce chapitre en démarrant Windows, terminons-le en éteignant votre ordinateur : ainsi, la boucle sera bouclée !

Pour cette première fois, vous n'avez pas de précaution particulière à prendre. En revanche, quand vous aurez commencé à utiliser des applications et des programmes, vous devrez toujours veiller à tous les fermer avant d'éteindre votre machine : sans quoi, Windows risquerait d'être perturbé dans l'exécution de cette tâche et de ne pas retrouver tous ses petits lors du prochain démarrage.

Car c'est à lui que vous confiez l'extinction de votre ordinateur. Eh oui, pas question d'appuyer sur le bouton de mise en route, et encore moins de couper les vivres de votre machine en la débranchant s'il s'agit d'un modèle de bureau ! Comme souvent, vous pouvez atteindre votre objectif de diverses manières. Mais ne nous lançons pas dans un catalogage inutile : voyons les deux principales techniques.

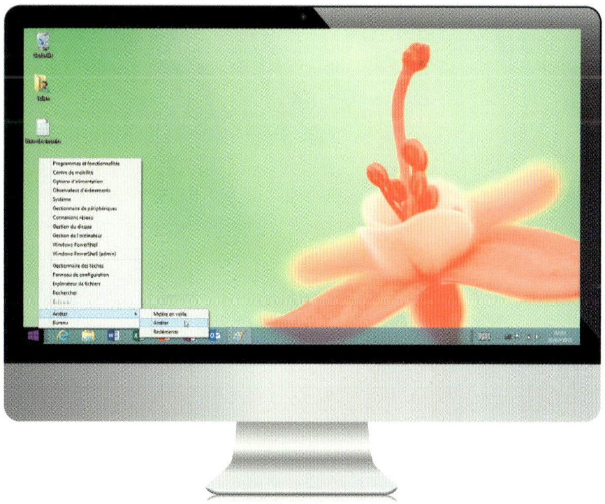

Quels que soient votre ordinateur et l'environnement de Windows 8.1 où vous vous trouvez, vous devez confier l'extinction de votre machine à Windows. Mais bonne nouvelle : vous pouvez le faire aussi bien depuis l'écran d'accueil que le bureau !

TOUT PREMIERS PAS

Fermez Windows depuis l'environnement moderne

1 En réalité, cette technique fonctionne depuis les deux environnements ; mais quand vous vous trouvez dans l'environnement classique, la seconde méthode que vous découvrirez dans un instant se révèle plus pratique et plus rapide.

Si vous possédez un écran tactile (je vous présenterai les gestes essentiels au chapitre 2), balayez-le depuis son bord physique droit vers la gauche pour faire apparaître une grande barre d'icônes à droite : la **barre des contrôles**.

Sinon, affichez celle-ci en pointant l'angle inférieur droit de l'écran d'accueil et en faisant glisser le pointeur vers le haut, sans enfoncer aucun bouton de la souris. Mémorisez bien ces deux techniques, car la barre des contrôles est un composant fondamental de Windows 8.1.

2 Touchez ou cliquez sur l'icône de roue crantée ⚙ **Paramètres**.

3 Le panneau **Paramètres** apparaît : touchez ou cliquez sur **Marche/Arrêt**.

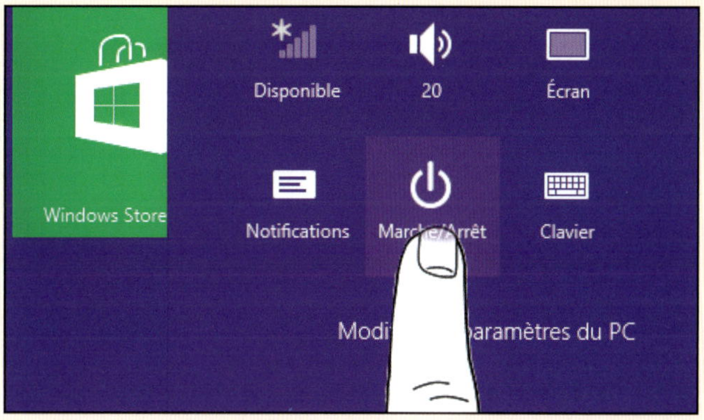

4 Un tout petit panneau de commandes (c'est-à-dire, techniquement, un *menu*) apparaît : touchez ou cliquez sur **Arrêter**. Windows ferme et arrête progressivement tous les programmes et matériels qu'il avait démarrés, puis votre ordinateur s'éteint. Pause bien méritée pour lui comme pour vous ! Si vous possédez un écran indépendant, pensez simplement à l'éteindre en appuyant sur son bouton de marche/arrêt, identifié par l'icône ⏻.

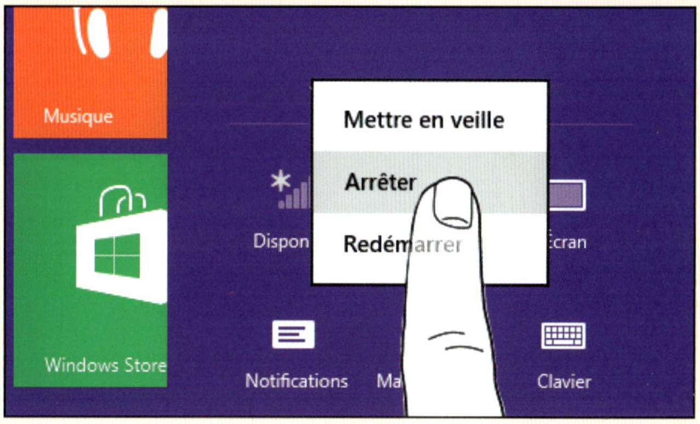

TOUT PREMIERS PAS

Fermez Windows depuis l'environnement classique

1 La manière la plus simple d'éteindre votre ordinateur depuis le bureau est d'utiliser le bouton **Démarrer**, tout au début de la barre des tâches : le monde à l'envers ! Cliquez dessus du bouton droit de la souris ou, si vous utilisez un écran tactile, posez votre doigt sur le bouton **Démarrer** et relevez-le seulement quand un petit cadre noir apparaît autour de lui. Dans les deux cas, un grand menu s'affiche.

2 Touchez ou cliquez deux fois de suite sur **Arrêter** : une première au bas du grand menu en question, puis une seconde dans le tout petit menu qui s'affiche. Extinction des feux immédiate !

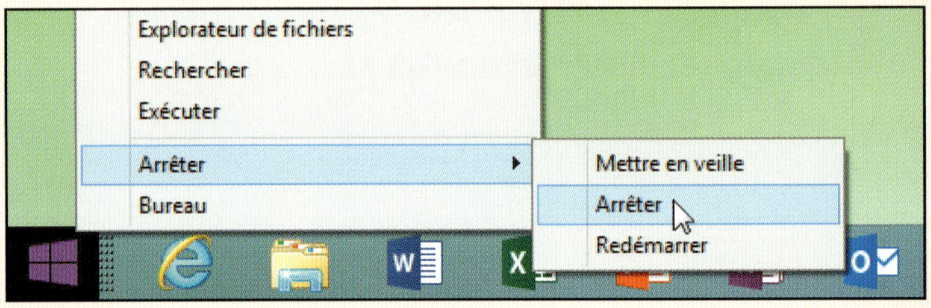

COUP DE POUCE !

Pas d'arrêt complet pour les petites pauses

Pour épargner les composants internes de votre ordinateur, mieux vaut ne pas leur imposer inutilement un arrêt total, forcément suivi à plus ou moins long terme par une remise en route complète. Quand vous prévoyez juste de vous interrompre quelques dizaines de minutes, préférez la **mise en veille**.

Lorsque vous basculez votre ordinateur dans cet état, Windows arrête certains dispositifs et fait fonctionner les autres au ralenti : votre machine reste donc allumée, mais en consommant un minimum d'énergie. Et dès que vous avez de nouveau besoin de ses services, elle repart au quart de tour !

Pour mettre votre ordinateur en veille, répétez les étapes 1 à 3 du « Tout premiers pas - Fermez Windows depuis l'environnement moderne » ou la première étape du « Tout premiers pas - Fermez Windows depuis l'environnement moderne », selon que vous vous trouvez sur l'écran d'accueil ou le bureau, puis touchez ou cliquez sur **Mettre en veille**.

Et une fois prêt à reprendre le collier, réveillez votre machine en appuyant sur une touche du clavier ou, si cette action reste sans effet, enfoncez brièvement le bouton de mise en route.

Mais sachez que vous n'êtes pas le seul à pouvoir mettre en veille votre ordinateur : pour ne pas gaspiller d'énergie, Windows le fait de son propre chef quand il constate que vous êtes resté inactif un certain temps (sinon un temps certain…). Un vrai papa poule !

✓ TESTEZ-VOUS !

Avez-vous retenu les trois mots essentiels de ce chapitre ?

1 — **Windows 8.1**

D'après vous, s'agit-il…

- **a** De la toute première version de Windows 8 qui n'a jamais été commercialisée ?
- **b** D'une version de Windows 8 qui fonctionne sans souris ?
- **c** D'une mise à jour très importante de Windows 8, sortie à l'automne 2013 ?

2 — **Écran d'accueil**

D'après vous, s'agit-il…

- **a** Du décor en damier de l'environnement moderne de Windows 8.1 ?
- **b** De la grande image qui vous réclame votre mot de passe au démarrage de Windows 8.1 ?
- **c** De l'écran qui présente des photos de tous les concepteurs de Windows 8.1 ?

3 — **Bureau**

D'après vous, s'agit-il…

- **a** D'un socle doté d'un grand clavier, auquel vous pouvez connecter une tablette PC ?
- **b** Du décor de l'environnement classique de Windows 8.1 ?
- **c** D'une application pour gérer votre agenda ?

Réponses : 1 : c, 2 : a, 3 : b

Chapitre

2

Constituez-vous un solide bagage pour Windows 8.1

En survolant ce chapitre, vous l'avez peut-être trouvé un peu prématuré. Pourtant, si vous plongez dès maintenant au cœur des applications, vous serez vite brimé, car une grande partie des ressources de Windows 8.1 provient directement de l'Internet. Donc autant vous y mettre de suite !

Ainsi, à la fin de ce chapitre, vous saurez, entre autres :

- → Utiliser l'écran tactile et son clavier
- → Connecter votre ordinateur à l'Internet
- → Vous créer un compte Microsoft Live

De « tactile » à « facile », il n'y a qu'un doigt !

L'immense succès rencontré par les tablettes informatiques du type iPad a radicalement changé la donne sur le marché des ordinateurs. Tous les fabricants sont maintenant orientés vers la production de machines à écran tactile. Et Windows 8.1 s'inscrit pleinement dans ce courant. Donc un petit passage en revue des principales techniques tactiles s'impose ; car même si vous ne possédez pas encore d'écran adapté, cela va pas tarder !

Toucher

Élémentaire, mon cher Watson : pour **toucher** une icône, une commande ou autre, vous n'avez qu'à poser brièvement votre doigt dessus. Le plus souvent, vous obtenez le même effet qu'en cliquant sur l'élément. Par exemple, toucher une vignette dans l'écran d'accueil ou une icône de programme dans la barre des tâches classique démarre l'application ou le programme correspondant(e). Mais ce n'est pas un scoop, puisque vous avez déjà testé cette technique en touchant la vignette **Bureau** au chapitre 1 !

Ce geste fondamental connaît deux déclinaisons importantes.

- Le **toucher prolongé** : cette fois, vous devez garder le doigt sur l'élément à l'écran quelques secondes, jusqu'à ce que quelque chose se produise. Dans l'environnement classique, par exemple, vous verrez presque toujours apparaître un cadre noir autour de votre doigt. Le toucher prolongé déclenche en principe le même résultat qu'un clic droit. Mais là non plus, je ne vous apprends rien, puisqu'il vous a permis d'afficher le menu du bouton **Démarrer** lors de l'extinction de votre ordinateur au chapitre 1.

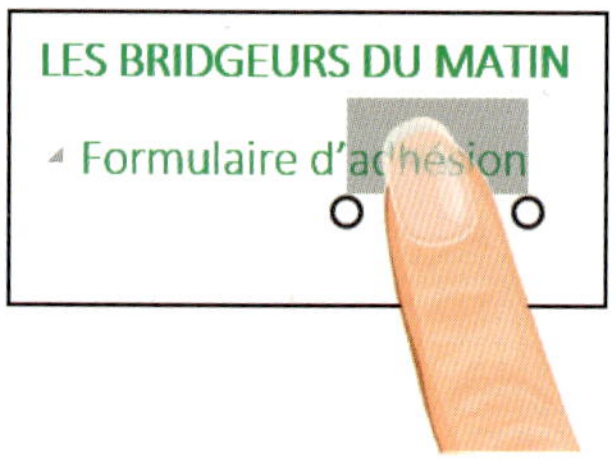

- **Tapoter** : cette action consiste à poser deux fois de suite très vite votre doigt sur un élément à l'écran. Autrement dit, le couple toucher / tapoter est l'exact équivalent du couple clic / double clic. Par exemple, dans l'environnement classique, vous pouvez tapoter une icône du bureau pour ouvrir l'élément correspondant (programme ou autre). Et très souvent, tapoter dans un mot au sein d'un document ou d'un courriel le *sélectionne* (il apparaît alors comme surligné, et vous pouvez le manipuler).

Balayer

Pour **balayer** l'écran, inutile de sortir le chiffon : vous devez juste poser votre doigt (propre, malgré tout !) sur l'écran et le faire glisser de quelques centimètres dans la direction requise, jusqu'à obtenir l'effet escompté ; à ce moment-là, seulement, relevez votre doigt. Le plus souvent, cette action permet de sortir de l'ombre des objets masqués, de bouger des éléments et de faire défiler le contenu affiché pour accéder au contenu qui n'était pas visible par manque de place.

Certains balayages s'effectuent avec plusieurs doigts et produisent alors un effet différent. Mais retenez surtout que le point de départ du balayage peut tout changer. En effet, dans certains cas, vous devez commencer depuis le cadre physique qui entoure l'écran, alors que dans d'autres, il faut poser le doigt dès le début sur l'écran lui-même (la « vitre »). Pour bien comprendre cette différence, rien ne vaut un petit exercice pratique !

TOUT PREMIERS PAS

Maîtrisez l'art du balayage

1 Inutile de chercher bien loin un terrain d'entraînement pour votre doigt : l'écran d'accueil est parfait ! Alors, en avant pour ce premier balayage : posez votre doigt sur le bord droit du cadre de l'écran et faites-le glisser vers la gauche. Aussitôt, la précieuse barre des contrôles découverte au chapitre 1 s'affiche. Bien joué !

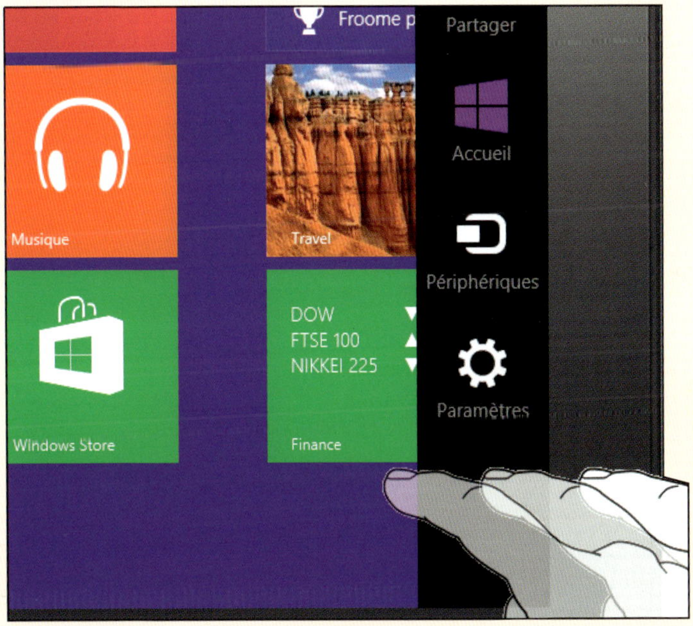

2 Mais pas question de vous endormir sur vos lauriers ! Seulement, pour attaquer le second balayage, vous devez d'abord masquer la barre des contrôles. Touchez donc une zone vide de l'écran d'accueil : autrement dit, posez brièvement votre doigt ailleurs que sur une vignette. Et hop, la barre des contrôles disparaît sans demander son reste !

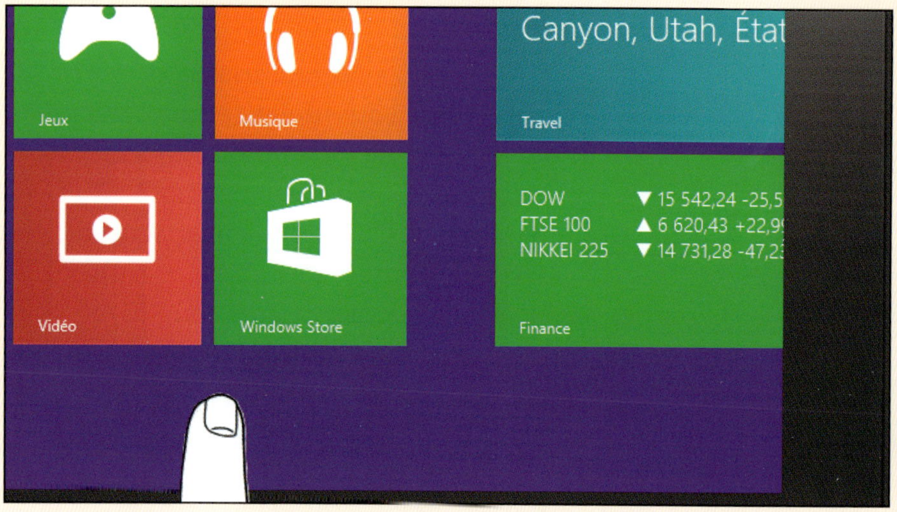

3 Il ne vous reste plus qu'à effectuer de nouveau un balayage latéral vers la gauche. Mais cette fois, posez votre doigt au-dessous des vignettes au départ. Le résultat est immédiat : les vignettes défilent vers la gauche. Rien à voir avec l'étape 1 !

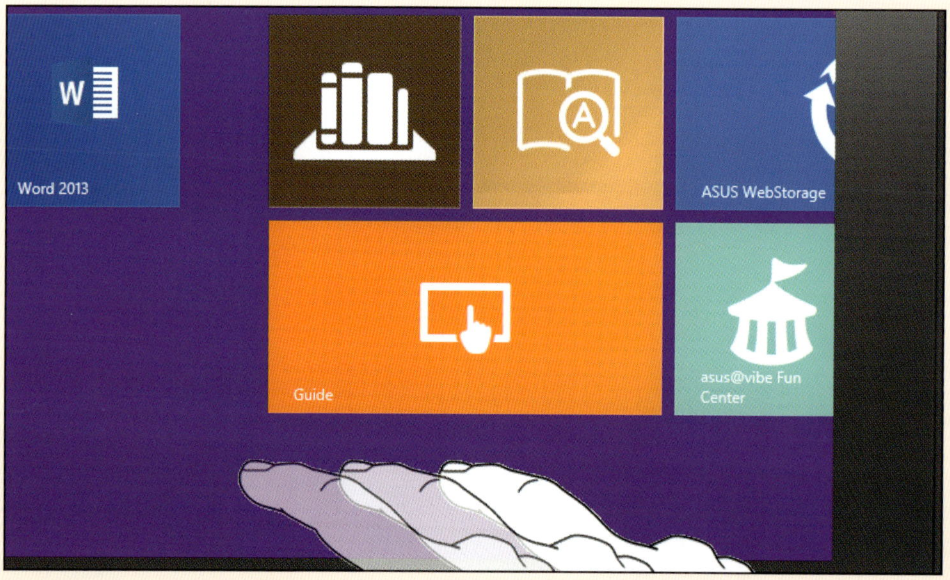

Écarter et pincer

Finie l'heure de gloire de votre index : pour ces deux actions, vous devez mettre les cinq doigts d'une main au travail !

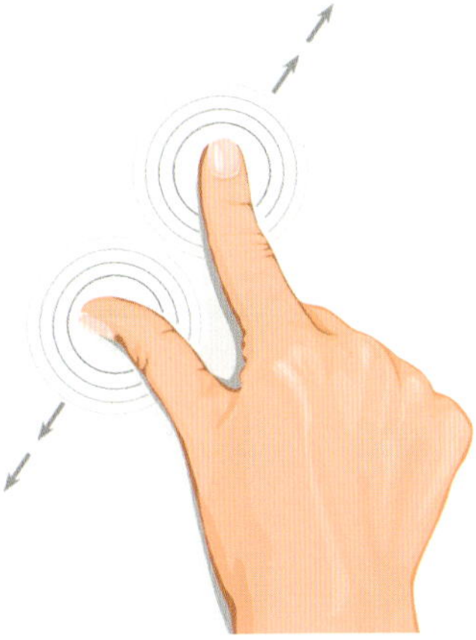

- **Écarter** consiste à poser vos doigts tout près les uns aux autres sur l'écran, puis à les éloigner les uns des autres en ouvrant votre main, sans perdre le contact avec l'écran ; dès que vous obtenez le résultat escompté, vous pouvez les relever !

  Écarter permet généralement d'agrandir l'affichage : par exemple, vous pouvez recourir à cette technique pour améliorer la lisibilité d'une page Web dont le texte est vraiment trop petit.

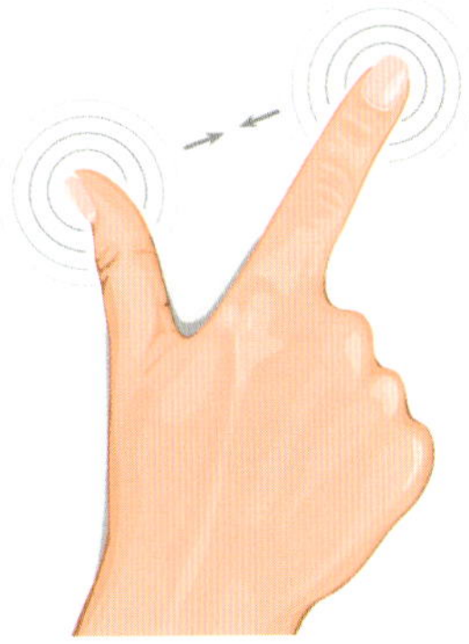

- **Pincer** est l'action exactement inverse : posez vos doigts éloignés les uns des autres sur l'écran, puis rapprochez-les les uns des autres en fermant votre main et en gardant le contact avec l'écran, jusqu'à ce que le résultat souhaité se produise. Pincer sert en principe à réduire l'affichage : logique !

Utiliser le clavier tactile

Pas d'écran tactile sans clavier tactile ! Dans l'environnement moderne, celui-ci apparaît automatiquement quand vous touchez une zone de saisie. Mais dans l'environnement classique, vous devez souvent l'afficher vous-même en touchant l'icône dans la partie droite de la barre des tâches. Dans les deux cas, il s'esquive ensuite de lui-même dès que vous utilisez le « vrai » clavier de votre ordinateur.

La saisie s'effectue tout en douceur, puisque vous n'avez qu'à effleurer les touches requises. Seulement, ne vous réjouissez pas trop vite, car si ce clavier convient bien à la saisie de petits textes, comme un mot de passe ou une adresse Internet, il réclame beaucoup d'acrobaties pour celle de documents ou courriels. En effet, au départ, seules les lettres classiques sont instantanément accessibles ; dès lors que vous avez besoin d'un point d'interrogation, d'une parenthèse ou du symbole de l'euro €, vous devez basculer dans un autre affichage du clavier.

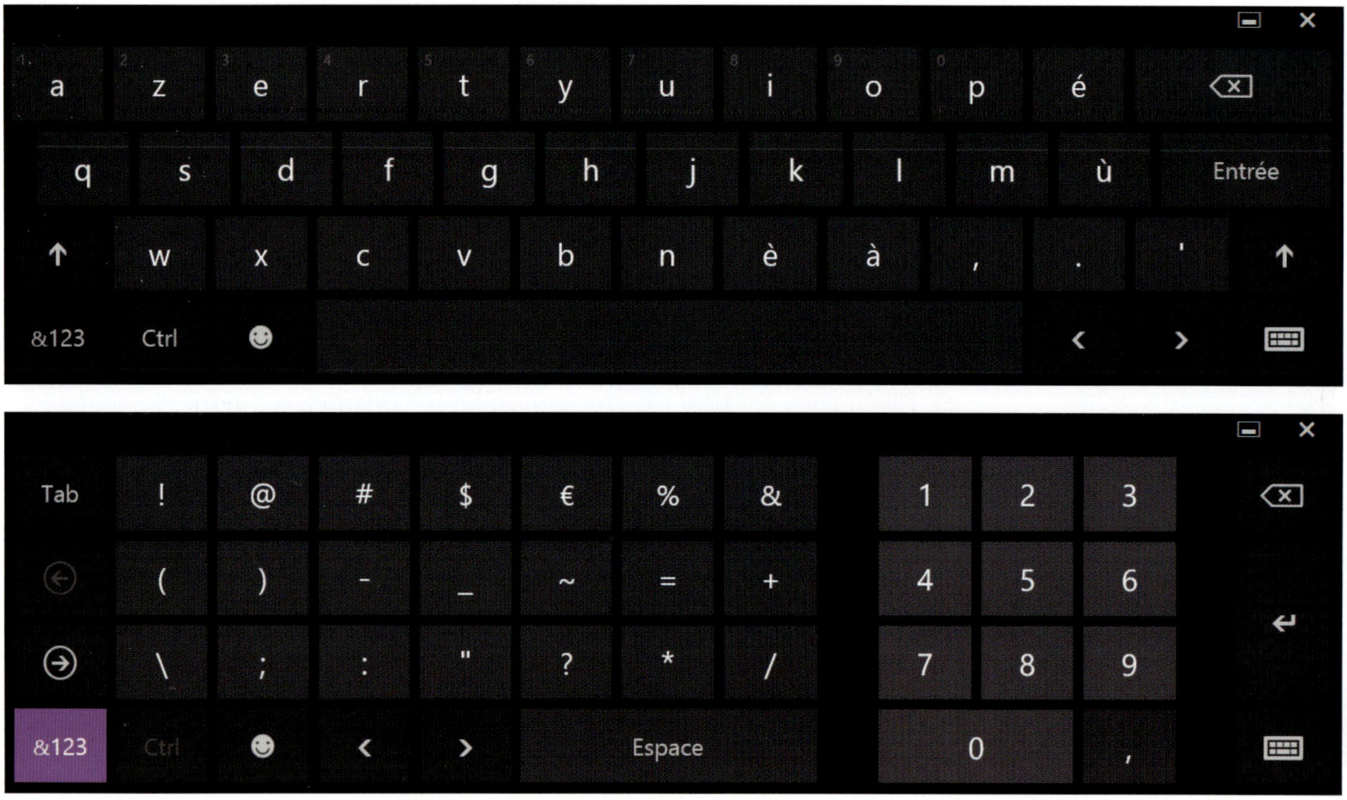

N'attendez pas monts et merveilles du clavier tactile de Windows 8.1 : certes, il vous permet de produire tous les caractères indispensables, mais pour nombre d'entre eux, vous devez afficher soit une autre déclinaison du clavier actuel, soit une palette de caractères liée à une touche spécifique. Pas très convivial !

Celui-ci en propose pas moins de trois pour le texte ! Heureusement, tous fonctionnent de la même manière. Donc en maîtrisant les cinq techniques présentées ci-après, vous arriverez toujours à vos fins.

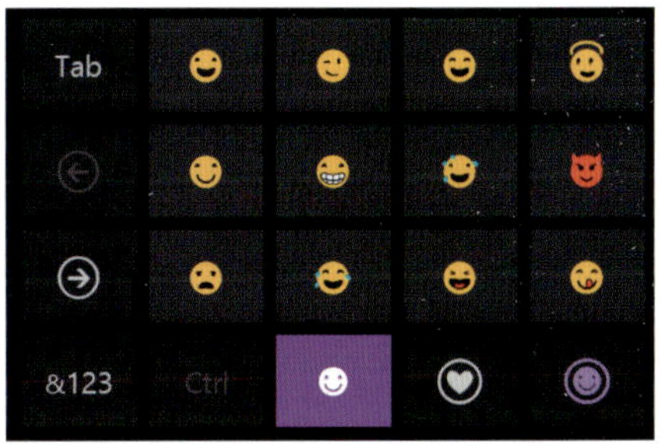

- Pour **passer d'un clavier à l'autre**, commencez par toucher la touche **&123** puis, si le caractère souhaité n'est toujours pas visible, la touche marquée d'une flèche orientée vers la gauche et placée dans un rond ; ensuite, touchez juste de nouveau **&123** pour revenir aux lettres.

  Mais n'oublions pas le clavier spécial qui se cache derrière la touche avec l'icône ☺ : il vous servira surtout dans les courriels pour ajouter des *smileys* (ou encore *trombines* ou *émoticônes*), petites icônes de visages qui expriment un sentiment, comme une grande joie ou une moquerie. Ensuite, là encore, la touche **&123** vous ramènera au clavier des lettres le moment venu.

- Pour **taper un caractère simple**, c'est-à-dire un caractère tel qu'affiché sur sa touche, touchez juste cette dernière. Par exemple, effleurez la touche **f** du clavier des lettres pour produire un *f*, et la touche **?** du clavier des caractères spéciaux pour obtenir un point d'interrogation.

- Pour **taper une lettre majuscule**, touchez d'abord l'une des touches **Maj** (marquées d'une flèche orientée vers le haut) pour la bleuir, puis la lettre à produire en capitale. Par exemple, touchez successivement les touches **Maj** et **H** pour obtenir un *H*.

- Pour **taper un chiffre ou une variante d'une lettre**, comme *2* (affiché dans l'angle supérieur gauche de la touche **z**), ou *â*, *ç* ou *œ* (déclinaisons respectives des lettres *a*, *c* et *o*), posez longuement votre doigt sur la touche associée au caractère à produire. Quand une palette de caractères apparaît, faites glisser votre doigt sur le chiffre, la lettre ou le symbole à insérer dans votre texte, puis relevez le doigt. Par exemple, pour produire *â*, maintenez le contact avec la touche **a** et, lorsque ses variantes s'affichent, glissez votre doigt sur la touche **â**.

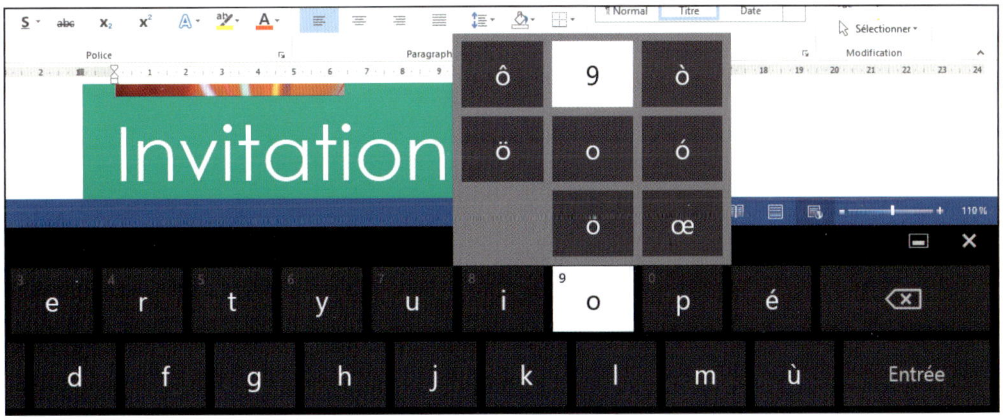

- Pour **effacer** le caractère qui précède le *point d'insertion* (ce petit trait noir vertical et clignotant, qui indique l'emplacement du prochain caractère tapé… ou effacé), touchez simplement la touche **Retour arrière** dans la partie supérieure droite du clavier.

Pas de Windows 8.1 qui vaille sans l'Internet !

D'un point de vue purement théorique, vous pouvez utiliser votre ordinateur sans l'Internet. Mais en pratique, Windows 8.1 serait vraiment comme un oiseau sans ailes dans une telle situation. Impossible, pour vous, de vous évader sur le Web, d'échanger des courriels, d'ajouter des applications depuis le Windows Store, d'écouter gratuitement des chansons grâce à l'application Musique et, surtout, de profiter du fameux **Nuage**.

Comme évoqué au chapitre 1, celui-ci désigne un univers virtuel au sein duquel tous vos appareils (comme votre ordinateur et votre mobile) sont reliés à la fois entre eux et à un super ordinateur qui joue le rôle de centralisateur et de diffuseur. Grâce à lui, tout élément (photo, carnet d'adresses, calendrier, *etc.*) stocké sur l'une de vos machines est accessible depuis toutes les autres.

Et chaque modification apportée à l'un de ces éléments est répercutée sur l'ensemble de vos dispositifs. Autrement dit, si vous changez le numéro de téléphone d'un ami sur votre tablette, Windows 8 répercute aussitôt la modification sur votre mobile. Aucun doute : il est impératif et urgent de connecter votre ordinateur à l'Internet !

Impossible d'envisager Windows 8.1 sans un accès au Nuage et, donc, à l'Internet si vous ne voulez pas vous sentir brimé à chaque instant. Et bien sûr, tout cela avec le Wi-Fi pour une convivialité maximale !

- Si vous avez déjà souscrit un abonnement payant auprès d'un fournisseur d'accès Internet (FAI), passez directement au prochain « Tout premiers pas ».
- Sinon, choisissez une offre, en optant sans hésiter pour le **Wi-Fi**, type de connexion sans fil qui permet de relier votre ordinateur à l'Internet et à d'autres appareils compatibles, tels une imprimante, grâce à des ondes radio. Ensuite, effectuez les formalités d'usage et installez l'équipement remis par votre FAI (dont la fameuse *box*, boîtier qui assure physiquement la connexion entre votre ordinateur et celui de votre FAI par le biais de votre ligne téléphonique).

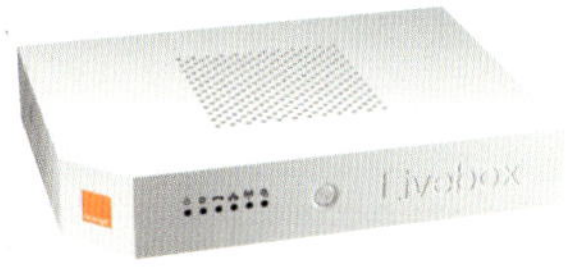

TOUT PREMIERS PAS

Établissez votre connexion à l'Internet

1 Je vous avais bien dit que la barre des contrôles était fondamentale : tout commence par elle, ici aussi ! Donc affichez-la en balayant l'écran depuis son bord physique droit vers la gauche ou en pointant son angle inférieur droit, puis touchez ou cliquez sur l'icône **Paramètres**, tout en bas.

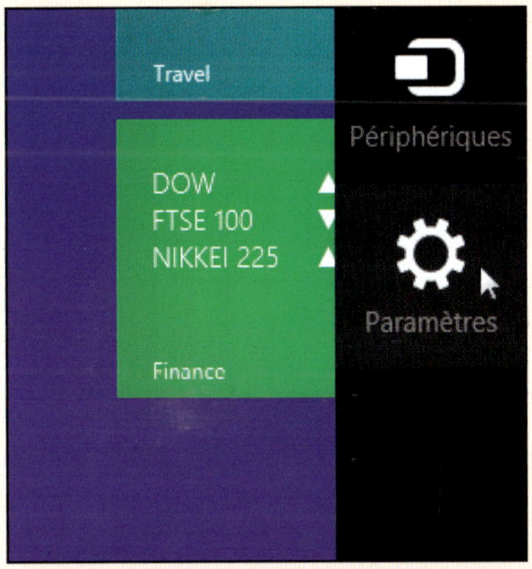

2 Le panneau **Paramètres** apparaît : touchez ou cliquez sur l'icône qui matérialise une connexion Wi-Fi.

3 Le panneau **Réseaux** s'ouvre et liste les connexions Wi-Fi détectées : touchez ou cliquez sur le nom de la vôtre, puis sur le bouton **Connecter**. (Laissez la case **Connexion automatique** cochée, pour qu'à l'avenir, Windows établisse la connexion tout seul comme un grand à chacun de ses démarrages !)

4 L'étape la plus désagréable de la procédure, assurément, mais on n'a rien sans rien ! Dans la zone **Entrez la clé de sécurité réseau**, donc, tapez la *clé de sécurité* de votre box, long code constitué de chiffres et de lettres que vous a remis votre FAI, puis touchez ou cliquez sur **Suivant**.

S'il n'est pas fait mention de « clé de sécurité » dans les documents de votre FAI, rassurez-vous : elle porte simplement un autre nom, à savoir *clé WEP* ou *clé WPA*. Ces deux termes sont juste plus précis et plus significatifs, puisqu'ils vous indiquent si votre clé assure un niveau de sécurité standard (clé WEP) ou renforcé (clé WPA).

5 Windows vous propose maintenant de partager votre connexion avec vos autres appareils qui fonctionnent également en Wi-Fi : pour vous faciliter la vie, acceptez en touchant ou cliquant sur **Oui**. De la sorte, si vous possédez une imprimante Wi-Fi, par exemple, vous pourrez produire une version papier de vos documents ou de vos photos sans brancher le moindre câble entre votre machine et votre ordinateur : génial ! Et encore plus génial : vous voici maintenant connecté à l'Internet et prêt pour la grande cyber aventure !

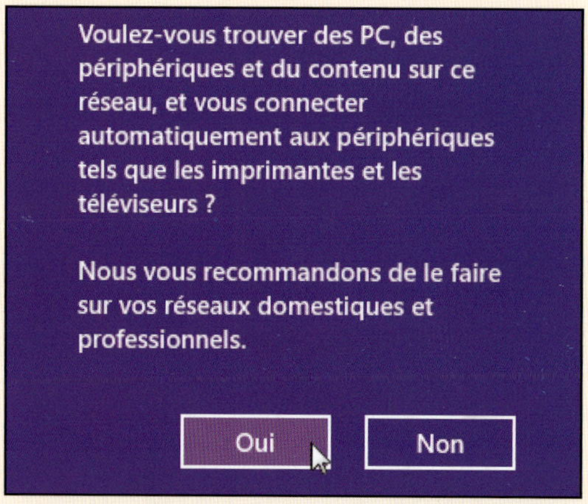

Dès lors que vous avez correctement réglé votre connexion Internet, Windows l'établit automatiquement à chaque fois que vous allumez votre ordinateur. Mais si, pour une raison ou autre, ce n'était pas le cas, vous n'auriez qu'à répéter les étapes 1 à 3 pour arriver à vos fins.

Deux techniques vous permettent de savoir à tout moment si vous êtes ou non connecté à l'Internet.

- Dans l'environnement moderne, balayez l'écran depuis son bord physique droit vers la gauche ou pointez son angle inférieur droit et remontez doucement le pointeur vers le haut, puis observez la partie gauche de l'écran : vous êtes connecté uniquement si l'icône de votre connexion Wi-Fi se présente sous la forme . Dans le cas contraire, vous voyez l'icône .
- Dans l'environnement classique, regardez juste dans la zone de notification, à la fin de la barre des tâches : si elle affiche l'icône , votre connexion est bien établie ; sinon, à vous de faire le nécessaire !

Les deux environnements de Windows vous permettent, à tout moment, de savoir si vous êtes connecté à l'Internet. Ici, vous l'êtes effectivement dans l'illustration de gauche, mais pas dans celle de droite !

COUP DE POUCE !

Indiquez votre position

Une fois connecté à l'Internet, vous serez très vite invité par une application ou une autre à activer la **localisation**. Par cette question, Windows vous demande si vous acceptez qu'il identifie votre position géographique. Mais n'y voyez aucune indiscrétion de sa part : son seul objectif est de vous fournir un contenu personnalisé.

Par exemple, si vous l'autorisez à vous localiser et si vous démarrez l'application Météo, celle-ci vous propose aussitôt la météo de votre ville. Et si vous ouvrez l'application Cartes, elle affiche automatiquement une carte centrée sur votre région. Génial, non ? Alors, si vous souhaitez bénéficier de tous ces services, touchez ou cliquez sur **Autoriser** quand un message relatif à la localisation apparaît.

Sinon, vous pouvez aussi prendre les devants et indiquer une fois pour toutes quelles applications pourront vous localiser. Affichez la barre des contrôles, à droite, et touchez ou cliquez sur l'icône **Paramètres**, puis sur **Modifier les paramètres du PC**. Dans la colonne gauche du panneau **Paramètres du PC**, touchez ou cliquez successivement sur **Confidentialité** et **Emplacement**. Au centre de la fenêtre, faites glisser le curseur **Emplacement** vers la droite, puis ajustez si nécessaire la situation au cas par cas en activant ou désactivant la localisation pour les applications listées.

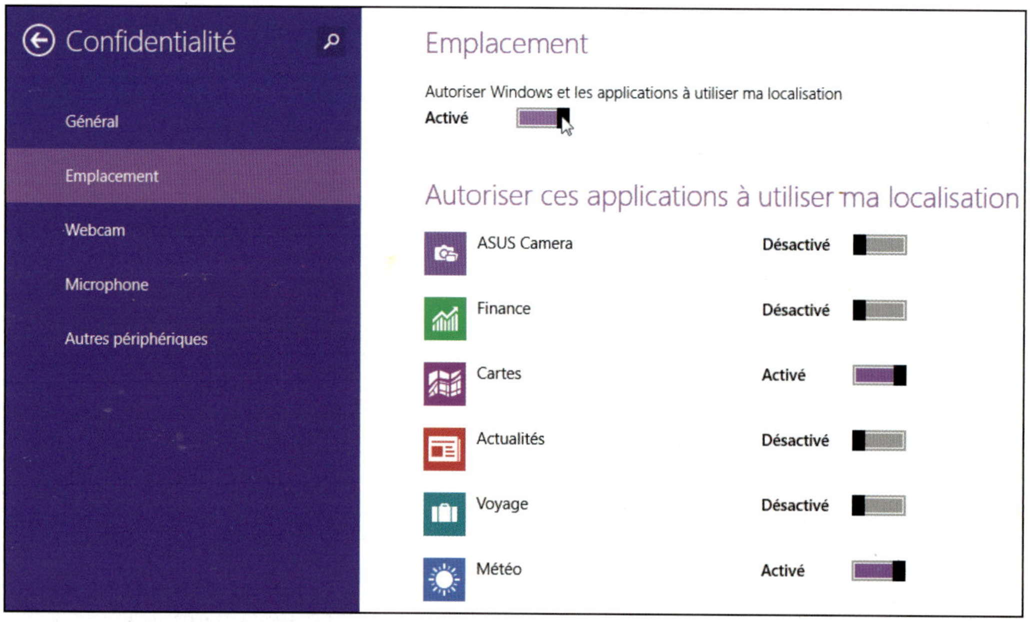

Donnez des ailes à Windows 8.1 avec un compte Microsoft Live

Connecter Windows 8.1 à l'Internet n'est qu'une première étape. Pour profiter pleinement du Nuage et de toutes ses ressources, comme le Windows Store, il vous faut aussi un **compte Microsoft Live**. Celui-ci se compose d'une adresse de messagerie électronique, comme `votre_nom_ou_pseudo@outlook.com` ou `votre_nom_ou_pseudo@live.fr`, associée à un mot de passe. Créons-le ensemble !

TOUT PREMIERS PAS

Créez-vous un compte Microsoft Live

1 Les applications de Windows 8.1 qui fonctionnent avec un compte Microsoft Live sont si nombreuses que la manière la plus rapide de déclencher la procédure de création de votre compte est de démarrer l'une d'entre elles. Touchez ou cliquez donc, par exemple, sur la vignette **Jeux**.

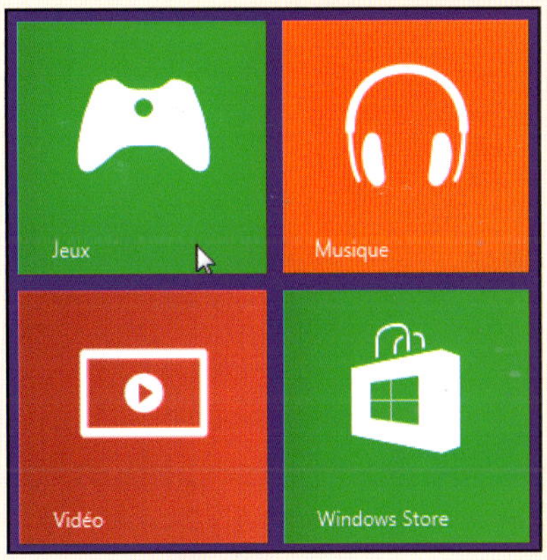

2 En principe, la page d'accueil de l'application s'affiche : touchez ou cliquez sur **Se connecter**, tout en haut à droite. Et si vous vous retrouvez à la place devant un écran bleu, passez directement à l'étape 3.

3 Avant de pouvoir créer un compte Microsoft Live, vous devez prouver que vous êtes autorisé à utiliser votre ordinateur : tapez donc le mot de passe associé à votre nom (celui-là même que vous saisissez au démarrage de Windows), puis touchez ou cliquez sur **Suivant**.

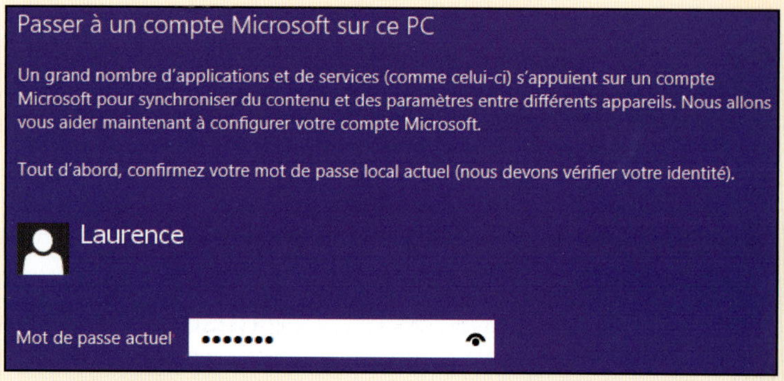

4 Windows vous demande maintenant les adresse et mot de passe de votre compte Microsoft Live : si vous en avez déjà créé un à une autre occasion, passez directement à l'étape 7 ; sinon, touchez ou cliquez sur **Ouvrir un compte Microsoft**.

5 Un formulaire apparaît à l'écran : fournissez les renseignements demandés, puis touchez ou cliquez sur **Suivant** jusqu'à avoir terminé. Rien de compliqué, en soi, mais voici quelques précisions qui pourraient vous être bien utiles.

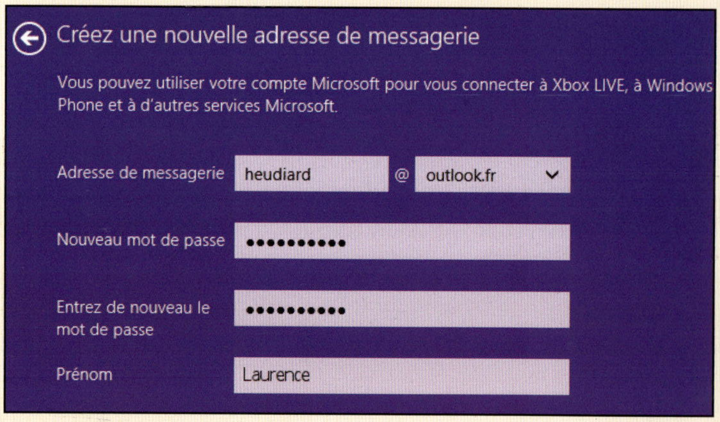

- **Adresse de messagerie** : même si vous possédez déjà une adresse de courrier électronique (notamment celle accordée par votre FAI, comme `lucfoin@free.fr` ou `l_foin@orange.fr`), créez-vous une nouvelle adresse réservée à votre compte : tapez celle souhaitée et, si elle est refusée car déjà utilisée, retentez votre chance, par exemple en ajoutant des chiffres à la fin.
- **Adresse de messagerie de secours** : cette fois, vous pouvez taper l'adresse octroyée par votre FAI, car Microsoft l'utilisera à la fois tout au départ, pour valider votre compte Microsoft, puis en cas de problème avec celui-ci (si vous avez oublié votre mot de passe, par exemple).
- **Aidez-nous à vérifier que vous n'êtes pas un robot** : tapez les caractères affichés juste au-dessus de la zone de saisie. Appelé *code antispam*, ce texte indéchiffrable par un robot permet à Microsoft de s'assurer que vous êtes bien un humain et que vous ne créez pas ce compte à des fins subversives. (Si les caractères sont tellement tarabiscotés qu'ils en deviennent illisibles, touchez ou cliquez sur **Nouveau** pour afficher un autre « texte ».)

6 La fenêtre **Résumé du compte** apparaît. Vérifiez les informations enregistrées, puis fermez la fenêtre : « attrapez-la » par sa partie supérieure, soit avec le doigt, soit avec la souris et son pointeur, puis faites-la glisser vers le bas, hors de l'écran.

Et si jamais le formulaire refusait de céder sa place, parcourez-le pour déterminer ce qui bloque l'enregistrement de votre compte : Microsoft signale systématiquement le problème en rouge à côté de la zone concernée. Faites alors le nécessaire, puis touchez ou cliquez de nouveau sur **J'accepte**.

7 Retour à l'étape 4… ou presque, car vous possédez maintenant un compte Microsoft ! Alors, tapez-en l'adresse et le mot de passe définis à l'étape 5, puis touchez ou cliquez sur **Suivant**.

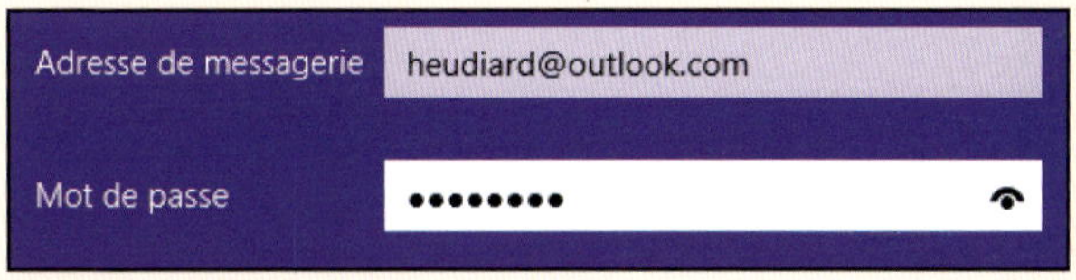

8 Toujours dans le but d'éviter l'usurpation de votre compte, Windows vous informe qu'il va vous envoyer courriel avec un code confidentiel à l'adresse de secours que vous avez fournie à l'étape 5 : touchez ou cliquez sur **Suivant**.

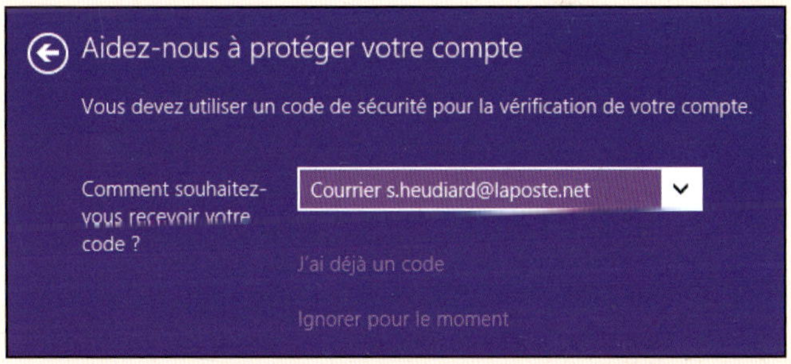

9 Basculez dans votre messagerie de secours, ouvrez le courriel que vient de vous envoyer Microsoft et notez le code confidentiel indiqué.

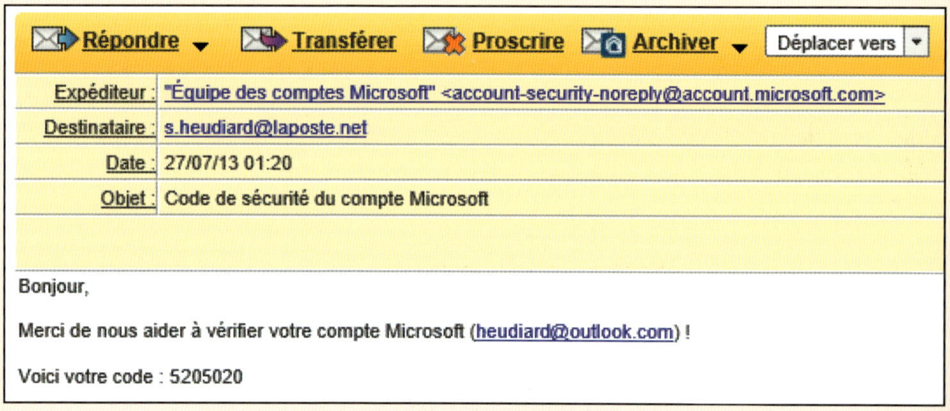

10 Reprenez le cours normal de création de votre compte : tapez le code de sécurité relevé à l'étape 9, puis touchez ou cliquez sur **Suivant**.

11 Encore un petit réglage, et vous aurez presque terminé ! En effet, pour vous permettre de profiter au maximum des ressources du Nuage, Windows vous propose maintenant d'utiliser **SkyDrive**.

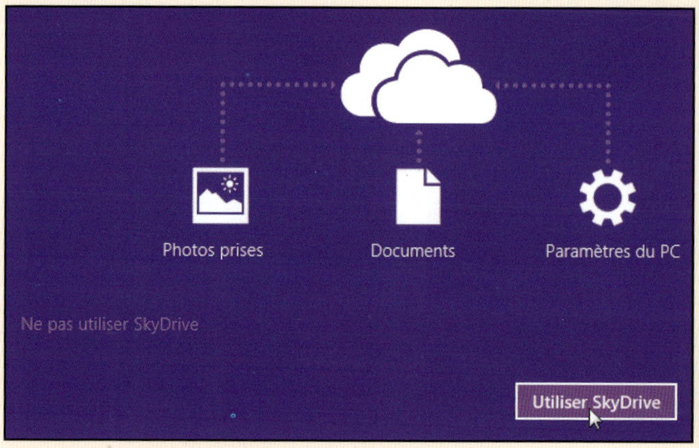

Ce terme désigne une zone de stockage qui vous est gratuitement réservée sur les ordinateurs de Microsoft : vous pouvez notamment y copier tous les documents, photos, *etc.* que vous souhaitez, et y garder ainsi un accès permanent depuis n'importe quel appareil connecté à l'Internet. Nous y reviendrons au chapitre 4, mais vous avez déjà compris combien SkyDrive pouvait vous rendre service ! Alors touchez ou cliquez sur **Utiliser SkyDrive**.

12 Pour que vous profitiez pleinement de votre compte Microsoft Live et de tous ses services, comme SkyDrive, Windows vous invite à l'utiliser à la place de votre compte classique (que vous vous étiez créé au premier démarrage de Windows 8.1) : acceptez en touchant ou cliquant sur **Changer**. C'est gagné !

Malgré cette belle victoire, attendez-vous quand même à ce que Windows vous réclame assez vite quelques informations complémentaires. Il est notamment fort probable que vous deviez confirmer (ou approuver) votre ordinateur. Guettez alors vos courriels et, dès que vous en repérez un de Microsoft qui vous invite à confirmer les informations de sécurité, ouvrez-le et touchez ou cliquez sur **Confirmer *nom_de_votre_ordinateur***.

COUP DE POUCE !

Un bon compte pour vos bons amis

Nous avons déjà évoqué de nombreux avantages offerts par le Nuage grâce à votre connexion Internet et votre compte Microsoft Live. En voici un autre que vous apprécierez à coup sûr : la fonction Partager.

Disponible uniquement dans certaines applications (comme Photos et Actualités), elle vous permet de transmettre l'élément affiché (comme un cliché ou un article d'un journal en ligne) à n'importe quelle personne dont vous connaissez l'adresse de messagerie électronique, sans quitter l'application en cours : aucun risque de perdre le fil de vos activités, donc !

La toute première fois, vérifiez tout de même que la fonction Partager est activée : affichez la barre des contrôles à droite, puis touchez ou cliquez sur l'icône **Paramètres** et sur **Modifier les paramètres du PC**. Dans la colonne gauche du panneau **Paramètres du PC**, touchez ou cliquez sur **Recherche et applications**, puis sur **Partage**. Au centre de la fenêtre, faites glisser vers la droite le curseur de toutes les applications susceptibles de servir au partage. Fermez finalement la fenêtre en la faisant glisser depuis sa partie supérieure vers le bas, hors de l'écran.

Imaginons maintenant que vous vouliez envoyer par courriel la photo ou l'article actuellement à l'écran. Affichez la barre des contrôles (décidément, elle ne vous quitte plus !), puis touchez ou cliquez successivement sur l'icône **Partager** et sur **Courrier** dans le panneau **Partager**. Un panneau d'envoi apparaît : tapez l'adresse du destinataire dans la zone **À** puis, si vous voulez ajouter quelques mots d'accompagnement, touchez ou cliquez sur **Ajouter un message** et tapez le texte souhaité ; expédiez finalement le tout en touchant ou cliquant sur l'icône d'envoi.

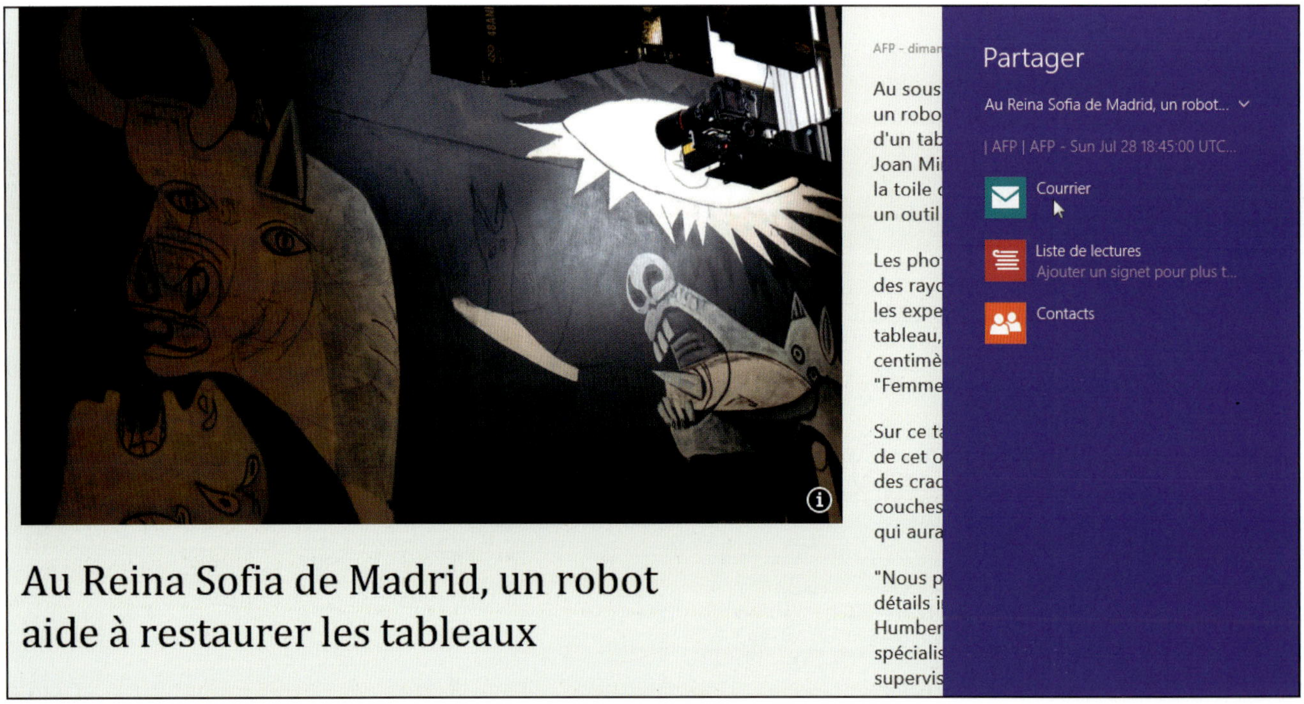

✓ TESTEZ-VOUS !

Avez-vous retenu les trois mots essentiels de ce chapitre ?

1

D'après vous, s'agit-il…

- **a** De connecter plusieurs appareils à votre ordinateur grâce au Wi-Fi ?
- **b** De libérer l'espace entre votre box et votre ordinateur pour optimiser votre connexion Internet ?
- **c** De poser un ou plusieurs doigts sur un écran tactile et de le(s) faire glisser sans perdre le contact avec l'écran ?

2

D'après vous, s'agit-il…

- **a** D'un espace virtuel auquel vous accédez *via* votre connexion Internet et qui vous permet de partager des informations, des photos, des documents, *etc.* ?
- **b** D'un programme qui permet de brouiller votre liaison Wi-Fi pour empêcher vos voisins de l'utiliser à votre insu ?
- **c** De l'effet visuel produit lorsque vous pincez l'écran ?

3

D'après vous, s'agit-il…

- **a** D'un compte fidélité que vous ouvre Microsoft à l'achat de Windows 8.1 ?
- **b** De la somme quotidiennement actualisée du nombre d'acheteurs de produits Microsoft ?
- **c** D'un groupe d'informations personnelles (notamment une adresse de messagerie et un mot de passe) indispensables pour profiter du Nuage ?

Réponses : 1 : c, 2 : a, 3 : c

Chapitre

3

Applications et programmes : au cœur de l'action !

Avec ses deux environnements, Windows 8.1 vous propose en toute logique deux grands types d'outils pour agir : les applications modernes et les programmes traditionnels. Pour obtenir monts et merveilles de votre ordinateur, il vous faut donc absolument maîtriser les deux.

Ainsi, à la fin de ce chapitre, vous saurez, entre autres :

➔ Démarrer et fermer des applications et des programmes

➔ Utiliser les commandes des applications et des programmes

➔ Utiliser plusieurs applications et programmes à la fois

Invitez les applications et les programmes sur le devant de la scène

Peu importe que vous vouliez regarder vos photos, envoyer un courriel, consulter la météo ou consigner vos rendez-vous : vous n'arriverez à rien sans une application ou un programme et ses précieuses commandes ! Et malheureusement, le fait que Windows 8.1 se compose de deux environnements ne vous facilite pas la tâche, car chacun d'eux possède son propre outil, avec son propre mode de fonctionnement…

En effet, dans l'environnement moderne, vous utilisez des **applications**, alors que dans l'environnement classique, vous vous servez de **programmes**. Dans un premier temps, voyons comment démarrer chacun d'eux : vous constaterez combien leur apparence diffère ! Cela étant, le « panneau » dans lequel apparaît une application ou un programme porte toujours le nom de **fenêtre**. À mémoriser absolument !

TOUT PREMIERS PAS

Démarrez et fermez une application

1 Tout commence logiquement depuis l'écran d'accueil, mais le chemin est plus ou moins long, selon que Microsoft considère l'application convoitée comme peu ou très utilisée.

- Si la vignette de l'application à démarrer est visible, touchez ou cliquez dessus et passez à l'étape 4.
- Sinon, rendez-vous à l'étape 2.

2 Quand la vignette de l'application convoitée n'est pas visible au premier coup d'œil, deux solutions s'offrent à vous pour la faire apparaître.

- Balayez l'écran d'accueil vers la gauche ou bougez la souris pour afficher une *barre de défilement* au bas de l'écran, puis faites glisser le grand rectangle (le *curseur de défilement*) au centre de cette barre vers la gauche. Si vous voyez alors l'heureuse élue, touchez-la ou cliquez dessus, puis passez à l'étape 4.
- En revanche, si cette première tentative échoue, balayez l'écran d'accueil vers le haut, ou bougez la souris et cliquez sur la petite flèche ⬇ qui apparaît en bas à gauche.

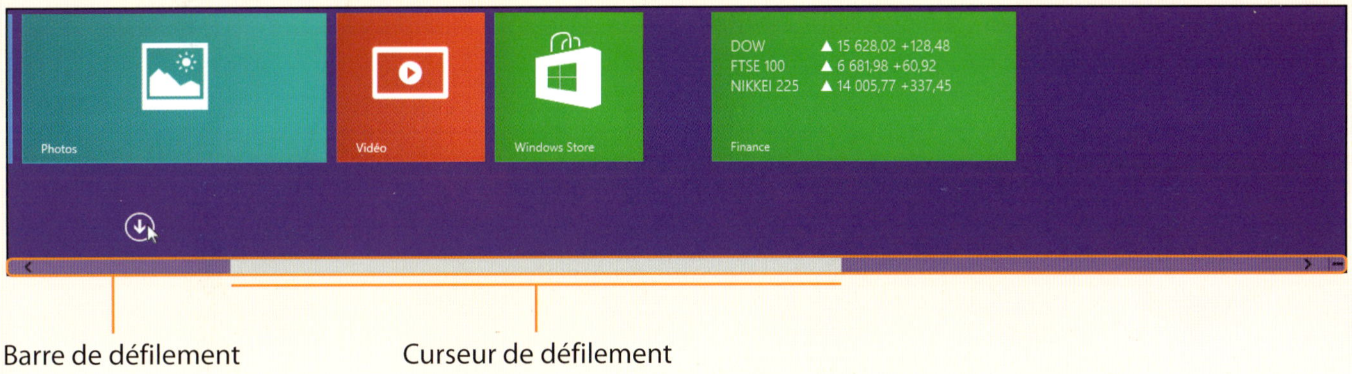

3 Une longue liste apparaît, répertoriant l'ensemble des applications et programmes sur votre ordinateur : touchez ou cliquez sur la petite vignette de l'application à utiliser. En sachant que, là aussi, vous pouvez faire défiler la liste vers la gauche en balayant l'écran vers la gauche ou en utilisant la barre de défilement qui s'affiche après un mouvement de la souris.

Mieux encore, si la liste est vraiment très longue, vous pouvez aller droit au but en commençant à taper le nom de l'application dans la zone de recherche en haut à droite, jusqu'à ce que la coquette se dévoile !

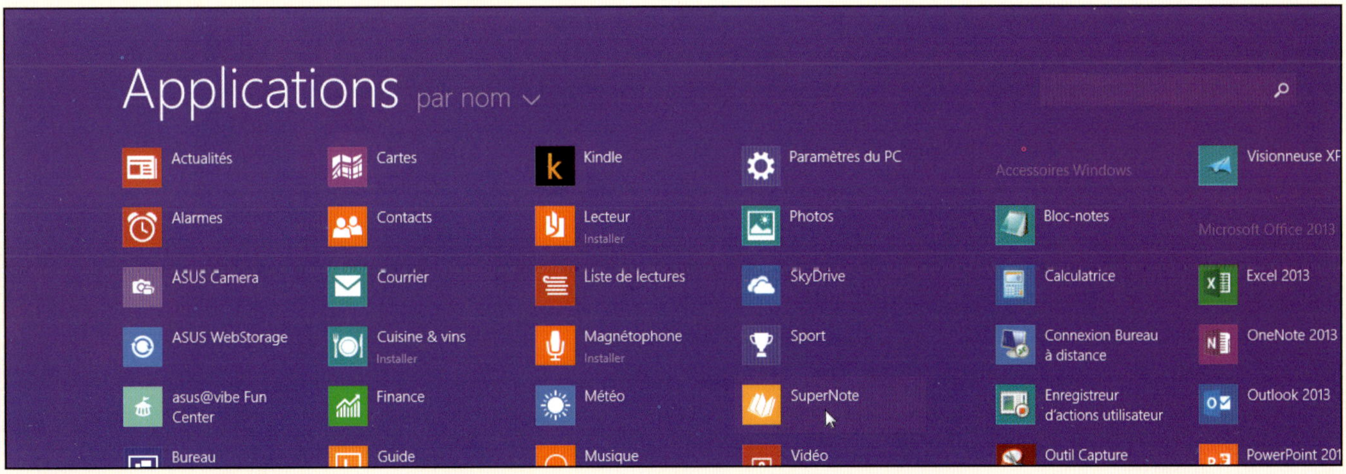

4 Vous y voici enfin : devant vous se dresse la fenêtre de l'application démarrée qui, sans le moindre égard pour l'écran d'accueil, occupe absolument toute la surface disponible. Et elle ne s'embarrasse pas non plus de commandes : seul le contenu de l'application (photo, article d'actualités, chansons, *etc.*) est visible !

Mais ne succombez pas à son charme, car vous êtes d'abord là pour apprendre à fermer une application. Après l'avoir appréciée quelques instants, donc, posez votre doigt en haut de la fenêtre ou pointez cette zone et, quand le pointeur se transforme en petite main, enfoncez le bouton gauche de la souris. Ensuite, en gardant votre doigt sur l'écran ou le bouton enfoncé, faites glisser l'application vers le bas, hors de l'écran : elle devient d'abord beaucoup plus petite, puis disparaît finalement complètement. Relevez alors votre doigt ou relâchez le bouton.

TOUT PREMIERS PAS

Démarrez et fermez un programme

1 Ironie du sort : la seule méthode passe-partout pour démarrer un programme traditionnel repose sur l'écran d'accueil moderne. Mais vous la connaissez déjà… Balayez cet écran vers le haut ou cliquez sur la petite flèche qui apparaît en bas à gauche après un mouvement de la souris, puis touchez ou cliquez sur le programme souhaité dans la partie droite de la longue liste qui s'affiche.

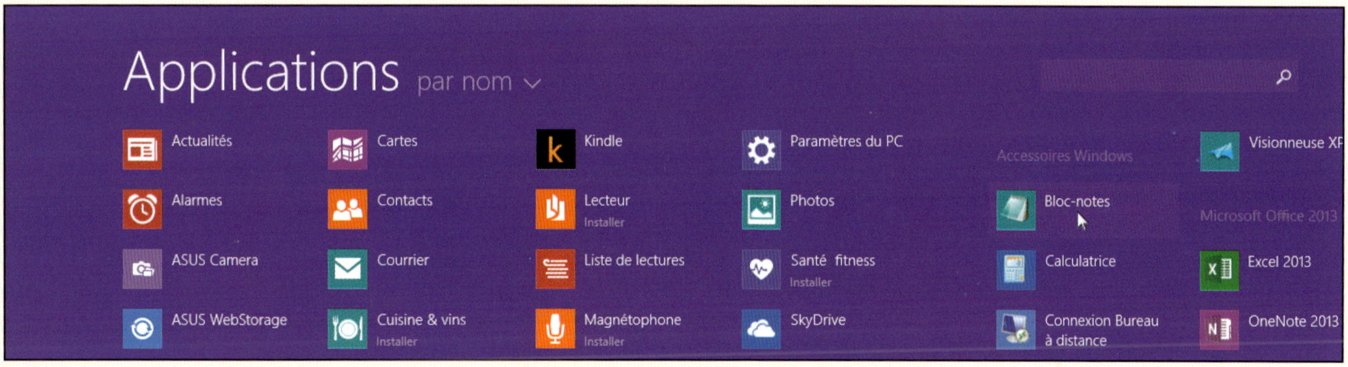

2 Changement de décor instantané : vous basculez à la fois dans l'environnement classique et devant une fenêtre d'un genre totalement nouveau. En effet, contrairement aux fenêtres envahissantes et épurées des applications, celles des programmes n'occupent pas forcément toute la surface du bureau et affichent en permanence divers outils pour vous permettre d'agir : nous les examinerons dans la prochaine section de ce chapitre.

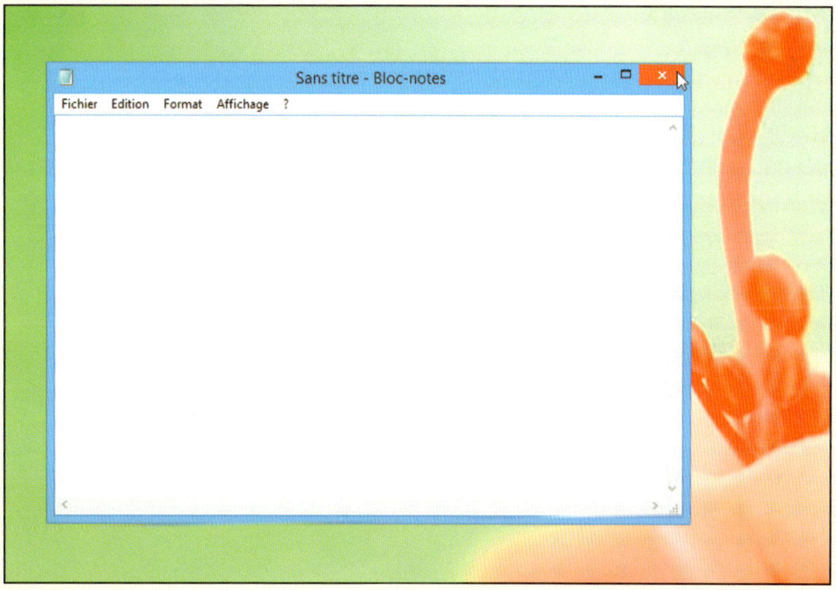

Pour l'instant, tenez-nous-en à notre mission du moment : apprendre à ouvrir et fermer un programme. Dans l'angle supérieur droit de celui-ci, donc, touchez ou cliquez sur le bouton ×.

3 Plus la moindre trace du programme : c'est gagné !

Mais puisque vous êtes sur le bureau, je vous invite vivement à tester une seconde technique de démarrage : si votre programme possède une icône vers le début de la barre des tâches, touchez-la ou cliquez dessus. Par exemple,  ouvre l'Explorateur, dédié à la consultation et à la gestion du contenu de votre ordinateur. Cela fait, vous pourrez vous entraîner à fermer de nouveau un programme en répétant l'étape 2 !

COUP DE POUCE !

Démarrez n'importe quels applications ou programmes à la vitesse grand V

L'écran d'accueil n'a pas encore abattu tout son jeu concernant le démarrage d'applications et de programmes… Imaginez qu'il soit affiché et que vous ayez perdu le chemin d'accès à une application ou un programme.

Sans vous laisser impressionner par les belles vignettes de l'écran d'accueil, commencez à taper au clavier le nom de l'application ou du programme à démarrer. Miracle ! Le panneau **Rechercher** apparaît sur la droite, répertoriant, entre autres, tous les programmes et applications débutant par les lettres saisies : il ne vous reste plus qu'à toucher ou cliquer sur celui ou celle que vous voulez ouvrir !

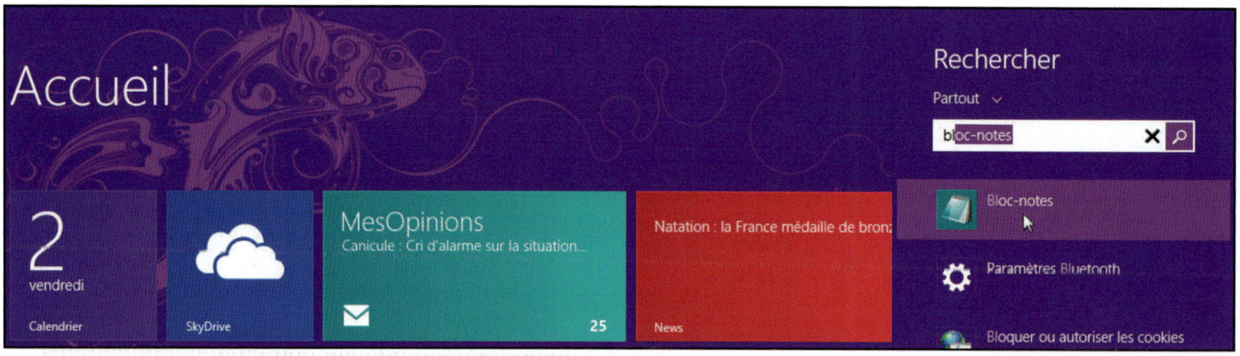

Mettez les applications et les programmes au travail

Après cette petite mise en bouche avec les applications et les programmes, il est temps de passer au plat de résistance et d'examiner leurs fenêtres à la loupe. Car si vous ne savez pas comment atteindre et utiliser leurs commandes, vous ne pourrez agir efficacement !

Les applications

À la section précédente, vous avez constaté que les fenêtres d'applications dédiaient tout leur espace au contenu de l'application : pas la moindre barre ni le moindre panneau de commandes à l'horizon ! Et pourtant, les commandes existent où se cachent-elles donc ? En fait, elles se répartissent en trois endroits.

- **L'intérieur de la fenêtre.** Beaucoup d'applications affichent des options pour créer quelque chose ou agir sur leur contenu au sein même de celui-ci. Alarmes en est un excellent exemple, puisqu'elle vous permet, entre autres, de choisir des jours en les touchant ou en cliquant dessus dans la partie centrale de la fenêtre, et d'annuler ou de définir une alarme en touchant ou cliquant respectivement sur l'icône **Supprimer** ou **Enregistrer** en haut à droite.

Et quand le contenu de l'application est trop grand pour apparaître en intégralité, c'est aussi directement depuis l'intérieur de la fenêtre que vous pouvez accéder aux informations masquées. Selon le cas, effectuez un balayage horizontal ou vertical, ou, si votre écran n'est pas tactile, bougez la souris pour afficher au moins une **barre de défilement**, puis faites glisser le curseur central comme vous l'avez appris au début de ce chapitre pour l'écran d'accueil.

- **La barre des tâches.** Pour la faire sortir de sa tanière au bas de l'écran, balayez celui-ci depuis son bord physique inférieur vers le haut, ou cliquez du bouton droit dans la fenêtre. Vous accédez alors à plusieurs grosses icônes correspondant à des commandes directement liées au contenu actuellement visible. Par exemple, après avoir affiché un cliché mal orienté dans l'application Photos, vous pouvez le remettre d'aplomb en touchant ou cliquant sur l'icône **Faire pivoter** .

- **Le panneau Paramètres.** Celui-ci s'affiche depuis l'icône **Paramètres** de la barre des contrôles et sert davantage à ajuster le fonctionnement de l'application qu'à agir sur un contenu spécifique. Par exemple, en touchant ou cliquant sur **Options** dans le panneau **Paramètres** de l'application Cartes, vous pouvez choisir les unités employées pour indiquer les températures et les distances.

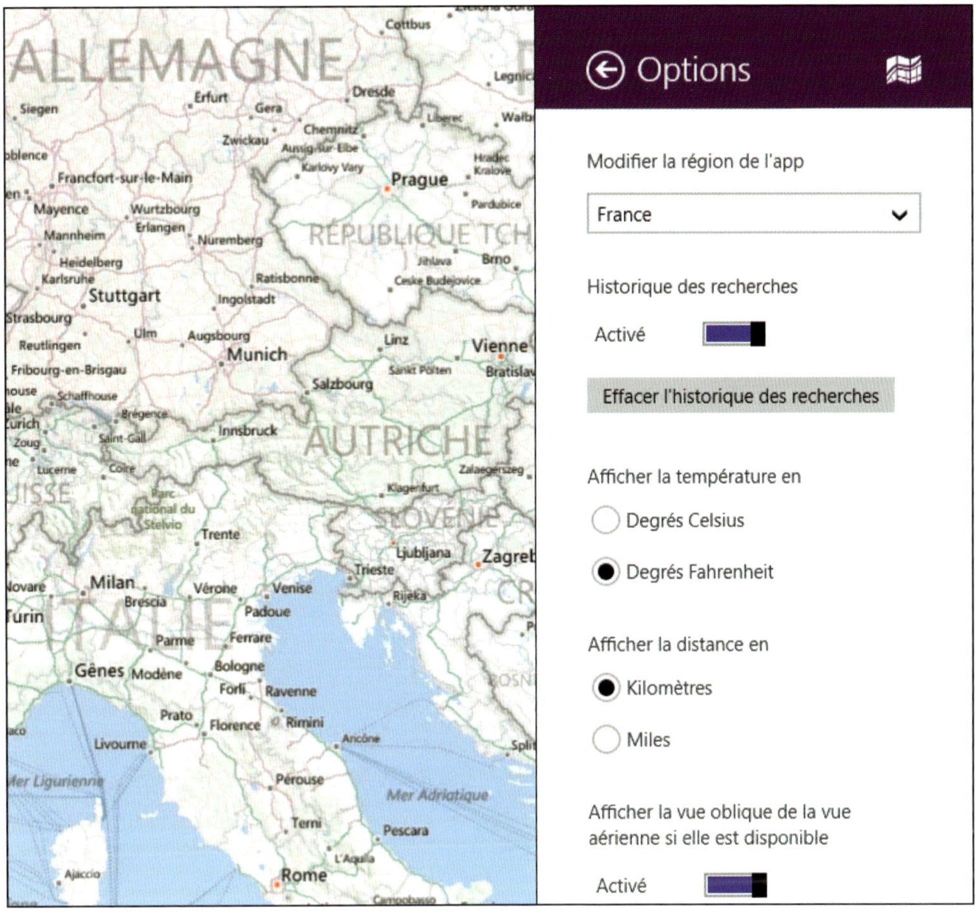

Les programmes

Beaucoup moins cachottiers, les programmes affichent leurs commandes dès le départ ou, à défaut, les moyens d'y accéder. Et les **barres de défilement** apparaissent automatiquement dès qu'une partie du contenu de la fenêtre est masqué : que demander de plus ?

- La **barre de titre**. Située tout en haut de la fenêtre, elle indique au moins en son centre le nom du programme en cours, et comporte dans sa partie droite des boutons pour redimensionner et fermer la fenêtre. Vous avez d'ailleurs découvert le bouton de fermeture × à la section précédente !
- Le **ruban**. Sorte de gros bandeau, il apparaît juste au-dessous de la barre de titre de très nombreuses fenêtres et propose de multiples boutons ou icônes qui correspondent chacun(e) à une commande. Parfois, il cède la place à une barre moins étroite, mais également constituée de boutons de commande : la **barre d'outils**.

Dans les deux cas, pour exécuter une commande, vous n'avez qu'à toucher ou cliquer sur son icône ou son bouton. Par exemple, si vous voulez effacer une partie d'un dessin affiché dans le programme Paint (présenté ci-après), il vous suffit de toucher ou cliquer sur l'icône **Gomme**, puis de faire glisser votre doigt ou le pointeur sur la zone à supprimer.

Certes, les fenêtres des programmes sont un peu moins esthétiques que celles des applications, mais elles ont le mérite d'être beaucoup plus pratiques !

- Toujours dans leur partie supérieure, quelques fenêtres (comme celle du Bloc-notes ouverte dans le « Tout premiers pas - Démarrez et fermez un programme » à la section précédente) comportent en plus une **barre de menus**. Celle-ci affiche uniquement des intitulés textuels : des *noms de menus*. En toucher un ou cliquer dessus déroule un panneau de commandes, appelé *menu* : il ne vous reste plus alors qu'à toucher ou cliquer sur la commande à exécuter.

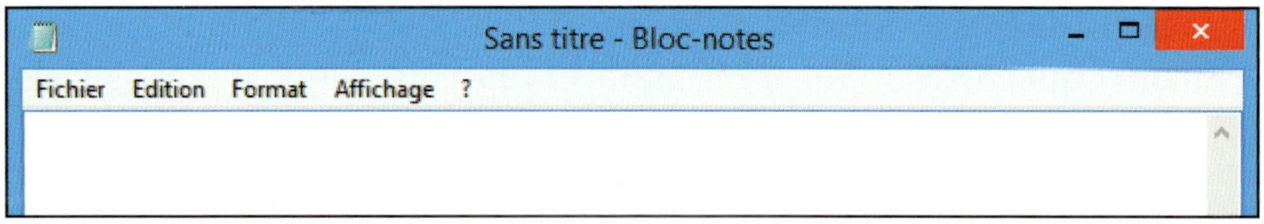

COUP DE POUCE !

Après les fenêtres des programmes, les fenêtres des commandes !

Quand un programme a besoin de précisions pour exécuter certaines commandes, il vous les réclame par le biais d'une fenêtre particulière qu'il affiche de son propre chef : une **boîte de dialogue**. Vous pouvez aussi recourir vous-même à certaines boîtes quand les icônes du ruban se révèlent insuffisantes. Par exemple, si vous voulez régler des aspects poussés de l'apparence de votre texte dans un document créé avec le programme Word, l'idéal est d'afficher la boîte de dialogue **Police** ou **Paragraphe**.

La plupart du temps, vous devez ensuite soit taper du texte, soit toucher ou cliquer sur des options précédées d'une case à cocher ☐ ou d'un petit bouton rond ◉ pour les activer. Quand une boîte de dialogue renferme beaucoup d'options, elle les répartit en plusieurs *onglets*, sortes d'intercalaires que vous affichez en touchant ou cliquant sur leur nom, en haut de la boîte.

Une fois que vous avez terminé, vous entérinez finalement vos choix en touchant ou cliquant sur le bouton **OK**. À moins que vous ne changiez d'avis au dernier moment ? Dans ce cas, vous pouvez toujours toucher ou cliquer sur **Annuler** pour fermer la boîte sans appliquer aucun de vos choix.

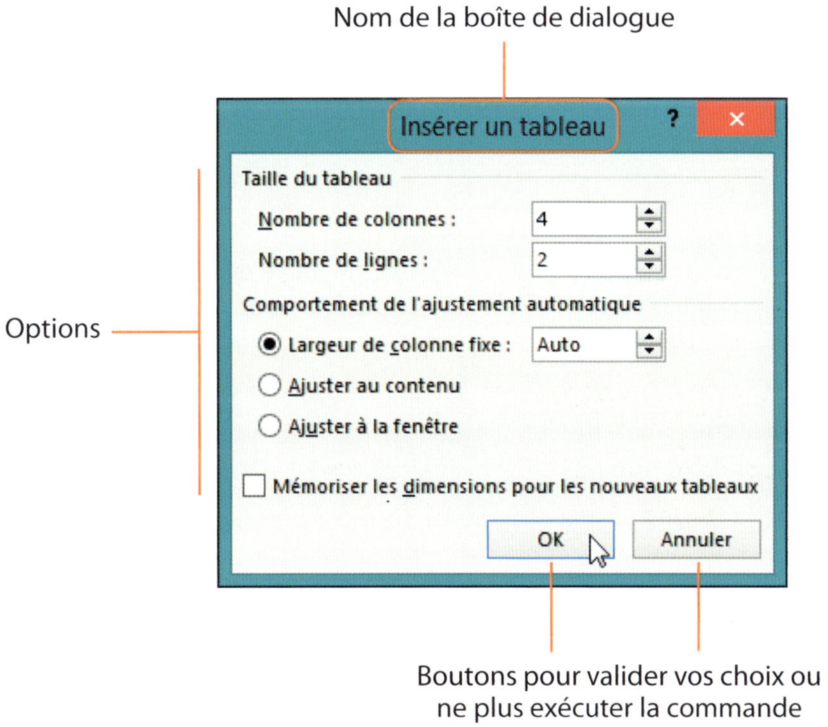

TOUT PREMIERS PAS

Redimensionnez et déplacez une fenêtre de programme

1 En plus d'afficher leurs commandes au grand jour, les programmes possèdent un autre avantage par rapport aux applications : vous pouvez changer à loisir la taille et la position de leurs fenêtres. Idéal pour s'adapter à leur contenu ou accéder facilement aux icônes du bureau si elles étaient masquées, par exemple !

Au départ, les programmes s'ouvrent presque toujours dans une fenêtre plus petite que le bureau : on la qualifie alors de *flottante*. Et bonne nouvelle : dans cet état, vous pouvez aussi bien la déplacer que la redimensionner manuellement. Testons d'ailleurs tout de suite cette seconde possibilité.

Pointez un angle de la fenêtre et, quand le pointeur devient une double flèche, enfoncez le bouton gauche de la souris ; sans le relâcher, faites ensuite glisser l'angle dans la direction requise, jusqu'à ce que la fenêtre ait la taille souhaitée. Cette fois, vous pouvez relâcher le bouton !

2 Emmenons maintenant la fenêtre faire une petite balade sur le bureau : pointez le milieu de sa barre de titre, enfoncez le bouton de la souris et, sans le relâcher, faites glisser la fenêtre à l'endroit souhaité ; une fois arrivé à destination, relâchez le bouton.

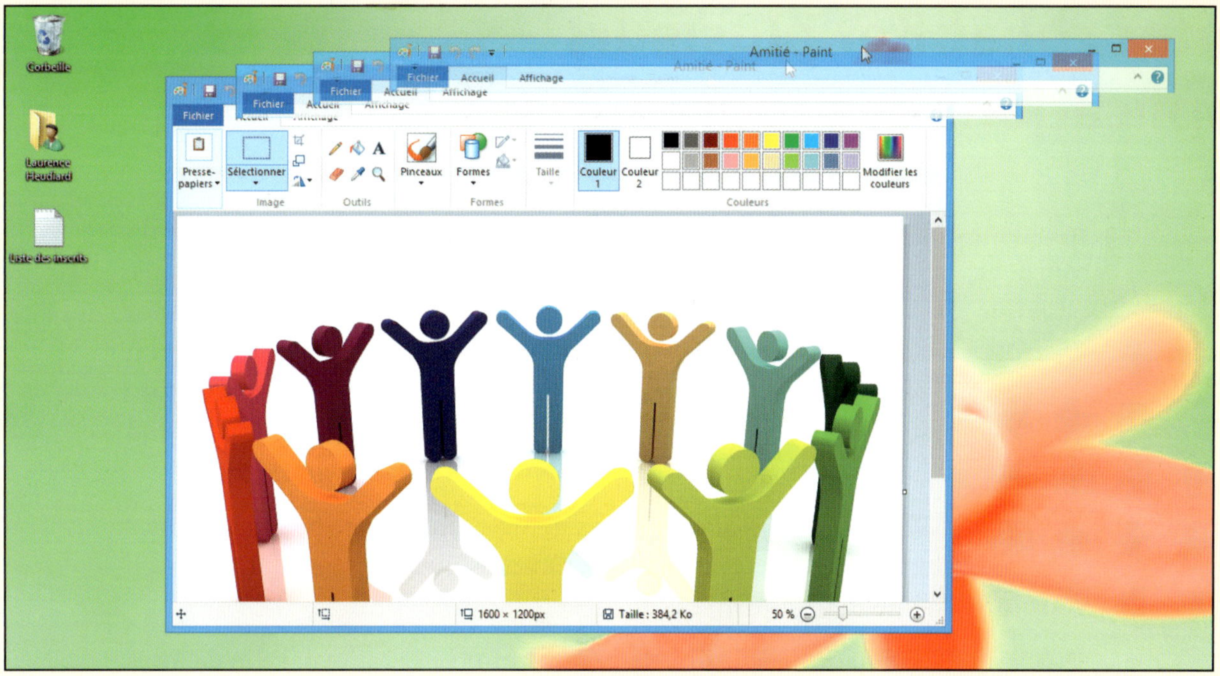

COUP DE POUCE !

Voyez les choses en grand

Quand une fenêtre renferme beaucoup de contenu et que vous n'avez pas besoin de visualiser simultanément un autre programme, vous pouvez lui octroyer instantanément toute la surface du bureau : cliquez juste sur le bouton dans la partie droite de sa barre de titre. La fenêtre se retrouve immédiatement *agrandie au maximum* : exception faite de la barre des tâches qui ne se laisse pas déloger facilement, il ne reste plus un millimètre carré de bureau apparent !

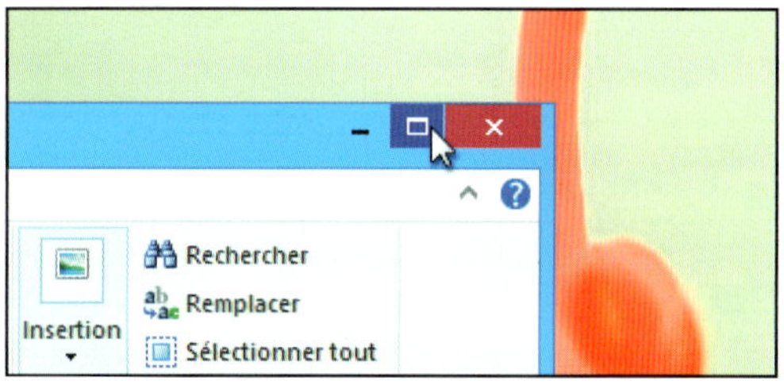

Heureusement, dès que nécessaire, vous pouvez faire marche arrière et retrouver une fenêtre flottante : cliquez simplement sur le bouton qui a remplacé le bouton !

Faites cohabiter plusieurs applications et programmes

Imaginez que vous ayez un meuble à monter et qu'à chaque utilisation du tournevis, vous deviez d'abord ranger le marteau dans la caisse à outils, puis l'en ressortir et y mettre à la place le tournevis dès que vous auriez un clou à planter. Que de temps et d'énergie perdus ! Eh bien, ce serait exactement pareil sur votre ordinateur s'il vous fallait fermer l'application Courrier lorsque vous auriez envie de regarder un cliché dans l'application Photos ou besoin de consulter un document dans Word, par exemple.

Par chance, Windows 8.1 vous évite ces gymnastiques en vous permettant de garder plusieurs applications et programmes ouverts simultanément. Il vous offre même deux alternatives !

- Soit afficher chaque application et programme à sa taille maximale, puis basculer de l'un(e) à l'autre en fonction de vos besoins.
- Soit garder plusieurs applications ou programmes affichés côte à côte, en réduisant la taille de leurs fenêtres. Mais attention, si Windows ne vous impose aucune limite dans l'environnement classique, vous ne pourrez pas dépasser quatre applications ou programmes dans l'environnement moderne. Et encore, à condition de posséder un écran assez grand : sinon, il faudra vous contenter de trois au maximum !

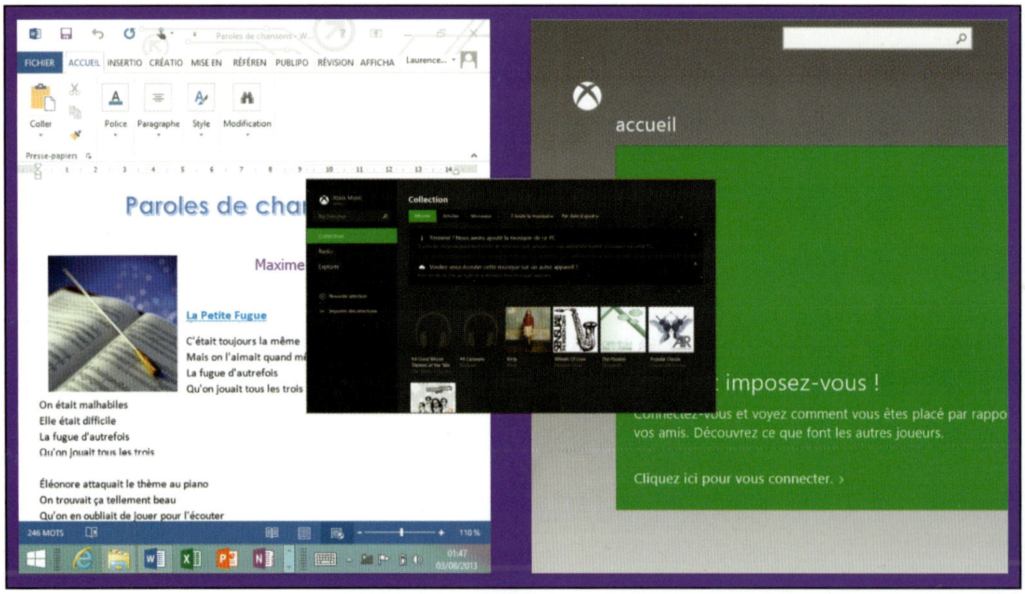

Quand vous avez besoin d'utiliser les deux ou trois mêmes applications ou programmes à de multiples reprises pendant votre session de travail (ou de détente !), vous pouvez les garder tous ouverts et basculer entre eux en fonction de la tâche à accomplir, ou les afficher simultanément pour comparer leur contenu.

TOUT PREMIERS PAS

Basculez entre des applications et des programmes ouverts

1 Windows 8.1 n'a pas fait les choses à moitié, puisqu'il prévoit pas moins de trois techniques pour naviguer entre les applications et programmes que vous avez démarrés ! Commençons par la méthode passe-partout, fondée sur le clavier. Enfoncez la touche **Alt**, tout en bas, et, sans la relâcher, appuyez sur la touche **Tab** (marquée de deux flèches), à gauche.

2 Un bandeau bleu foncé apparaît au centre de l'écran, présentant une miniature de chaque application et programme ouverts, et du bureau. En gardant toujours la touche **Alt** enfoncée, appuyez sur la touche **Tab** autant de fois que nécessaires pour que la miniature de l'élément à afficher soit encadrée : relâchez alors les deux touches, et vous serez à destination !

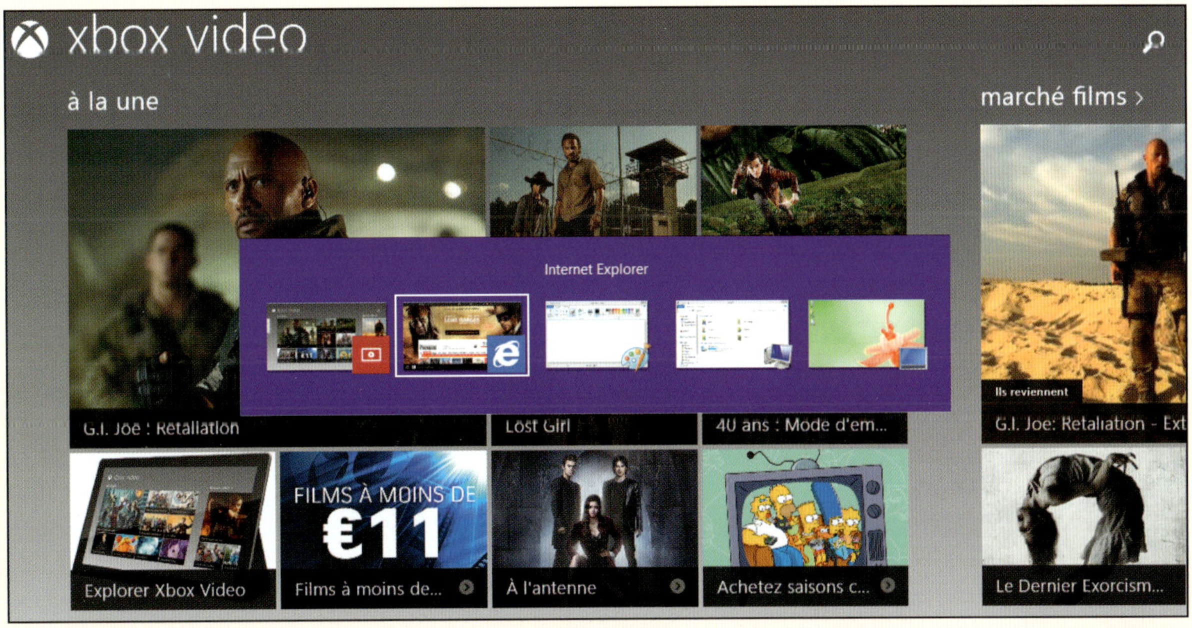

3 Profitons maintenant de votre écran tactile, en sachant néanmoins que cette technique « sympathique » ne donne accès qu'aux applications ouvertes et au dernier programme utilisé parmi ceux ouverts : balayez rapidement l'écran depuis son bord gauche physique vers la droite autant de fois que nécessaires pour voir l'application ou le programme convoité s'installer au premier plan.

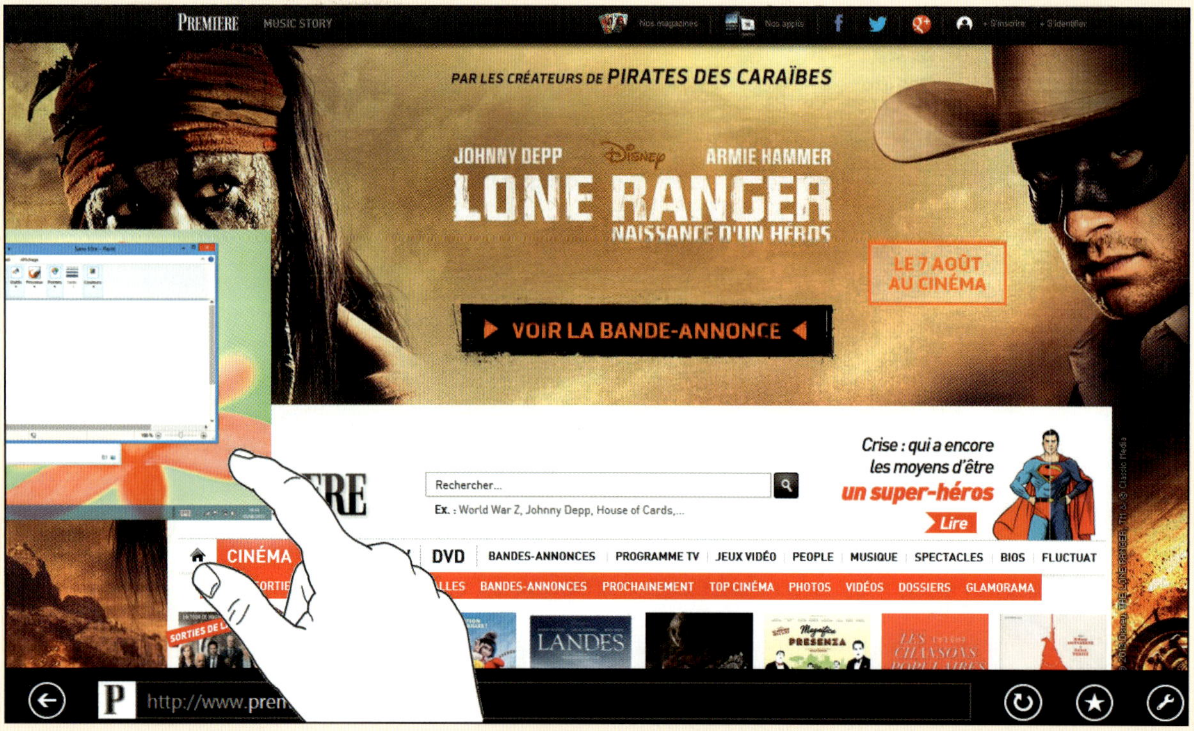

4 Il ne nous reste plus qu'un acteur (ou plutôt une actrice !) à solliciter : la souris. Pointez le coin supérieur gauche de l'écran pour afficher une petite vignette de la dernière application utilisée ou du dernier programme employé (tout dépend de la situation de départ) : si elle correspond à l'application ou au programme que vous vouliez atteindre, cliquez dessus et vous êtes quitte ! Sinon, passez à l'étape 5.

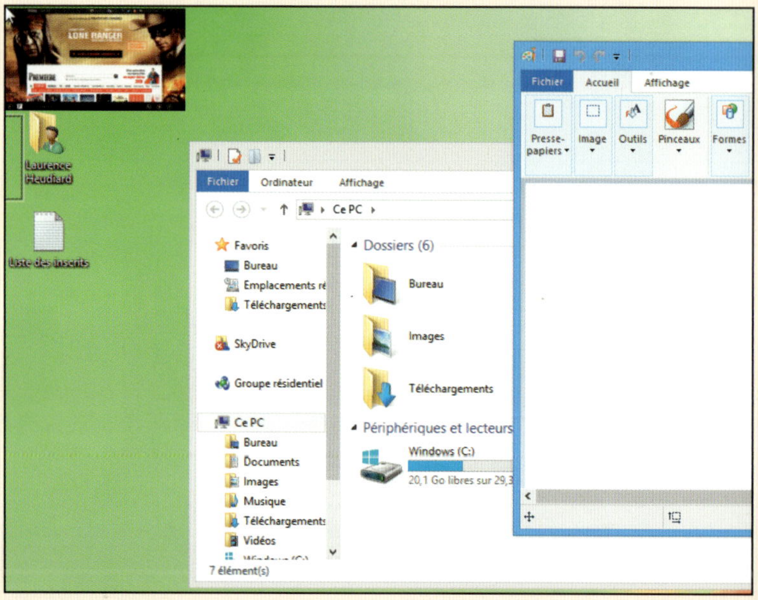

5 Faites glisser le pointeur vers le bas pour afficher des vignettes supplémentaires et cliquez sur celle de l'élément à atteindre s'il est visible. Vous avez forcément le choix entre toutes les applications ouvertes et l'écran d'accueil, mais concernant l'environnement traditionnel, vous n'avez accès, au mieux, qu'au dernier programme utilisé. Il faudra vous y faire !

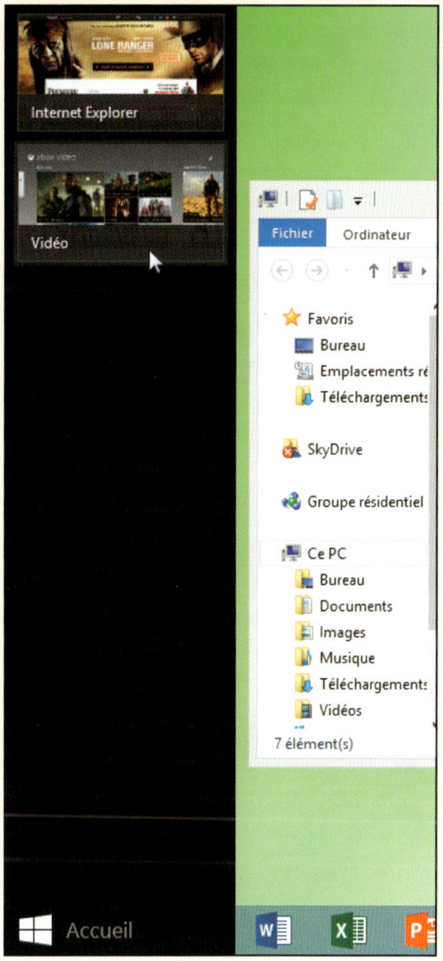

TOUT PREMIERS PAS

Basculez entre des programmes ouverts

1 Lorsque vous voulez juste basculer entre des programmes alors que vous vous trouvez dans l'environnement traditionnel, oubliez les techniques du « Tout premiers pas » précédent et préférez l'une des deux suivantes.

- Si la fenêtre du programme convoité est au moins partiellement visible, touchez ou cliquez dedans, simplement.
- Sinon, touchez ou cliquez sur l'icône du programme dans la barre des tâches. En cas de doute, vous pouvez commencer par pointer celle qui vous semble correspondre au programme à atteindre pour afficher une miniature de celui-ci puis, si cela ne vous permet toujours pas d'identifier le programme associé, pointer cette vignette pour obtenir un aperçu grandeur réelle de la fenêtre : ouf !

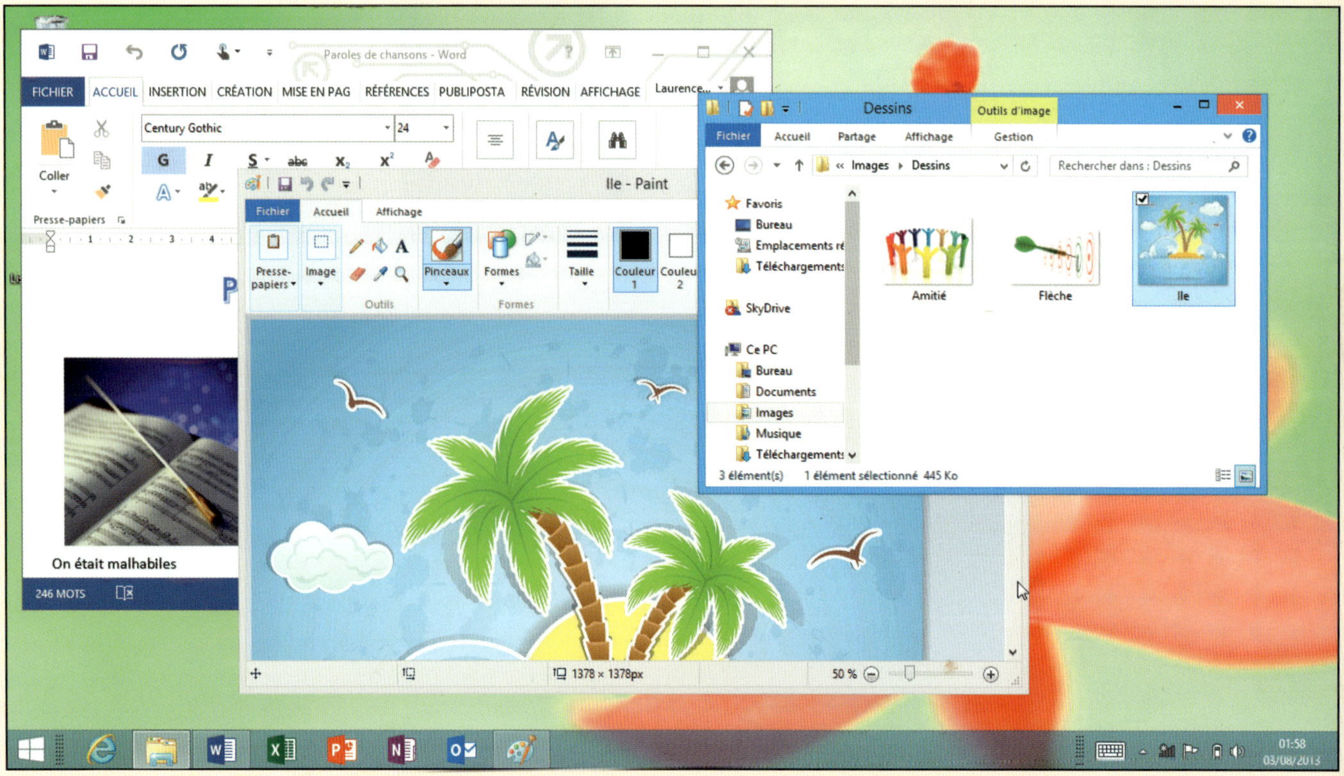

La fenêtre du programme convoité apparaît au premier plan, devenant ainsi la *fenêtre active*, c'est-à-dire celle dans laquelle vous pouvez agir sur-le-champ. Elle se reconnaît à son apparence colorée, et surtout au rouge éclatant de son bouton de fermeture ×. Il n'y a toujours qu'une seule fenêtre active, et pour cause : vous ne pouvez pas agir dans deux ou trois programmes à la fois !

Toutes les autres fenêtres sont qualifiées d'*inactives* et n'ont droit qu'à du gris, tant pour leur barre de titre que pour leur bouton de fermeture. Même si elles sont intégralement visibles, vous ne pouvez pas utiliser le programme correspondant sans avoir d'abord exécuté l'étape 1 pour activer la fenêtre requise.

Deux fenêtres inactives

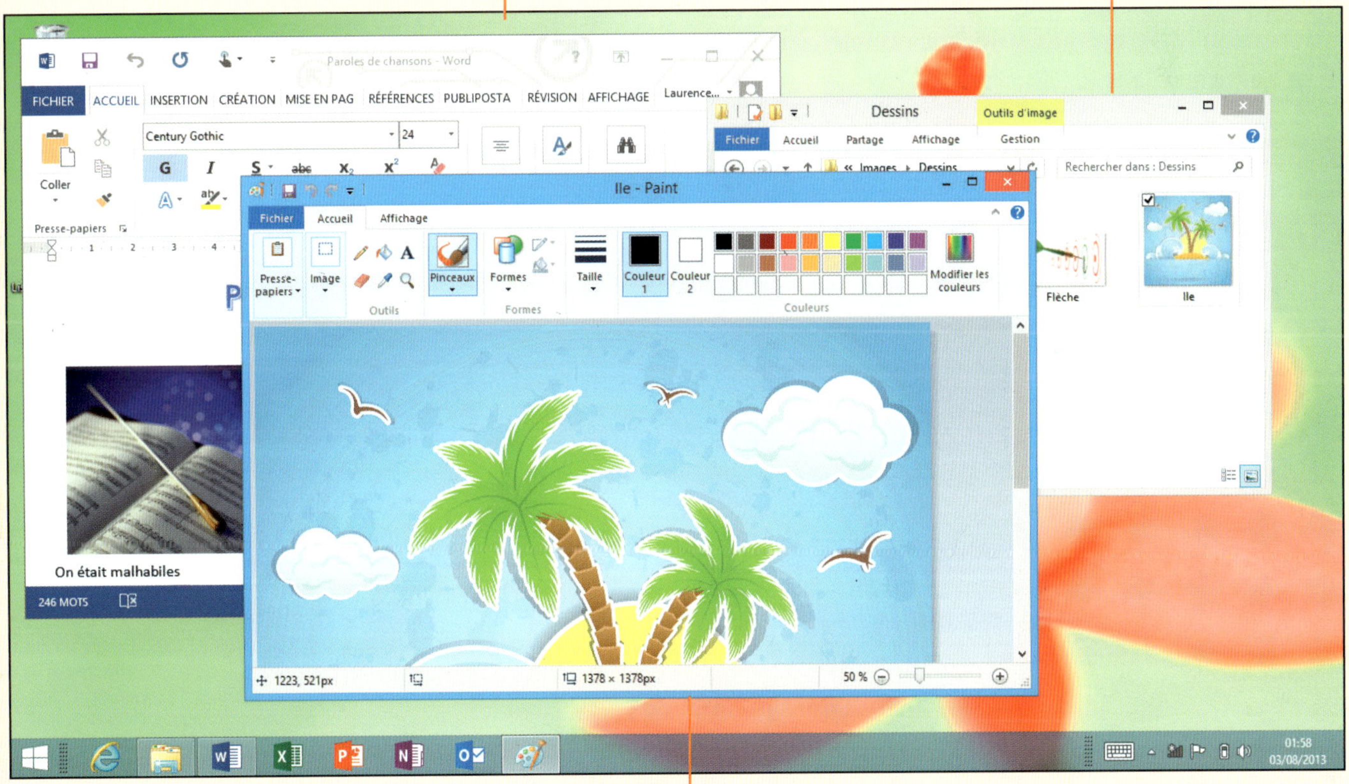

LA fenêtre active

TOUT PREMIERS PAS

Affichez simultanément plusieurs applications ou programmes

1 Windows 8.1 n'est pas sectaire, puisqu'il vous permet de garder en vis-à-vis à l'écran aussi bien deux ou trois (voire quatre !) applications, que deux applications et un programme, par exemple. Mais le plus souvent, deux applications et/ou programmes suffisent : on ne peut pas être partout à la fois !

Alors, après avoir ouvert soit vos deux applications, soit une application et un programme, et affiché l'un(e) des deux, pointez l'angle supérieur gauche de l'écran et, quand une miniature apparaît, faites glisser le pointeur vers le bas pour afficher les vignettes de toutes les applications ouvertes.

2 Cliquez sur la miniature de la seconde application ou du second programme à afficher et, en gardant le bouton de la souris enfoncé, faites-la ou le glisser doucement vers la droite ; quand une fenêtre flottante apparaît et que la fenêtre de l'étape 1 se cale dans la partie droite de l'écran, bordée à sa gauche par une longue barre verticale avec trois points en son centre, relâchez le bouton de la souris.

Soulignons néanmoins qu'avec un écran tactile, les choses peuvent aller beaucoup plus vite. En effet, au lieu de réaliser l'étape 1, vous pouvez vous contenter de balayer l'écran vers la droite depuis son bord physique gauche autant de fois que nécessaires pour vous retrouver devant une moitié d'application bordée par cette fine barre de redimensionnement.

3 Les deux applications ou le programme et l'application se positionnent côte à côte, séparés par la fameuse barre verticale : c'est gagné ! Vous pouvez désormais faire glisser celle-ci latéralement pour ajuster la taille des fenêtres. Et quand vous ne souhaiterez plus afficher qu'une seule application, déplacez la barre complètement à gauche ou à droite pour maximiser la fenêtre de l'application en question. Facile, non ?

Et si vous voulez afficher une application de plus, touchez ou cliquez juste sur sa vignette dans l'écran d'accueil : la nouvelle fenêtre apparaît alors aussitôt au milieu des deux autres !

Aussi modernes soient Windows 8.1 et la procédure que nous venons de voir, le bureau traditionnel tire, une fois de plus, son épingle du jeu. Car si vous avez juste besoin d'afficher plusieurs programmes en même temps, vous pouvez agencer leurs fenêtres exactement comme bon vous semble en appliquant les techniques de déplacement et de redimensionnement vues à la section précédente de ce chapitre.

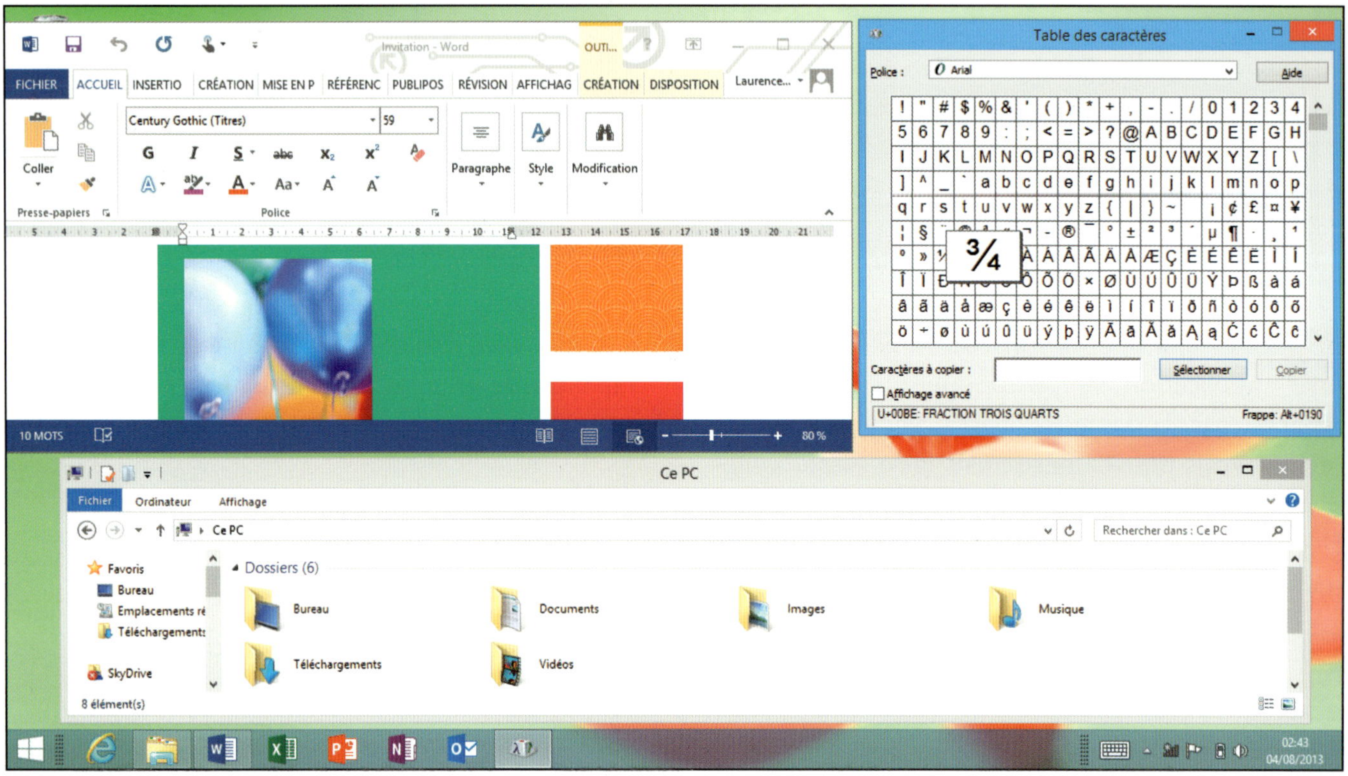

Après avoir ouvert plusieurs programmes sur le bureau, vous disposez d'une liberté maximale concernant le positionnement et la taille de leurs fenêtres.

COUP DE POUCE !

Plusieurs fenêtres… mais une seule application ou un seul programme

Pour finir ce chapitre en beauté, sachez que dans de nombreux programmes et quelques rares applications, comme Word ou Internet Explorer, vous pouvez aussi ouvrir simultanément plusieurs éléments, comme des documents ou des pages Web, respectivement. Et qu'ensuite, vous disposez des mêmes possibilités pour basculer de l'un à l'autre ou les afficher conjointement !

Par exemple, si vous avez ouvert deux documents dans Word, vous pouvez accéder directement à l'élément convoité en pointant l'icône du programme dans la barre des tâches traditionnelle et en cliquant sur la miniature de l'élément en question.

Et si vous avez ouvert deux pages Web dans Internet Explorer moderne, vous pouvez les afficher côte à côte en cliquant du bouton droit sur la miniature de l'une d'entre elles dans la section **Onglets**, puis du bouton gauche sur **Ouvrir l'onglet dans une nouvelle fenêtre**. (Internet Explorer sera à l'honneur au chapitre 6.)

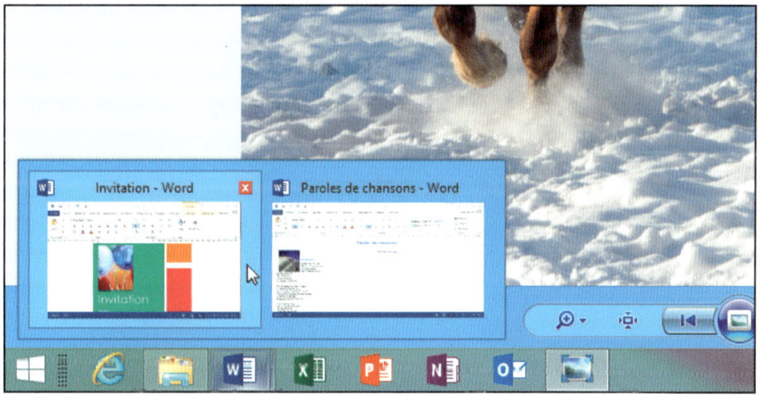

✓ TESTEZ-VOUS !

Avez-vous retenu les trois mots essentiels de ce chapitre ?

1 *Barre de défilement*

D'après vous, s'agit-il...

- **a** D'une très fine barre en haut de l'écran qui fait défiler l'éphéméride ?
- **b** D'une barre qui affiche en alternance les noms des applications et programmes ouverts ?
- **c** D'une barre horizontale ou verticale qui permet d'afficher du contenu masqué ?

2 *Fenêtre*

D'après vous, s'agit-il...

- **a** D'une loupe qui permet d'agrandir l'affichage de certaines zones dans des applications ou programmes ?
- **b** Du panneau dans lequel s'affiche une application ou un programme ?
- **c** D'une vitre teintée que vous placez sur l'écran pour égayer votre environnement informatique ?

3 Barre des tâches

D'après vous, s'agit-il...

- **a** De la barre verticale qui liste vos dernières actions dans une application et que vous affichez en balayant celle-ci vers la droite ?
- **b** Du bandeau que vous affichez en tapotant deux fois ou en double-cliquant dans l'angle inférieur gauche de l'écran et qui indique le niveau de charge de la batterie ?
- **c** De la barre qui s'affiche au bas de la fenêtre à la suite d'un balayage vers le haut ou d'un clic droit, et qui propose des commandes liées à l'application en cours ?

Réponses : 1 : c, 2 : b, 3 : c

Chapitre

4

Gérez le contenu de votre ordinateur de main de maître

Pas question de démonter votre ordinateur pour plonger dans ses entrailles matérielles ! Ici, nous nous intéresserons exclusivement à toutes les informations qu'il renferme (programmes, photos, documents, chansons, *etc.*) et à la manière d'y accéder et de les gérer.

Ainsi, à la fin de ce chapitre, vous saurez, entre autres :

→ Parcourir le contenu de votre ordinateur grâce à l'Explorateur

→ Organiser le contenu de votre ordinateur

→ Utiliser SkyDrive

Gros plan sur le contenu de votre ordinateur

Depuis le début de ce livre, vous avez utilisé Windows 8.1, bien sûr, mais aussi des applications et des programmes ; vous avez également paramétré votre connexion Internet et vous êtes créé un compte Microsoft Live. Tout cela représente déjà une grande quantité d'éléments et d'informations très varié(e)s ; mais imaginez un peu quand vous aurez en plus téléchargé des chansons avec l'application Musique ou copié des clichés de votre appareil photo numérique !

Cela implique deux choses. D'une part, toutes ces applications, informations, *etc.* doivent être stockées quelque part sur votre ordinateur pour que vous les retrouviez à chaque utilisation de celui-ci. D'autre part, elles doivent être rigoureusement ordonnées en fonction de leur nature, sinon, votre machine et vous-même n'y retrouverez jamais vos petits. C'est pourquoi le contenu de votre ordinateur s'organise en plusieurs niveaux.

Pour bien comprendre la manière dont votre ordinateur stocke son contenu, envisagez son disque dur comme une grosse armoire, ses dossiers et bibliothèques comme des étagères, ses sous-dossiers comme des chemises posées sur ces étagères, et ses fichiers comme des feuilles rangées dans ces chemises.

❶ **Les fichiers.** Ils correspondent à l'unité minimale de stockage. En effet, chaque fichier est un bloc d'informations apparentées et de même nature. Par exemple, une chanson constitue un fichier de type audio, tandis qu'une photo constitue un fichier de type image, et un texte tapé dans Word, un fichier de type document.

Fichier de type Document

Fichier de type Image

❷ **Les dossiers et les bibliothèques.** Les fichiers ne sont pas disséminés au hasard sur votre ordinateur : ils sont regroupés en fonction de leur nature et/ou de leur contenu au sein de zones de stockage délimitées, appelées *dossiers*.

Au départ, Windows 8.1 en a déjà créés plusieurs automatiquement pour toutes les informations indispensables au fonctionnement de votre machine et de vos applications et programmes. Et pour vous faciliter la tâche, il en a aussi prévus quelques-uns spécialement pour vous : les *bibliothèques*. Ainsi, vous pourrez, entre autres, stocker directement vos chansons dans la bibliothèque **Musique** et vos photos dans la bibliothèque **Images**.

Pour affiner le classement des fichiers, chaque dossier et/ou bibliothèque peut à son tour contenir d'autres dossiers (appelés *sous-dossiers*). Par exemple, vous aurez tout intérêt à créer un sous-dossier par artiste dans la bibliothèque **Musique**.

Bibliothèque

Dossier

❸ **Les lecteurs.** Il s'agit là des dispositifs matériels qui stockent « physiquement » les bibliothèques, dossiers, sous-dossiers et fichiers. Le plus important d'entre eux est le *disque dur*, car il reste à demeure dans l'ordinateur. Mais vous utiliserez aussi des lecteurs amovibles que vous pouvez à tout moment brancher sur votre machine, puis retirer en fonction de vos besoins (par exemple, pour emmener des clichés avec vous). Avec sa taille de guêpe et son poids plume, la *clé USB* est assurément la reine des lecteurs amovibles !

Disque dur

TOUT PREMIERS PAS

Parcourez le contenu de votre ordinateur

1 Windows 8.1 n'a pas seulement jeté les bases d'une organisation hiérarchisée du contenu de votre ordinateur. Il vous offre aussi un programme extrêmement performant pour accéder à ses lecteurs, dossiers, bibliothèques et fichiers, et pour gérer tout ce petit monde : l'**Explorateur** !

Étant donné son importance, je vous propose de le démarrer directement grâce à la seule technique utilisable dans les deux environnements de Windows : enfoncez simultanément les touches **Windows** et **E** du clavier.

Mais si vous n'êtes pas très à l'aise avec le clavier, vous pouvez toujours toucher ou cliquer sur la vignette **Bureau** de l'écran d'accueil, puis sur l'icône vers le début de la barre des tâches de l'environnement classique.

2 L'Explorateur s'ouvre dans une fenêtre classique, scindée en deux grandes parties : celle de gauche (le *volet de navigation*) présente une arborescence du contenu de votre ordinateur, tandis que celle du milieu affiche les différents lecteurs. Parmi ceux-ci figure évidemment le disque dur : vous le reconnaîtrez facilement, car son nom se termine toujours par la majuscule C, suivi du signe deux-points.

Et dans la partie supérieure de la fenêtre siège une autre zone essentielle : la *zone d'adresse*, grande zone rectangulaire qui indique l'emplacement des éléments visibles au centre de la fenêtre. Tout au départ, elle affiche en principe « Ce PC », puisque l'Explorateur présente les lecteurs et les bibliothèques de votre ordinateur (éléments de base dans la hiérarchie de stockage, si l'on peut dire). Mais dès que vous changez d'emplacement, elle s'adapte.

La preuve : dans la partie centrale de la fenêtre, double-cliquez sur la bibliothèque que vous voulez ouvrir, comme **Images** ou **Documents**. (Étant donné la petite taille de la plupart des éléments affichés, mieux vaut les manipuler avec la souris, même si vous possédez un écran tactile ; sinon, vous risquez de toucher à côté…)

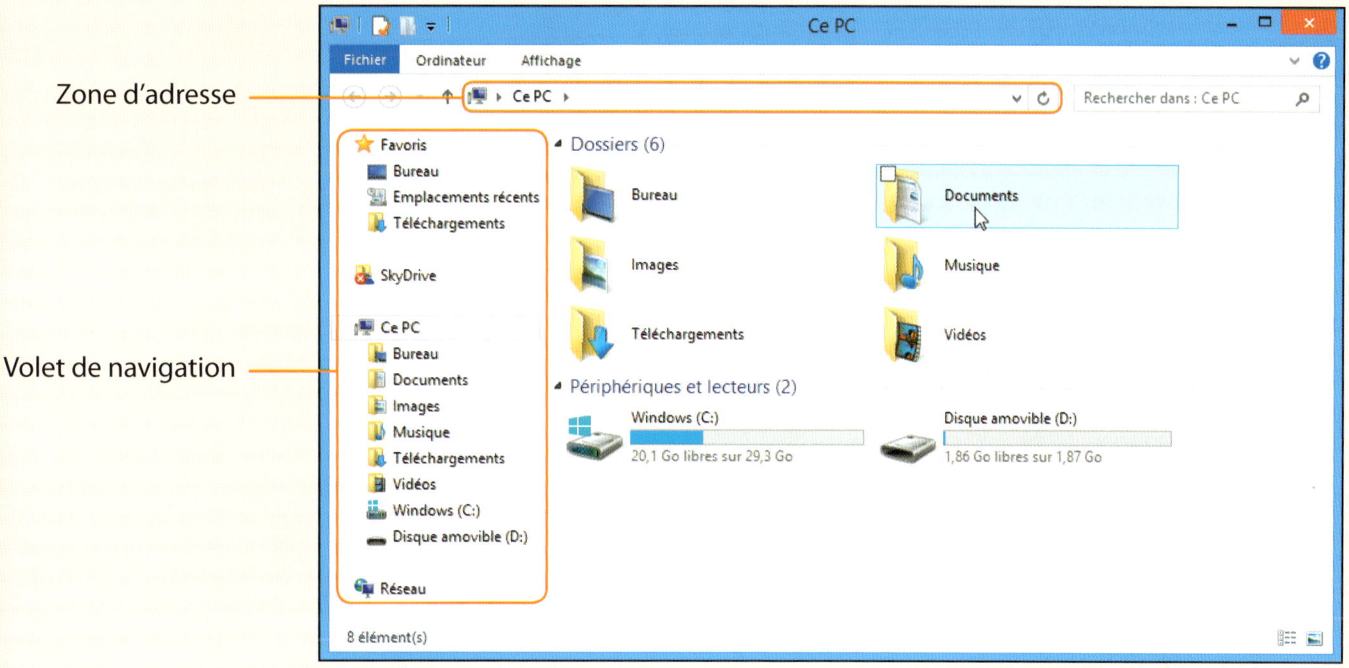

3 En toute logique, la barre de titre et la zone d'adresse indiquent désormais le nom de la bibliothèque ouverte, et le contenu de celle-ci apparaît au centre de la fenêtre. Facile, non ?

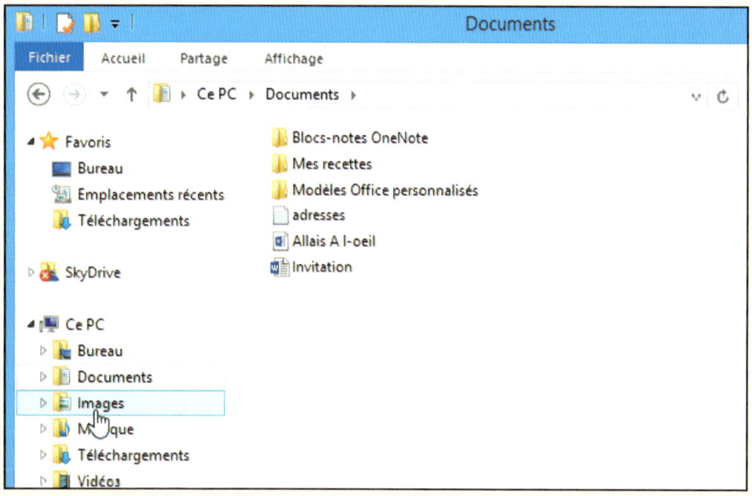

Vous pourriez poursuivre ainsi et ouvrir l'un des dossiers ou fichiers affichés en double-cliquant dessus. Dans le premier cas, le contenu du dossier apparaîtrait ; dans le second, le programme ou l'application adaptée à la lecture du fichier démarrerait automatiquement et présenterait celui-ci.

Mais dans l'immédiat, je vous invite à découvrir une autre manière d'explorer le contenu de votre ordinateur : dans le volet de navigation, cette fois, cliquez sur une autre bibliothèque.

4 Technique différente, mais résultat identique : la bibliothèque s'ouvre, son nom apparaît dans la barre de titre et la zone d'adresse, et son contenu occupe maintenant le centre de la fenêtre. Objectif atteint !

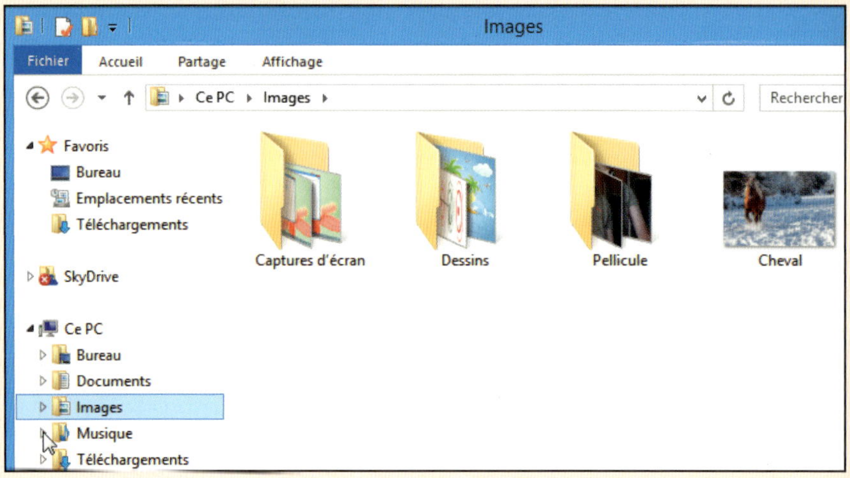

Mais sans doute avez-vous noté les petites flèches dans l'arborescence du volet de navigation : elles, aussi, vous permettent de parcourir le contenu de votre ordinateur. En effet, cliquer sur une petite flèche blanche ▷ devant un lieu de stockage (comme une bibliothèque) affiche tous les lieux qui en dépendent (comme des dossiers dans la bibliothèque en question) : essayez !

TOUT PREMIERS PAS

Rendez l'Explorateur plus efficace

1 Maintenant que vous savez accéder à n'importe quel lecteur, dossier ou fichier, je vous propose d'effectuer quelques réglages salutaires. Tout d'abord, cliquez sur la petite flèche orientée vers le bas ⌄ à la fin de la barre de menus pour afficher le ruban. Car sans ses précieuses commandes, impossible d'agir…

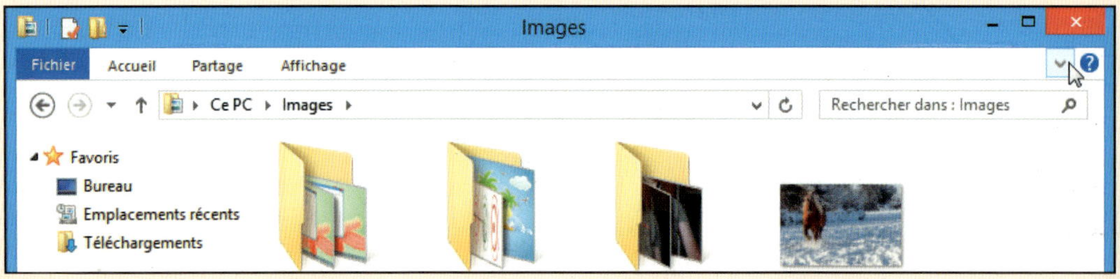

2 Le ruban apparaît : profitons tout de suite de sa présence pour réorganiser un peu l'arborescence dans la gauche de la fenêtre. Car depuis le début de ce chapitre, je vous ai parlé à plusieurs reprises des bibliothèques, mais à aucun moment vous n'avez vu ce terme dans l'Explorateur.

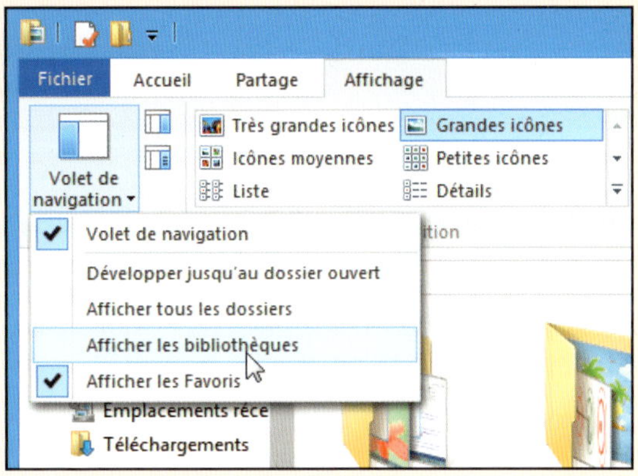

Alors, cliquez sur l'onglet **Affichage**, puis, tout au début de celui-ci, dans le groupe **Volets**, cliquez successivement sur l'icône **Volet de navigation** et sur **Afficher les bibliothèques**.

3 Vos bibliothèques apparaissent désormais dans une section bien distincte du volet de navigation : voilà qui est beaucoup plus clair ! Mais vous pouvez aller encore plus loin dans l'optimisation de l'Explorateur en changeant le *mode d'affichage*, c'est-à-dire la manière dont est présenté le contenu de la zone centrale de la fenêtre. Le programme propose pas moins de huit modes : à vous de choisir celui qui convient le mieux à la tâche que vous devez accomplir !

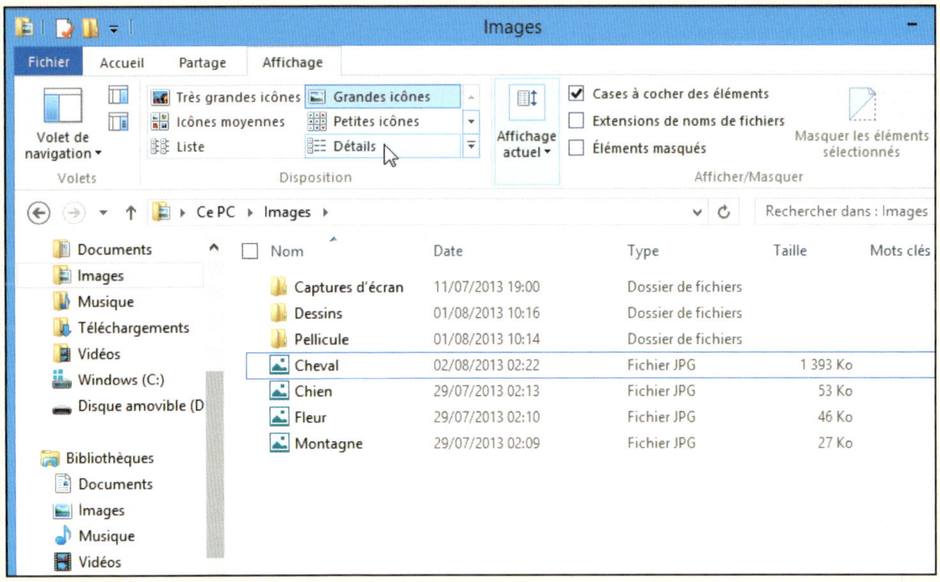

Par exemple, optez pour **Très grandes icônes** ou **Grandes icônes** si vous voulez changer le nom de vos photos, car ils présentent des miniatures de vos clichés et vous permettent donc de les identifier sans les ouvrir. En revanche, préférez **Détails** si vous devez supprimer des fichiers, car vous aurez ainsi un maximum d'informations à leur sujet : aucun risque, alors, d'effacer le mauvais !

Pour choisir un nouveau mode, pointez celui qui vous intéresse a priori dans le groupe **Disposition** de l'onglet **Affichage** : si l'aperçu donné au centre de la fenêtre vous convient, cliquez pour activer effectivement l'affichage choisi ; sinon, testez-en un autre ! (Si certains modes sont masqués, vous pouvez y accéder en cliquant sur les petites flèches qui bordent le groupe **Disposition**, à droite.)

COUP DE POUCE !

Perdu de vue… mais jamais très loin

Même en étant très organisé, vous risquez un jour ou l'autre d'oublier le nom ou le lieu de stockage du fichier dont vous avez besoin. Heureusement, grâce à l'Explorateur et Windows, vous remettrez très vite la main dessus !

Si l'Explorateur est déjà ouvert, vous pouvez commencer à taper une partie du nom de votre fichier dans la zone **Rechercher dans**, en haut à droite, puis double-cliquer sur le fichier dès qu'il apparaît au centre de la fenêtre. Cette méthode a l'avantage de fournir un maximum d'informations sur chaque fichier a priori concordant : lieu de stockage, aperçu du contenu, *etc.* Mais souvent, le programme vous livre beaucoup trop de réponses non pertinentes.

Je vous conseille donc plutôt d'utiliser la fonction Rechercher de Windows. Quel que soit l'environnement où vous vous trouvez, pointez l'angle inférieur droit de l'écran et, quand la barre des contrôles s'affiche, touchez ou cliquez sur l'icône **Rechercher**, tout en haut. Dans la partie supérieure du volet **Rechercher**, commencez à taper le nom de votre fichier, tout en observant les résultats qui apparaissent au fur et à mesure : dès que l'objet du délit apparaît, touchez ou cliquez dessus !

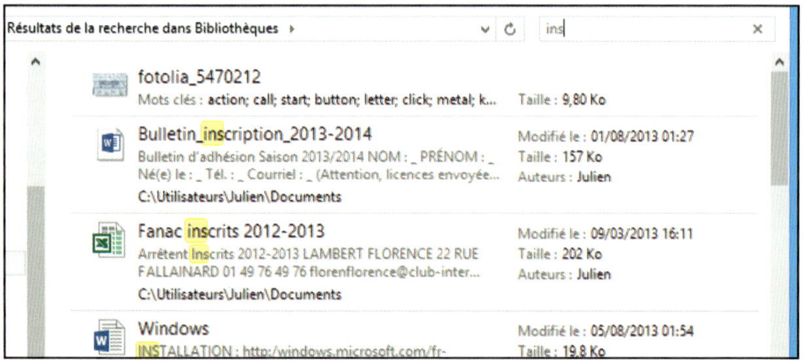

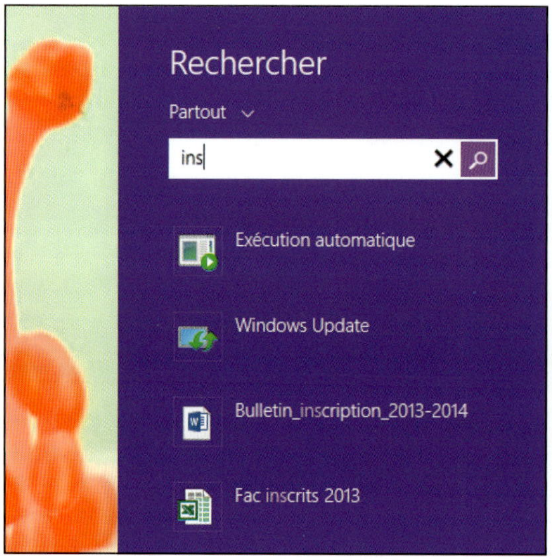

Une petite sélection pour de grandes actions

Avant de nous lancer dans la gestion du contenu de votre ordinateur, vous devez absolument apprendre à **sélectionner** des fichiers, c'est-à-dire les « baliser », pour indiquer à l'Explorateur que vous allez les manipuler. Sinon, le programme n'aura aucun moyen d'identifier les fichiers concernés !

Et maîtriser ces techniques se révèle d'autant plus essentiel qu'elles vous permettent d'agir sur plusieurs fichiers à la fois. Imaginez la galère et le temps perdu si vous deviez supprimer une à une six photos ratées dans la bibliothèque **Images** ! Alors qu'en les sélectionnant toutes au départ, un seul appui sur la touche **`Suppr`** du clavier suffit à effacer les six : ouf !

Si vous avez quatre vêtements à étendre sur votre corde à linge, vous ne faites pas un aller-retour pour chacun entre la buanderie et le jardin : vous les prenez tous dès le départ. Eh bien, c'est exactement la même chose avec les fichiers : pour en manipuler quatre à l'identique, vous commencez par les sélectionner et n'effectuez la manipulation qu'une seule fois sur tous !

- Pour **sélectionner un seul fichier**, cliquez juste dessus : il se dote alors d'un fond bleuté, matérialisation visuelle de toute sélection de fichier.

- Pour **sélectionner plusieurs fichiers non contigus**, cliquez d'abord sur l'un d'eux, appuyez sur la touche **`Ctrl`** dans l'angle inférieur gauche du clavier et, en la gardant enfoncée, cliquez sur chaque autre fichier à sélectionner, puis relâchez la touche. Chacun de ces fichiers revêt une parure bleutée.

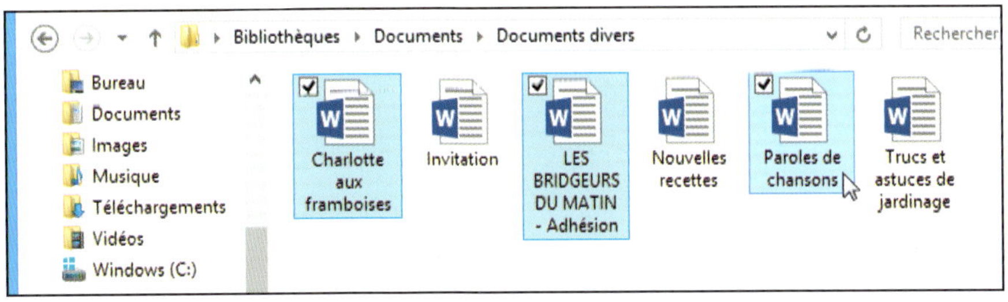

- Pour **sélectionner plusieurs fichiers adjacents**, cliquez sur le premier d'entre eux, appuyez sur la touche `Maj` (marquée d'une petite flèche orientée vers le haut) dans la partie inférieure gauche du clavier et, en la gardant enfoncée, cliquez sur le dernier fichier à sélectionner, puis relâchez la touche : les deux fichiers sur lesquels vous avez cliqué et ceux qui se trouvent entre eux sont désormais sélectionnés.

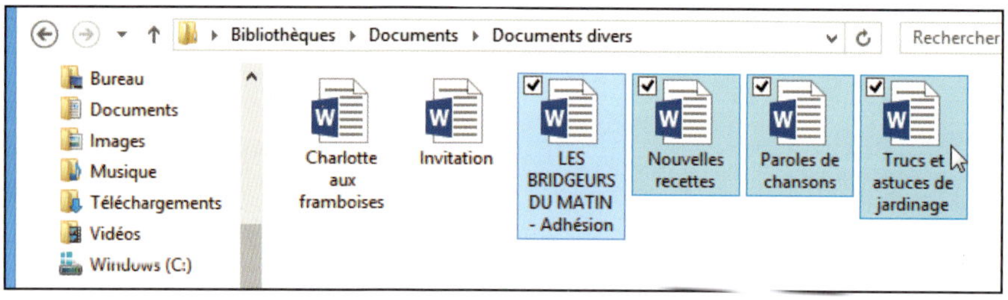

- Pour **sélectionner tous les fichiers du dossier actuellement ouvert**, cliquez juste sur le bouton **Sélectionner tout** dans l'onglet **Accueil** du ruban.

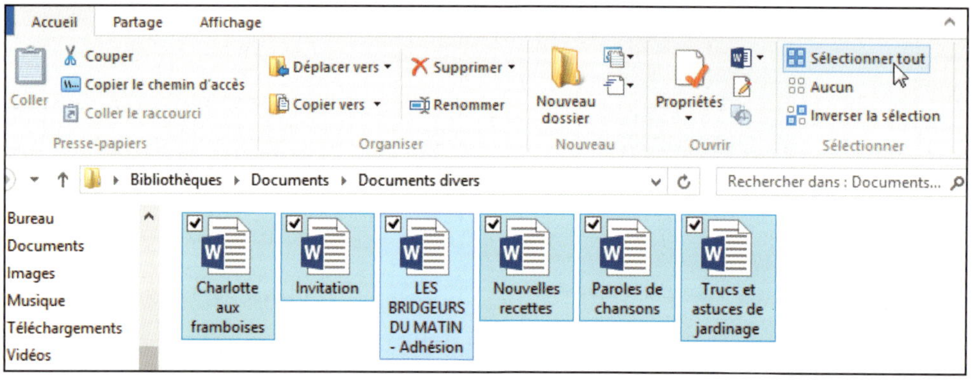

- Pour **annuler la sélection existante**, qu'elle porte sur un seul ou plusieurs fichiers, cliquez dans une zone vide du dossier en cours : adieu le fond bleu des sélections !

Si vous possédez une tablette PC, sans doute avez-vous vu apparaître en plus du fond bleuté une case cochée devant chaque fichier sélectionné. Windows cherche ainsi à vous faciliter la tâche, car sur petit écran, il n'est pas toujours évident de bien voir quels éléments sont sélectionnés, ni de les manipuler.

En revanche, quand les cases sont visibles, certaines actions deviennent beaucoup plus simples. Par exemple, si vous sélectionné plusieurs fichiers et si vous voulez juste en désélectionner un, inutile de tout recommencer : cliquez juste sur la case du fichier sélectionné à tort, et il sera le seul à perdre sa coche et sa parure bleutée !

Néanmoins, quel que soit votre ordinateur, vous avez le choix d'afficher ou non ces cases : il suffit de cocher ou décocher l'option **Cases à cocher des éléments** dans le groupe **Afficher/Masquer** de l'onglet **Affichage** du ruban.

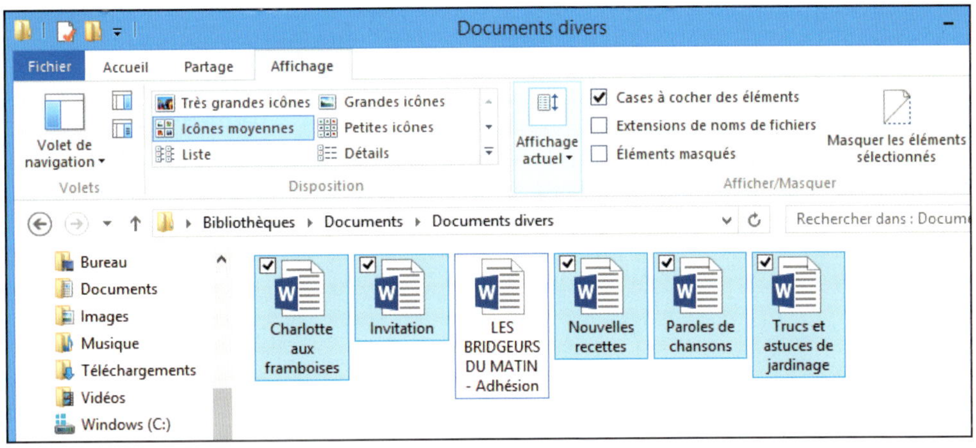

Même si elles alourdissent a priori l'affichage, les cases à cocher que vous pouvez choisir d'afficher à côté des fichiers sélectionnés se révèlent très pratiques à bien des égards, notamment pour désélectionner un seul fichier parmi beaucoup d'autres.

Rangez, classez, éliminez !

Au cours des prochains chapitres, vous apprendrez tour à tour à copier vos photos numériques sur votre ordinateur, télécharger des morceaux de musique, enregistrer des fichiers reçus par courriel, *etc.* Superbe programme en perspective ! À condition, toutefois, de prendre dès maintenant les bonnes habitudes en matière d'organisation : sinon, vous sèmerez une pagaille sans nom sur votre machine en moins d'une semaine !

Globalement, vous n'avez que trois grands principes à respecter. Et toutes les manipulations qui en découlent s'effectuent dans l'Explorateur, programme que vous avez découvert à la section précédente : aucune inquiétude à avoir, donc !

- Donner des noms explicites à vos fichiers. Imaginez que tous les livres de votre bibliothèque possèdent une couverture bleue sans aucun texte dessus : sacrée galère pour trouver le roman convoité !

  Alors, si vous ne voulez pas vous retrouver dans une situation semblable avec vos fichiers, attribuez-leur des noms qui permettent d'identifier leur contenu sans avoir besoin de les ouvrir. Pour des documents que vous créez, vous le faites au moment de les enregistrer. Mais pour des clichés copiés d'un appareil photo, vous devez modifier leur nom a posteriori et remplacer, par exemple, PCT4536 ou IMG8229 par « Roche du Diable » ou « Lac de Retournemer ».

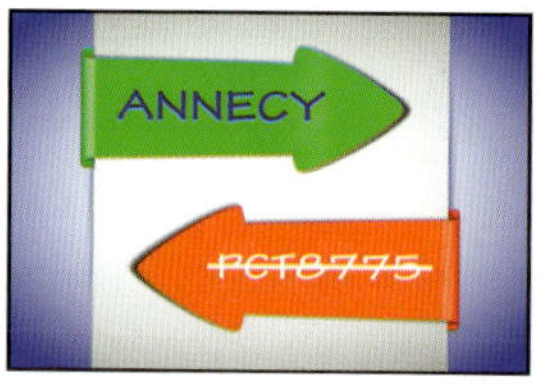

- Classer vos fichiers en dossiers et sous-dossiers thématiques. Placer vos photos dans la bibliothèque **Images** et vos chansons dans la bibliothèque **Musique** est bien sûr un excellent début, mais cela ne suffit pas. Vous devez ensuite affiner le classement selon d'autres critères, comme le sujet des clichés ou le genre musical. Par exemple, après un séjour dans les Vosges, vous pourrez créer pour vos photos dans la bibliothèque **Images** un dossier « Vosges » avec, dedans, des sous-dossiers comme « Gérardmer », « Longemer », « La Schlucht » et « Le Hohneck ».

- Supprimer les fichiers inutiles. Pas d'état d'âme ni de fétichisme en informatique ! Dès lors qu'un fichier n'a plus sa raison d'être, effacez-le : photo ratée, document dépassé, chanson que vous n'aimez plus, peu importe ! Et vous pouvez le faire d'autant plus sereinement que s'il figurait sur le disque dur, il se retrouve dans la Corbeille, où vous pouvez le récupérer à tout moment pendant plusieurs semaines, voire mois.

TOUT PREMIERS PAS

Renommez un fichier

1 Comme je vous le disais au début de cette section, c'est l'Explorateur qui vous servira tout au long de ces procédures. Alors, après l'avoir démarré, ouvrez la bibliothèque ou le dossier qui contient le fichier à renommer, puis cliquez sur celui-ci.

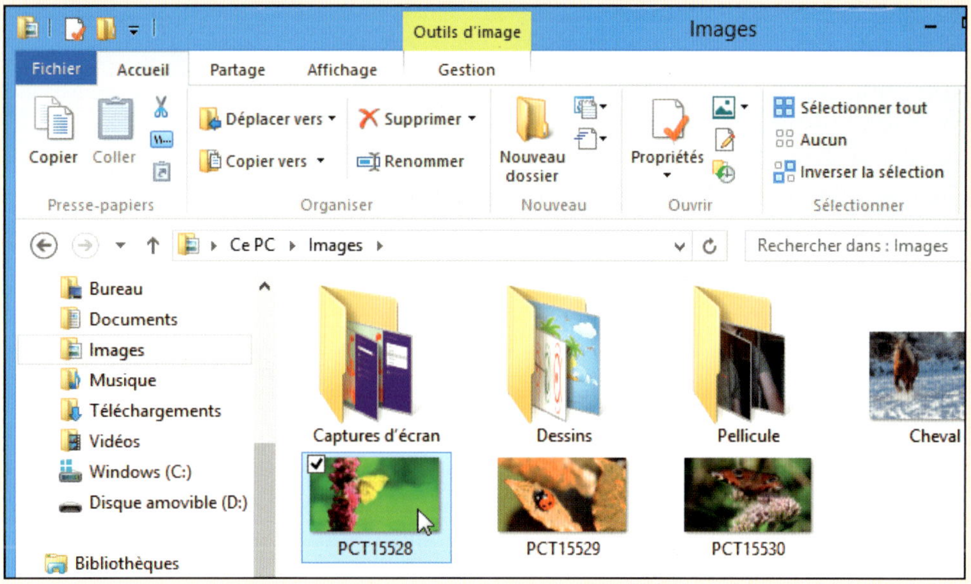

2 Dans l'onglet **Accueil** du ruban, cliquez sur le bouton **Renommer**.

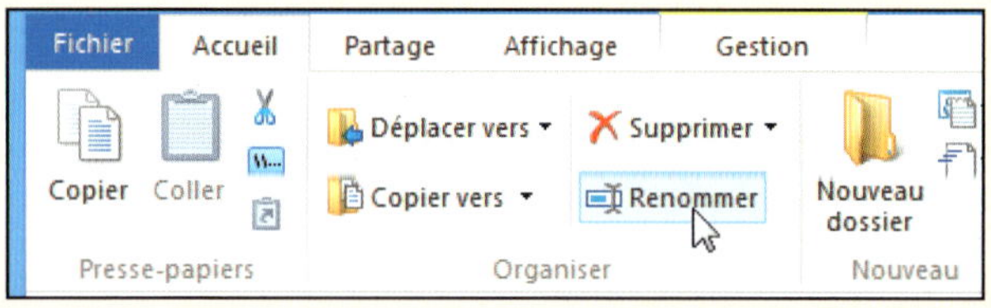

3 Le nom se retrouve sélectionné dans un encadré (il apparaît comme surligné), prêt à être modifié. Tapez donc une nouvelle appellation mieux adaptée, concise mais explicite, puis appuyez sur la touche **Entrée**. Renommage réussi !

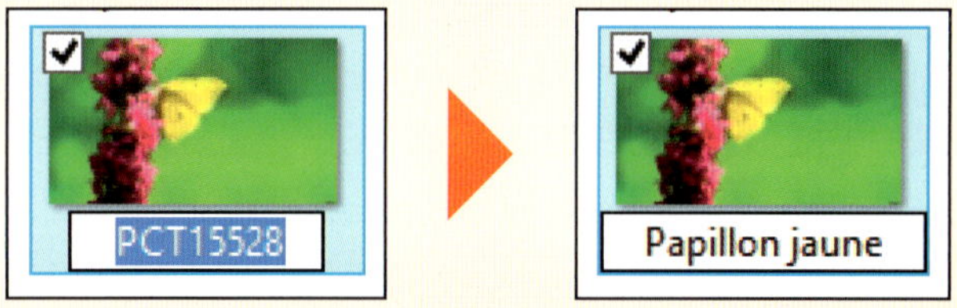

TOUT PREMIERS PAS

Créez un dossier

1 Avant de pouvoir répartir vos fichiers dans des dossiers et sous-dossiers, vous devez, bien sûr, créer ces derniers. Après avoir affiché l'endroit (lecteur, bibliothèque ou dossier) où créer votre dossier dans l'Explorateur, donc, cliquez sur le bouton **Nouveau dossier** dans l'onglet **Accueil** du ruban.

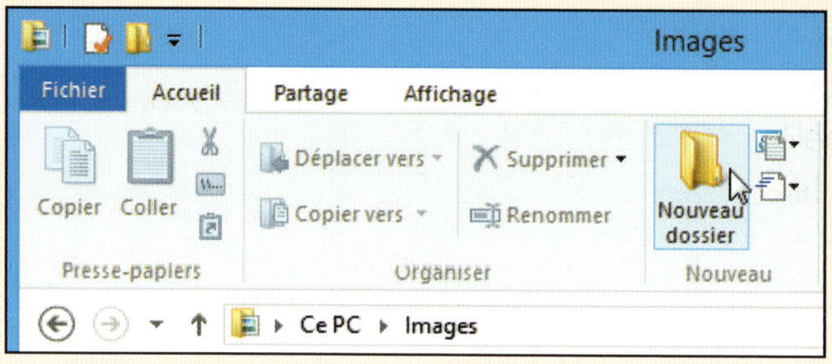

2 Un nouveau dossier s'affiche, doté du nom provisoire « Nouveau dossier ». Mais puisque celui-ci est déjà sélectionné dans un encadré, vous pouvez le remplacer de suite par l'appellation de votre choix : alors, tapez cette dernière et appuyez sur la touche **Entrée**. C'est tout !

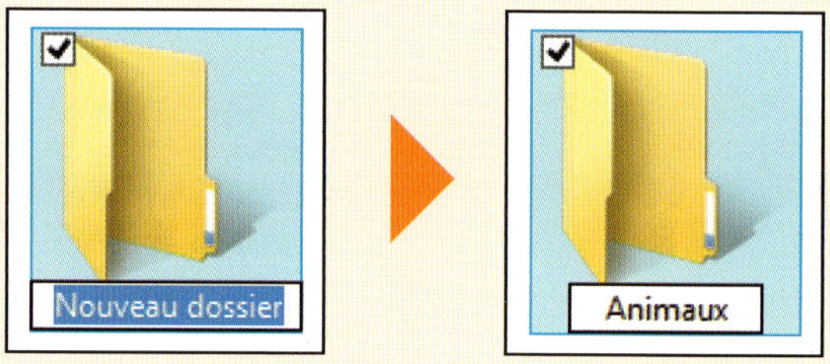

TOUT PREMIERS PAS

Déplacez un fichier

1 Une fois que vous avez créé les dossiers pour accueillir vos fichiers, il ne vous reste plus qu'à déplacer les premiers dans les seconds. Toujours dans l'Explorateur, donc, cliquez sur le fichier à déplacer pour le sélectionner.

À moins que plusieurs fichiers ne soient concernés ? Dans ce cas, mettez tout de suite en application les techniques acquises à la section précédente de ce chapitre pour sélectionner les fichiers à déplacer.

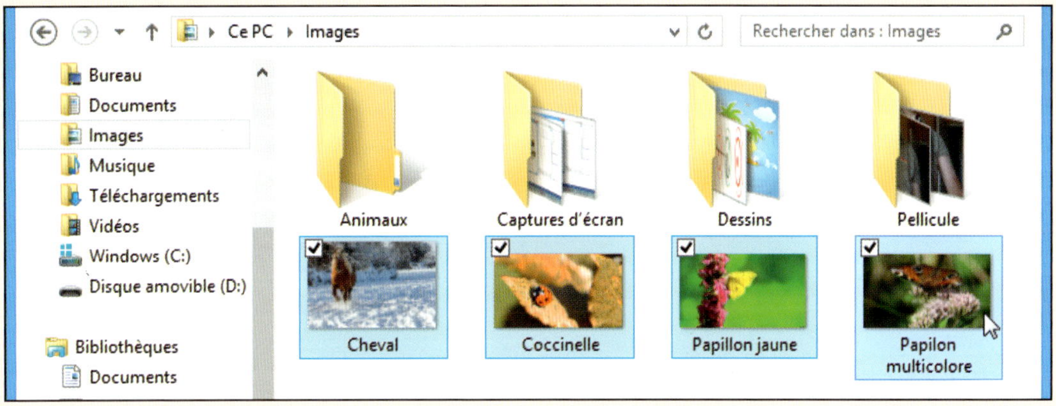

2 Dans l'onglet **Accueil** du ruban, cliquez sur le bouton **Déplacer vers** .

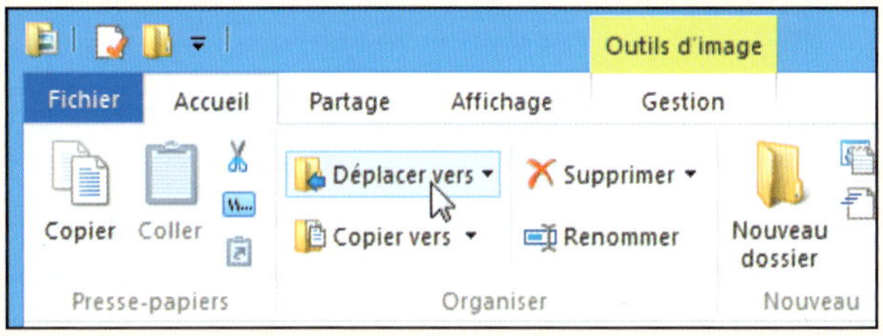

3 L'Explorateur déroule un panneau où il propose plusieurs destinations possibles.

- Si l'endroit où vous voulez stocker le(s) fichier(s) est répertorié, cliquez dessus.
- Sinon, cliquez sur **Choisir un emplacement** pour ouvrir la boîte de dialogue **Déplacer les éléments**. Ensuite, en cliquant sur la ou les petites flèches blanches ▷ requises, affichez le dossier de stockage souhaité pour votre ou vos fichier(s), puis cliquez dessus et sur le bouton **Déplacer**.

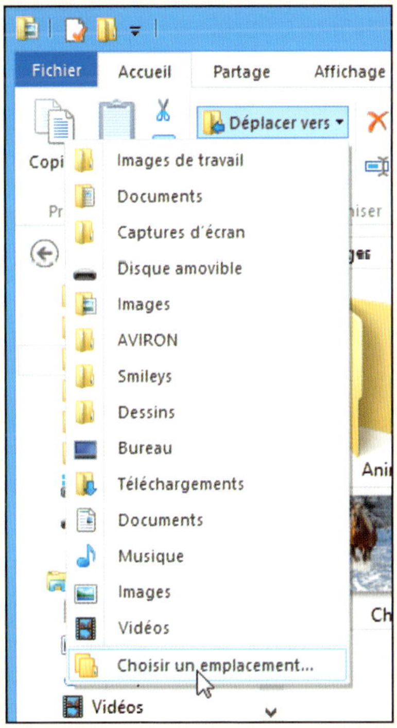

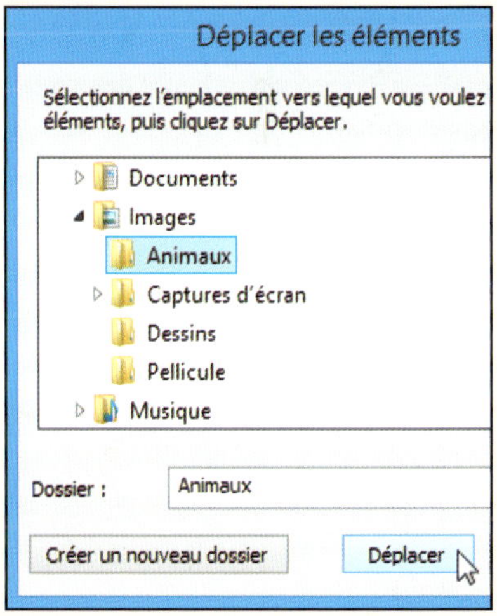

Dans les deux cas, le ou les fichiers disparaissent de leur emplacement de départ pour se retrouver dans celui que vous venez d'indiquer à l'Explorateur.

TOUT PREMIERS PAS

Supprimez un fichier

1 Toujours dans l'Explorateur, ouvrez l'emplacement qui contient le fichier à éliminer et cliquez sur celui-ci.

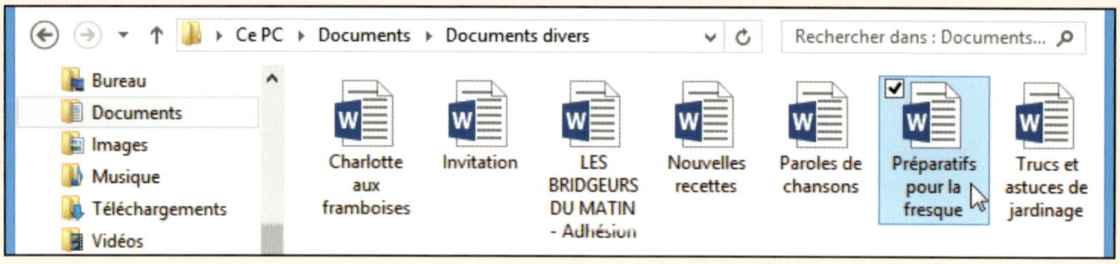

2 Appuyez sur la touche **Suppr** dans la partie droite du clavier. Le fichier disparaît aussitôt de votre vue, mais pas de l'ordinateur : il est juste expédié dans la Corbeille. Enfin… s'il se trouvait sur le disque dur.

Car je ne le répéterai jamais assez : s'il était stocké sur un support amovible, son effacement est définitif. D'ailleurs, dans ce cas-là, pour vous éviter de commettre une faute d'inattention, Windows vous demande de confirmer votre décision : cliquez alors sur **Oui** uniquement si vous êtes bien sûr de vous !

COUP DE POUCE !

Dernière chance avant l'éradication définitive

Il fallait bien que cela arrive : avant-hier, vous avez supprimé un fichier dont vous avez finalement encore besoin. Heureusement, la Corbeille est là pour le récupérer !

Si l'Explorateur est déjà ouvert, cliquez sur la première flèche ▸ au début de la zone d'adresse, puis sur **Corbeille** dans le menu qui s'affiche ; sinon, double-cliquez sur l'icône de la Corbeille sur le bureau. Ensuite, cliquez sur le précieux fichier, puis sur l'icône **Restaurer les éléments sélectionnés** dans le ruban. Le fichier se retrouve instantanément là où il était avant sa suppression. Ouf !

Malgré tout, vous ne devez pas conserver des centaines de fichiers durant des mois dans la Corbeille. Cela encombrerait inutilement votre ordinateur, au risque d'altérer ses performances. Par ailleurs, si la Corbeille venait à être pleine, Windows en supprimerait arbitrairement les plus anciens fichiers pour accueillir les nouveaux.

Donc régulièrement, ouvrez la Corbeille et vérifiez rapidement qu'elle ne contient pas de fichier à conserver (sinon, vous pouvez toujours les restaurer). Ensuite, cliquez sur le bouton **Vider la Corbeille** dans le ruban et confirmez l'opération en cliquant sur **Oui** dans le message qui s'affiche.

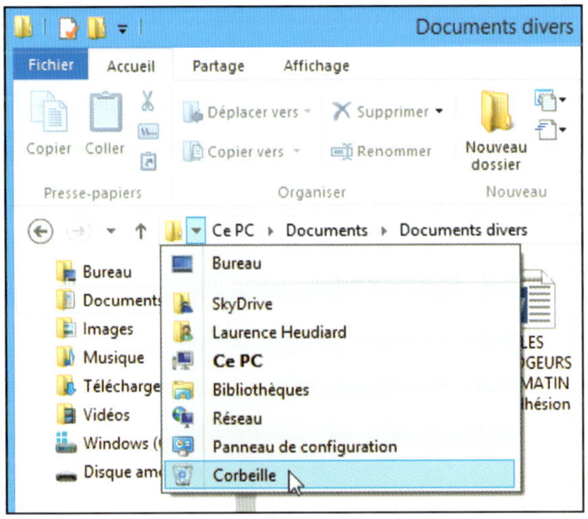

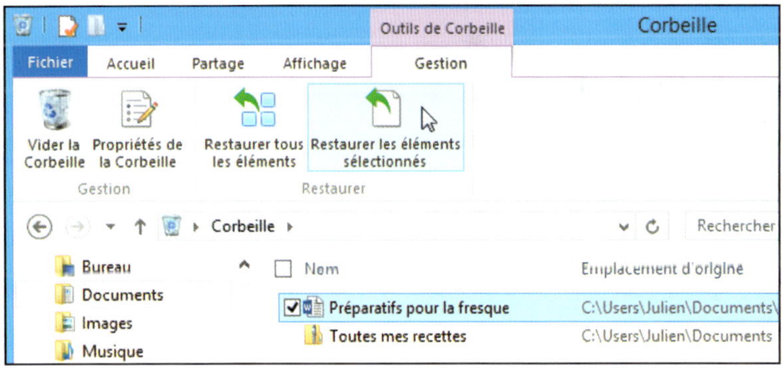

Ne mettez pas tous vos fichiers dans le même panier

Du temps des photos sur papier glacé, produire un second exemplaire de secours de chacune vous aurait coûté une petite fortune. Et aujourd'hui encore, pour avoir une copie de documents papier importants, vous devez les photocopier : pas très économique non plus… Sans compter qu'à chaque fois, il faut vous rendre dans une boutique pour demander un retirage ou disposer d'une photocopieuse : que de temps perdu !

En informatique, c'est exactement l'inverse : qu'il s'agisse de clichés, de documents, de chansons, ou autres, vous pouvez les dupliquer tout seul comme un grand en quelques instants et sans dépenser un seul centime ! Parmi les différentes solutions à votre disposition, examinons ensemble les deux plus pratiques.

- Un **support de stockage amovible : clé USB, minidisque dur ou disque dur externe**. Faciles à glisser dans une poche ou un sac à main, les deux premiers vous conviendront parfaitement si vous recherchez un dispositif pour emmener un certain nombre de fichiers avec vous sans casser votre tirelire. Plus volumineux, plus lourd et plus cher, le troisième sera en revanche votre partenaire idéal pour conserver une copie de tous vos fichiers à la maison.

  Dans tous les cas, chacun vous permet d'y copier des fichiers ou d'en supprimer au gré de vos besoins et, surtout, d'actualiser les versions dupliquées quand vous modifiez les fichiers originaux sur le disque dur.

Clé USB

Minidisque dur

Disque dur externe

- **SkyDrive**. Comme nous l'avons vu rapidement au chapitre 2, ce terme désigne une zone de stockage que Microsoft accorde gratuitement sur ses ordinateurs à tout détenteur d'un compte Microsoft Live (comme vous, donc !). Vous pouvez y dupliquer vos documents importants, vos photos préférées, *etc.*, afin d'en posséder une version de secours et de pouvoir y accéder depuis n'importe quel appareil connecté à l'Internet (votre ordinateur personnel ou la tablette de votre fille, par exemple), que vous vous trouviez à Deauville, Pékin ou dans le parc de Yellowstone !

TOUT PREMIERS PAS

Copiez un fichier sur un support amovible

1 Début on ne peut plus logique : branchez votre clé USB, votre minidisque ou votre disque dur externe sur une prise USB de votre ordinateur (petite, rectangulaire et identifiée par l'icône •⭠⭢). Et si vous utilisez un disque dur externe, branchez-le en plus sur le secteur et allumez-le.

2 Windows détecte le dispositif et, si nécessaire, installe les programmes indispensables à son fonctionnement. Guettez la partie supérieure droite de l'écran et, dès qu'une infobulle nommée à l'identique de votre appareil apparaît, touchez-la ou cliquez dessus.

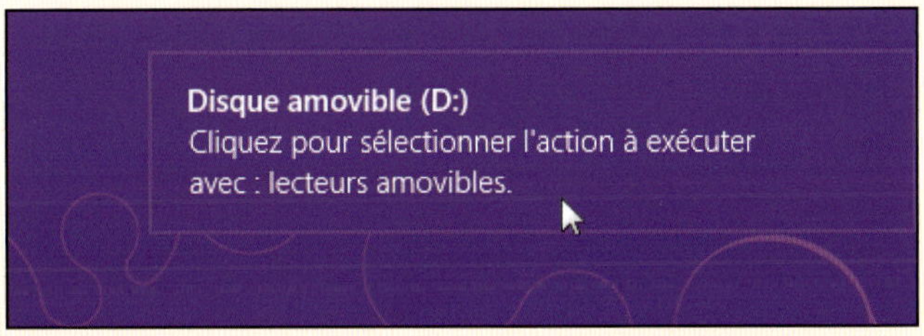

3 Windows vous propose plusieurs actions possibles : touchez ou cliquez sur **Ouvrir le dossier et afficher les fichiers**.

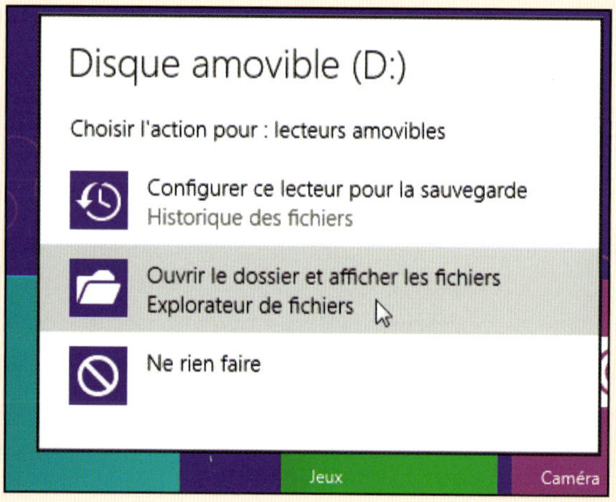

4 L'Explorateur démarre et affiche le contenu de votre support amovible. Ouvrez la bibliothèque ou le dossier de votre ordinateur qui contient le fichier à dupliquer, puis cliquez sur celui-ci. Bien sûr, là aussi, vous pouvez copier plusieurs fichiers à la fois en les sélectionnant.

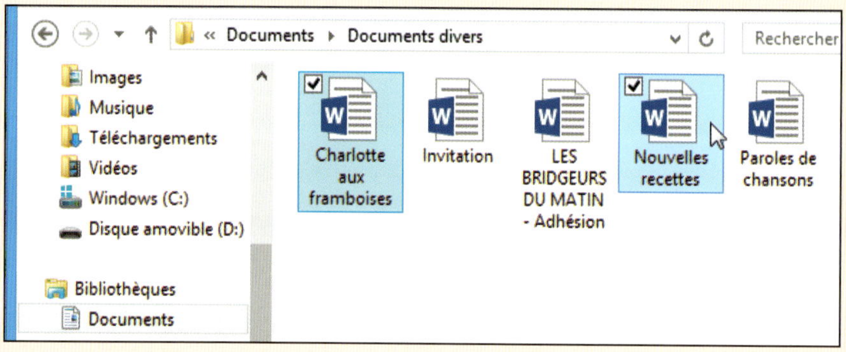

5 Au début de l'onglet **Accueil** du ruban, cliquez sur **Copier** .

6 Dans le volet de navigation, à gauche, cliquez sur votre support amovible.

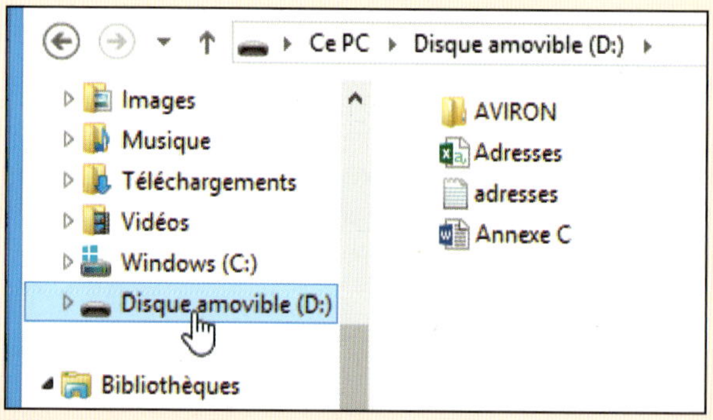

7 Revenez au début de l'onglet **Accueil** du ruban et cliquez cette fois sur **Coller** . Une copie conforme du ou des fichier(s) de l'étape 4 apparaît sur le support externe : c'est gagné ! Il ne vous reste plus qu'à retirer le dispositif amovible de votre ordinateur, en l'éteignant au préalable s'il s'agit d'un disque dur externe.

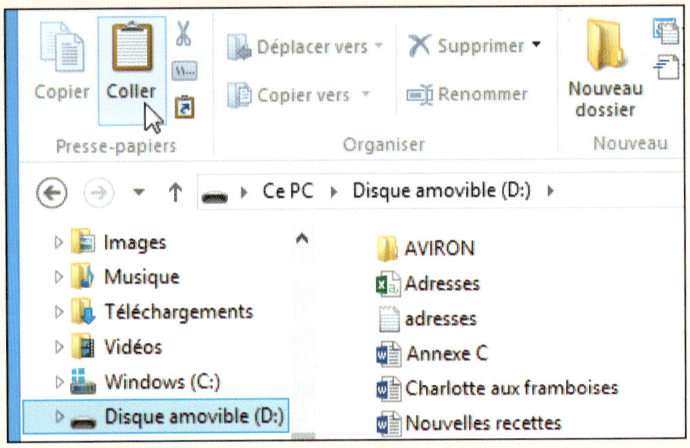

COUP DE POUCE !

Fichier obsolète, fichier inutile !

Pour jouer vraiment leur rôle en cas de perte ou de dommage des fichiers originaux, vos copies de secours doivent être absolument identiques à ces fichiers. Autrement dit, à chaque fois que vous modifiez les originaux, vous devez impérativement actualiser les copies.

Car si l'une d'elles date du mardi, par exemple, et si votre ordinateur tombe en panne le vendredi alors que vous avez travaillé tout le jeudi matin sur le fichier original, vous perdrez toutes les modifications apportées au cours de cette matinée. Grosse galère !

Mettre une copie à jour est enfantin, mais vous devez surtout être bien concentré, car il ne faudrait pas remplacer par inadvertance la nouvelle version du fichier par l'ancienne ! Répétez donc les sept étapes du « Tout premiers pas » précédent et, quand un message de confirmation s'affiche, ouvrez grands vos yeux !

D'abord, lisez la phrase qui le débute et qui indique les emplacements de départ et de destination de la copie. Si cela va bien du dossier sur le disque dur vers votre support amovible, cliquez sur **Remplacer le fichier dans la destination**. Sinon, cliquez sur **Ignorer** pour annuler la procédure.

Et si vous avez un doute, cliquez sur **Comparer les informations relatives aux deux fichiers** pour afficher la date et la taille des deux fichiers et vérifier ainsi quelle version vous vous apprêtez à remplacer. Ensuite, cliquez sur **Continuer** ou sur **Annuler**, selon que vous étiez ou non sur la bonne voie !

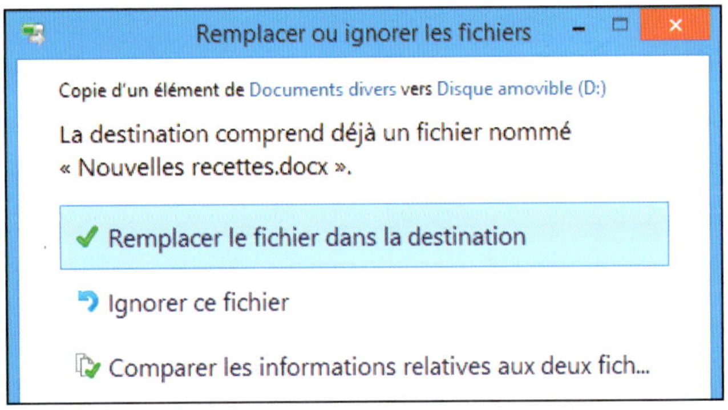

TOUT PREMIERS PAS

Copiez des fichiers sur SkyDrive

1 Depuis que vous utilisez l'Explorateur, peut-être avez-vous remarqué que SkyDrive figurait dans le volet de navigation : preuve incontestable que Windows le considère comme un lieu de stockage à part entière. Et effectivement, vous pouvez appliquer les techniques abordées depuis le début de ce chapitre pour accéder aux fichiers présents sur SkyDrive, y créer de nouveaux dossiers ou y copier des photos, par exemple.

Néanmoins, puisque Windows a aussi prévu une application spéciale pour cet outil, je vous propose de la découvrir ensemble, car elle se révèle plus conviviale que l'Explorateur à bien des égards.

Dans l'écran d'accueil, donc, touchez ou cliquez sur la vignette **SkyDrive**.

2 SkyDrive s'affiche et propose d'ores et déjà deux dossiers pour vos documents et vos photos : sympa ! Mais la toute première fois, vous aurez généralement deux petites étapes à franchir avant de pouvoir profiter de cet espace de stockage en ligne.

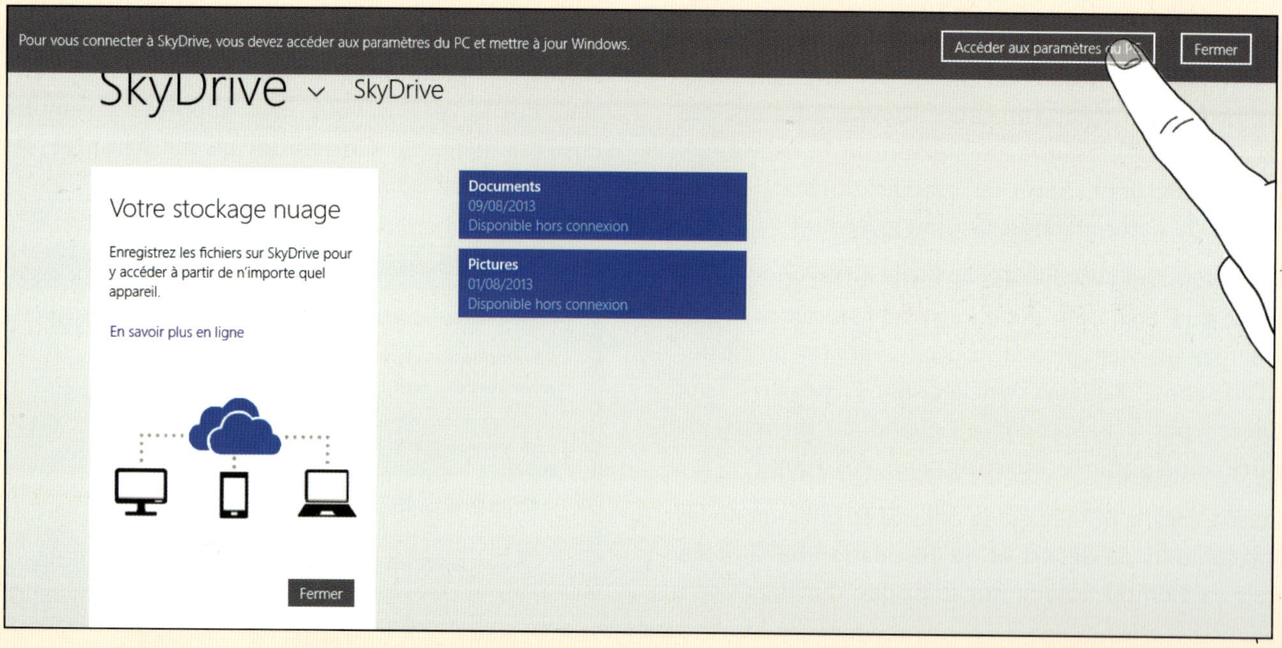

- *Mettre à jour* Windows (c'est-à-dire faire le nécessaire pour vous assurer d'en posséder la toute dernière version : nous étudierons cette technique en détail au chapitre 5) : donc touchez ou cliquez sur **Accéder aux paramètres du PC**, vers la fin du bandeau en haut de la fenêtre, et effectuez la mise demandée.
- Masquer l'encadré d'information **Votre stockage nuage**, à gauche, car nous allons tout de suite entrer dans le vif du sujet ! Par conséquent, touchez ou cliquez sur **Fermer**.

3 Une fois la mise à jour terminée, deux scénarios possibles.

- Soit le contenu de la fenêtre de SkyDrive change légèrement et affiche notamment en plus un nouveau dossier **Public**. Celui-ci ne nous servira pas ici, car il est prévu pour les fichiers que vous voulez partager avec d'autres utilisateurs : vraiment pas opportun pour des copies de secours !
- Soit l'ordinateur redémarre. Vous devez alors de nouveau toucher ou cliquer sur la vignette **SkyDrive** dans l'écran d'accueil.

Une fois que SkyDrive est enfin tout à vous, balayez l'écran depuis son bord physique inférieur vers le haut ou cliquez du bouton droit dans la fenêtre pour afficher la barre des tâches ; vers la fin de celle-ci, touchez ou cliquez alors sur **Ajouter des éléments** ⓐ.

4 Vos bibliothèques apparaissent : touchez ou cliquez sur celle qui contient le(s) fichier(s) à copier sur SkyDrive. (Si une bibliothèque est déjà ouverte et s'il ne s'agit pas de celle dont vous avez besoin, touchez ou cliquez d'abord sur **Monter**.)

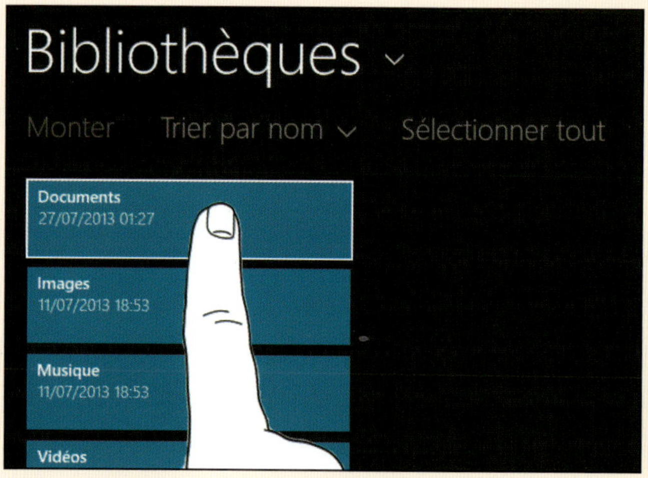

5 Le contenu de votre bibliothèque s'affiche : touchez ou cliquez sur chaque fichier à dupliquer sur SkyDrive pour le(s) sélectionner. (S'il(s) se trouve(nt) dans un sous-dossier, ouvrez d'abord celui-ci en tapotant deux fois dessus ou en double-cliquant dessus.)

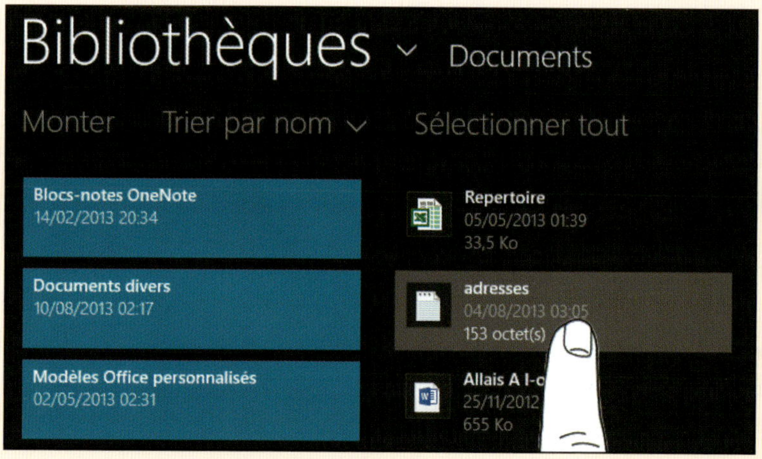

6 Quand tous les fichiers à copier sont cochés et affichés sur un fond plus clair, touchez ou cliquez sur **Copier vers SkyDrive**.

7 Le contenu de SkyDrive réapparaît et affiche le(s) fichier(s) dupliqué(s) à l'étape 6 : objectif atteint ! Vous pouvez donc fermer la fenêtre en la glissant-déposant vers le bas, hors de l'écran.

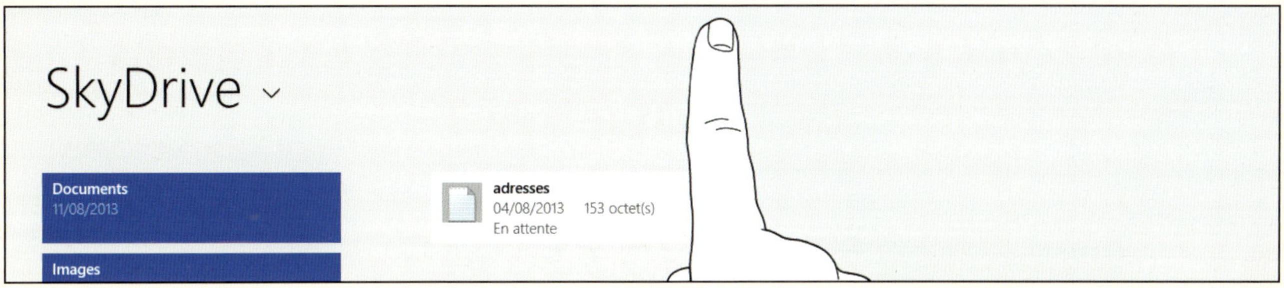

COUP DE POUCE !

Gérez vos fichiers sur SkyDrive

Une fois vos fichiers copiés sur SkyDrive, vous pouvez agir dessus de diverses manières, soit depuis l'Explorateur comme je vous l'indiquais tout à l'heure, soit depuis l'application SkyDrive. Puisque vous savez utiliser le premier, concentrons-nous ici sur la seconde. Par exemple, vous pouvez y ouvrir n'importe quel fichier en le touchant ou en cliquant dessus, simplement.

Mais pour accéder à une multitude de commandes, affichez la barre des tâches du fichier à manipuler : cliquez sur celui-ci du bouton droit ou touchez-le et, sans relever votre doigt, faites un peu glisser le fichier vers bas jusqu'à apparition d'une coche. Ensuite, il ne vous reste plus qu'à toucher ou cliquer sur l'icône de l'action à accomplir (supprimer, déplacer, renommer, *etc.*) !

À cet égard, sachez que pour ne pas occuper inutilement de l'espace sur votre ordinateur, les fichiers affichés par l'application SkyDrive (et la section SkyDrive de l'Explorateur, d'ailleurs) affichent juste des liens vers les fichiers, mais pas les fichiers eux-mêmes. Quand vous voulez consulter ou manipuler l'un de ces fichiers, donc, SkyDrive vous fait patienter quelques instants pour transférer le fichier « réel » sur votre machine.

TESTEZ-VOUS !

Avez-vous retenu les trois mots essentiels de ce chapitre ?

1

Explorateur

D'après vous, s'agit-il…

- **a** Du programme fourni par Windows pour la consultation et la gestion du contenu de votre ordinateur ?
- **b** Du jeu pédagogique qui permet de découvrir les différents composants d'un ordinateur ?
- **c** D'une application qui permet d'utiliser votre webcam pour visualiser l'intérieur de votre ordinateur ?

2

Fichier

D'après vous, s'agit-il…

- **a** D'un « objet » informatique qui regroupe des informations de même nature ?
- **b** D'un mouchard intégré qui permet à Microsoft de s'assurer que votre version de Windows 8.1 est légale ?
- **c** D'un mini programme pour obtenir quotidiennement l'éphéméride ?

3

SkyDrive

D'après vous, s'agit-il…

- **a** D'une application pour consulter une cartographie du ciel ?
- **b** Du nom de la dernière gamme de tablettes PC produites par Microsoft qui sont toutes de couleur bleue ?
- **c** D'un espace de stockage que Microsoft accorde aux propriétaires d'un compte Microsoft Live sur ses ordinateurs ?

Réponses : 1 : a, 2 : a, 3 : c

Chapitre 5

Un ordinateur à toute épreuve

Arrivé pratiquement à la moitié de ce livre, il vous tarde sûrement de plus en plus de vous évader sur l'Internet. C'est bien naturel. Mais ne brûlons pas les étapes, car si vous ne mettez pas d'abord en place une solide protection, le rêve risque de virer au cauchemar !

Ainsi, à la fin de ce chapitre, vous saurez, entre autres :

➔ Protéger votre ordinateur

➔ Mettre à jour Windows 8.1

➔ Résoudre les petits problèmes

Chapitre 5

Avancez à couvert

En apprenant à créer des copies de secours de vos fichiers au chapitre précédent, vous n'avez fait que la moitié du chemin. Car dès que votre ordinateur est connecté à l'Internet, il se retrouve exposé à diverses menaces. Et dans la mesure où votre connexion Wi-Fi s'établit automatiquement après le démarrage de Windows, vous imaginez l'importance de mettre immédiatement en place une protection efficace !

Voici les trois principaux dangers à contrer.

- **Les virus**. Ces programmes malveillants sont l'équivalent informatique des microorganismes susceptibles de vous donner la grippe ou pire : ils infectent votre ordinateur à votre insu (s'y introduisant souvent en se cachant dans des fichiers joints à des courriels) pour y commettre des dégâts plus ou moins graves et cherchent très vite à contaminer d'autres ordinateurs.

Quand on parle de menaces issues de l'Internet, les virus sont toujours les premiers cités. Malheureusement, ils ne sont pas les seuls : vous devez aussi vous méfier des espions et des pirates.

- **Les espions**. Ces programmes-là pénètrent, eux aussi, subrepticement sur votre ordinateur, où ils traquent vos activités pour tenter de récupérer des informations concernant vos habitudes informatiques.
- **Les pirates**. Cette fois, il s'agit d'internautes malintentionnés qui tentent par tous les moyens d'accéder à votre ordinateur pour en prendre le contrôle ou y récupérer des informations.

Pas très rassurant… Heureusement, vous n'êtes pas seul pour faire face : Windows vous offre deux boucliers très efficaces.

- **Windows Defender**. Ce programme traque sans relâche tous les virus ou espions qui tentent de s'introduire sur votre ordinateur. Dès qu'il en détecte un, il tente de l'éliminer ; et s'il n'y parvient pas, il le met en quarantaine pour l'empêcher d'agir.

- **Un pare-feu**. Véritable garde-barrière, ce programme contrôle tous les accès à votre ordinateur. Et dès qu'il en détecte un non autorisé (comme un pirate informatique qui essaierait d'introduire un programme malfaisant), il le bloque.

Pour que vous puissiez vous balader sans crainte sur l'Internet, Windows inclut à la fois deux programmes qui dressent une barrière de sécurité autour de votre ordinateur (Windows Defender et le pare-feu), et deux outils pour préserver les performances de ce duo (Windows Update et le Centre de maintenance).

Totalement autonomes, ces deux programmes démarrent automatiquement après la mise en route de votre ordinateur et restent constamment aux aguets. Parfait ! Néanmoins, pour être vraiment 100 % efficaces, ils doivent évoluer au fil du temps, car de nouvelles menaces apparaissent quotidiennement. C'est ce à quoi veille un autre programme de Windows, **Windows Update**, que vous découvrirez dans la prochaine section de ce chapitre.

Mais ce n'est pas tout ! Windows 8.1 intègre également un super grand chef de la sécurité : le **Centre de maintenance**. Lui aussi est constamment sur la brèche, puisqu'il surveille en permanence tous vos programmes de protection.

D'ailleurs, l'icône de fanion blanc dans la zone de notification de la barre des tâches du bureau est là pour en témoigner. En effet, dès que la sécurité de votre ordinateur est menacée, le petit drapeau arbore un symbole de danger ou une croix rouge ; parfois, une infobulle s'affiche également pour décrire le problème. Dans tous les cas, tentez de résoudre celui-ci immédiatement grâce au Centre de maintenance.

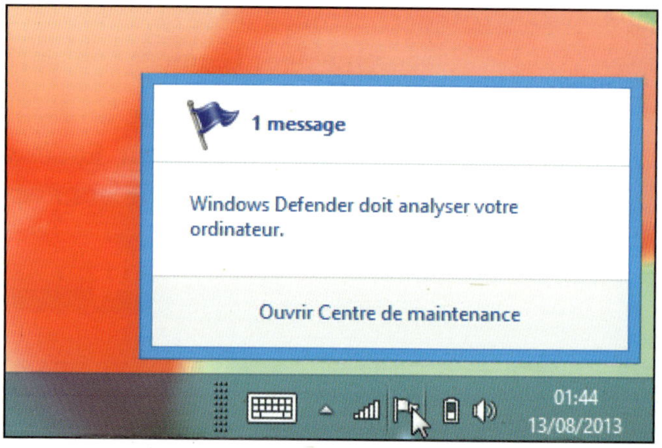

Le Centre de maintenance est aussi discret qu'efficace : son icône dans la barre des tâches témoigne de son activité permanente et vous alerte en cas de problème. Vous pouvez à tout moment la pointer (illustration de gauche) ou cliquer dessus (illustration de droite) pour obtenir de plus amples informations.

TOUT PREMIERS PAS

Préservez la sécurité de votre ordinateur grâce au Centre de maintenance

1 Même s'il veille sur des deux environnements de Windows 8.1, le Centre de maintenance s'utilise dans l'environnement classique et s'ouvre idéalement depuis la zone de notification à la fin de la barre des tâches du bureau. Mais vous avez alors deux possibilités.

Si l'icône du Centre de maintenance signale un problème, vous pouvez le résoudre directement en cliquant sur  ou , voire sur l'infobulle associée, puis sur le lien du risque et/ou dysfonctionnement ; ensuite, il ne vous reste plus qu'à suivre les instructions affichées à l'écran.

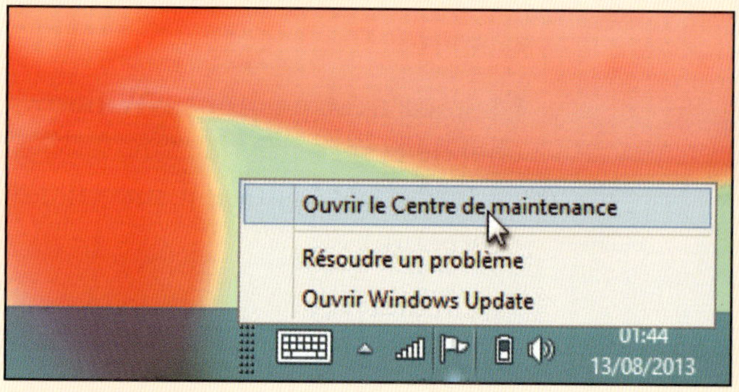

Ici, néanmoins, comme je veux absolument vous présenter cet outil, nous opterons pour la seconde alternative : quelle que soit la présentation de l'icône du Centre, donc, cliquez dessus du bouton droit, puis du bouton gauche sur **Ouvrir le Centre de maintenance**.

2 Le Centre de maintenance apparaît : parcourez rapidement le contenu de sa fenêtre pour mieux comprendre son rôle. Si certains problèmes sont signalés, voyez ce dont il retourne et faites le nécessaire pour les résoudre. Le plus souvent, il suffit de cliquer sur un bouton.

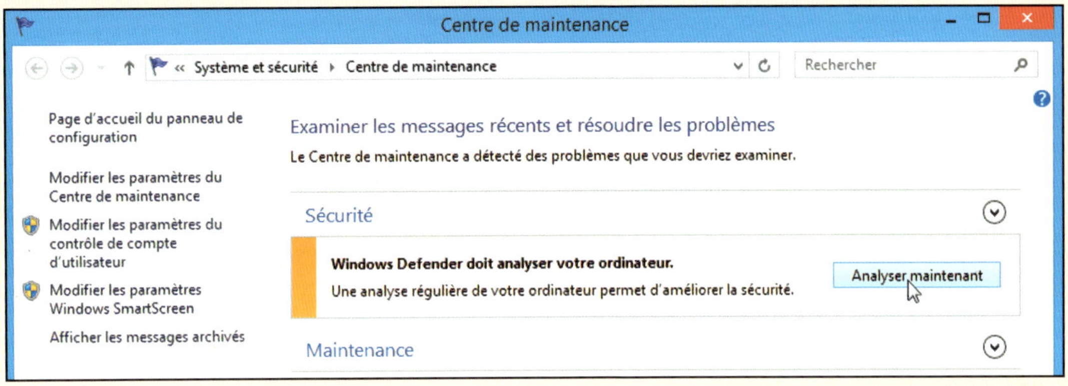

3 Après avoir terminé, fermez toutes les fenêtres ouvertes en cliquant sur leur bouton × dans sa barre de titre.

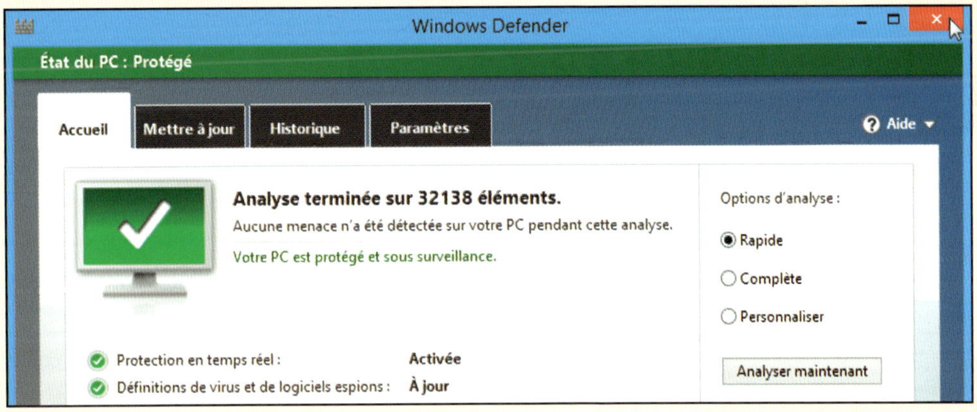

COUP DE POUCE !

Embauchez votre propre agent de sécurité

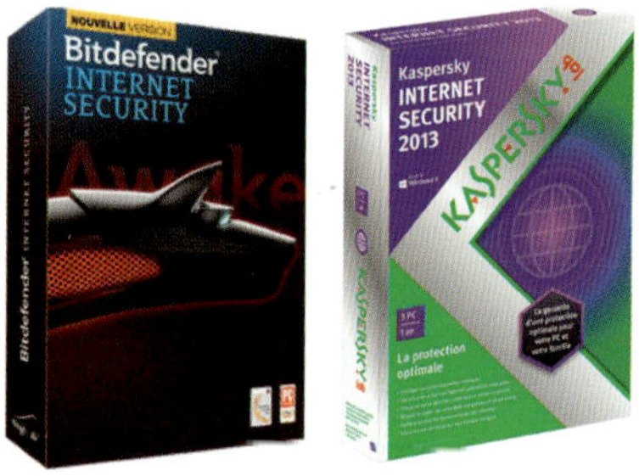

Même si vous êtes correctement protégé grâce aux outils que je viens de vous présenter, il faut bien l'avouer : rien ne vaut un programme de sécurité commercial indépendant. C'est pourquoi je vous conseille d'investir assez vite dans un *pack* constitué au moins d'un antivirus, d'un anti-espion, d'un anti-spam et d'un pare-feu. La plupart d'entre eux coûtent moins de 40 €.

Dès que vous installez votre pack, Windows désactive automatiquement ses programmes de sécurité. Car deux antivirus, par exemple, n'assurent pas une double protection : au contraire, ils entrent en conflit, et votre ordinateur est finalement moins protégé qu'avec un seul antivirus.

Mais heureusement, dans tous les cas, le Centre de maintenance garde chaque programme de protection à l'œil. Et autre bonne nouvelle : ces programmes se chargent seuls d'effectuer leur mise à jour quotidienne. Tout va vraiment pour le mieux dans le meilleur des mondes informatiques !

Pas une ride pour Windows 8.1 !

Depuis le chapitre 4, nous avons abordé plusieurs fois le concept de **mise à jour**. Absolument essentiel en informatique, surtout quand la sécurité de votre ordinateur est en jeu ! Car une mise à jour est un petit bout de programme qui apporte un correctif ou une amélioration à un programme existant et que l'éditeur de celui-ci publie sur son site Web ; vous-même n'avez alors qu'à la transférer gratuitement sur votre machine et à l'installer.

Enfin… concernant Windows, « vous-même » est un peu exagéré, car **Windows Update** (autre outil inclus dans Windows 8.1) se charge seul de rechercher si Microsoft a effectivement publié des mises à jour et, le cas échéant, de les transférer et les installer sur votre ordinateur.

Seulement, prenez garde, car souvent, il doit ensuite redémarrer l'ordinateur ; et dans certains cas, il vous en informe bien par un message, mais sans vous donner la possibilité de refuser ! Donc profitez des quelques minutes de répit qu'il vous offre pour enregistrer tous vos travaux en cours ; sinon, ils s'envoleront en fumée !

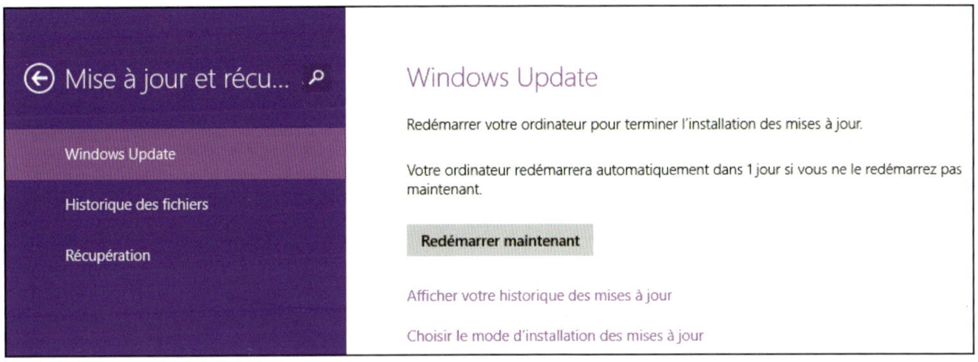

Il est tellement vital que Windows et ses programmes de protection restent à jour que la fonction Windows Update incluse dans Windows 8.1 assure cette tâche en toute autonomie. Le plus souvent, elle déclenche même toute seule le redémarrage nécessaire de votre ordinateur !

TOUT PREMIERS PAS

Utilisez Windows Update

1 Même si Windows Update est pratiquement autonome, il faut quand même que vous sachiez y accéder en cas de besoin. Alors, affichez la barre des contrôles en balayant l'écran depuis son bord physique droit vers la gauche ou en pointant son angle inférieur droit, puis touchez ou cliquez sur l'icône **Paramètres** ⚙, tout en bas.

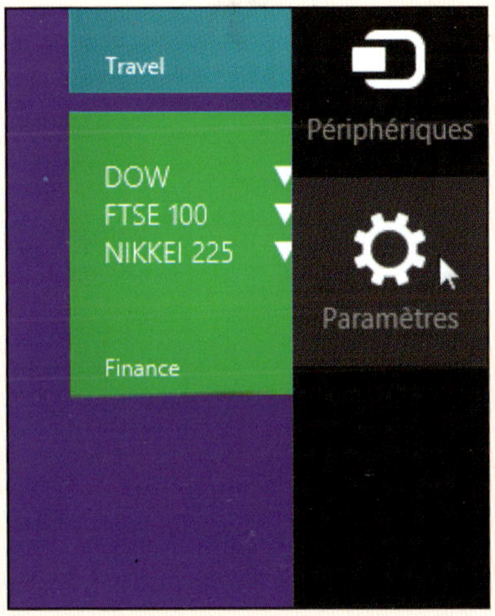

2 Le volet **Paramètres** apparaît : tout en bas, touchez ou cliquez sur **Modifier les paramètres du PC**.

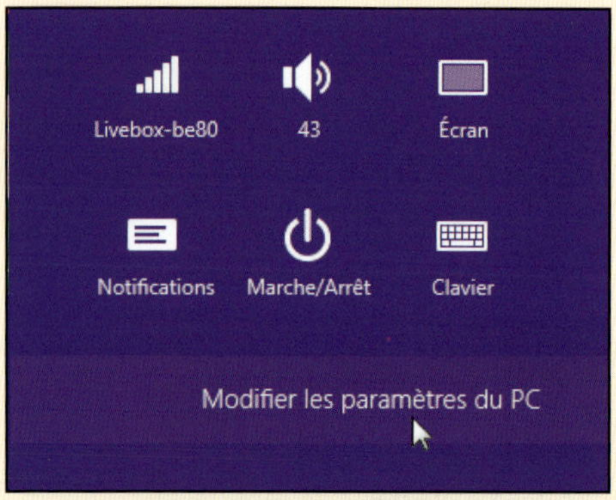

3 Cette fois, c'est le panneau **Paramètres du PC** qui s'affiche : tout en bas, là encore, touchez ou cliquez sur **Mise à jour et récupération**.

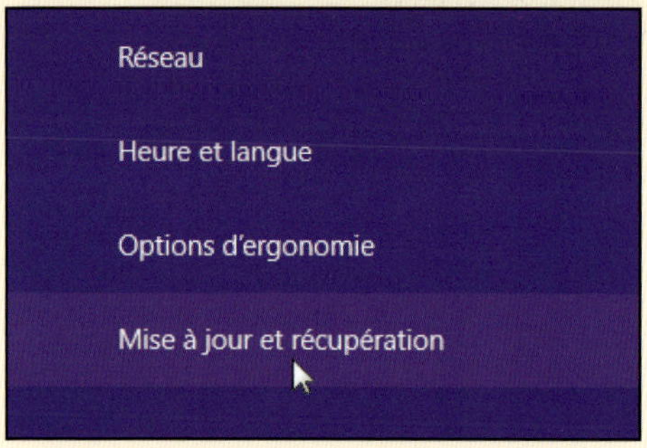

4 Vous voici enfin devant la section consacrée à Windows Update ! À partir de là, plusieurs possibilités s'offrent à vous, mais concentrons-nous sur les deux principales.

- Si votre machine est restée éteinte plusieurs jours, déclenchez la recherche de mises à jour éventuelles en touchant ou cliquant sur **Vérifier maintenant**. S'il en existe effectivement, Windows Update les récupère et vous indique qu'il les installera très bientôt : parfait !

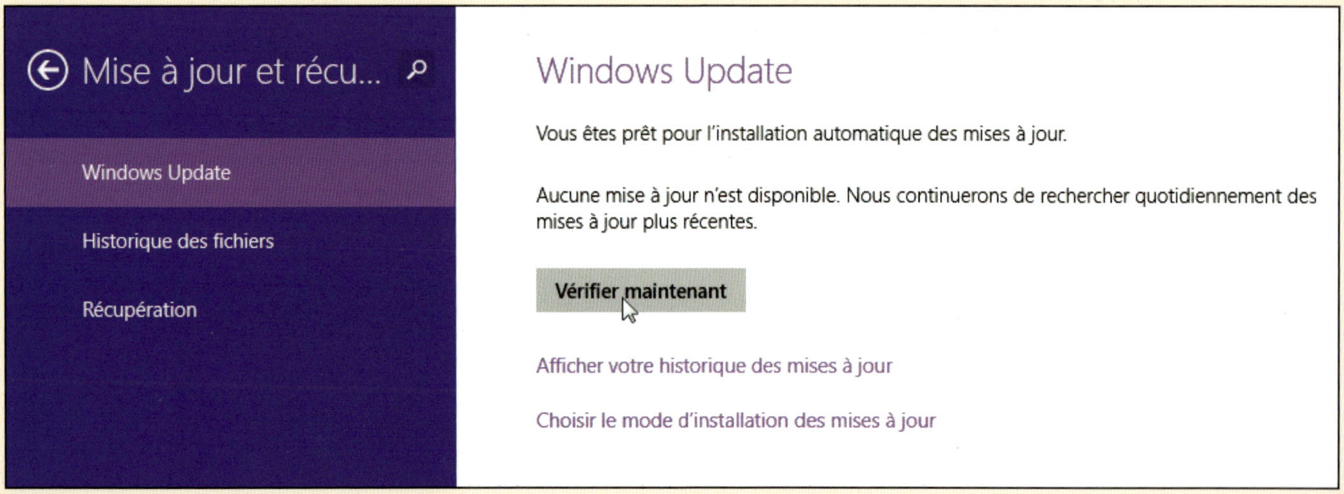

- Si vous voulez vérifier ou changer le réglage de Windows Update, touchez ou cliquez sur **Choisir le mode d'installation des mises à jour**, puis effectuez les choix souhaités dans la fenêtre qui s'affiche. Par exemple, si vous voulez contrôler l'installation des mises à jour, touchez ou cliquez sur la liste **Mises à jour importantes**, puis sur le mode d'action souhaité.

5 Fermez finalement la fenêtre en la faisant glisser vers le bas, hors de l'écran.

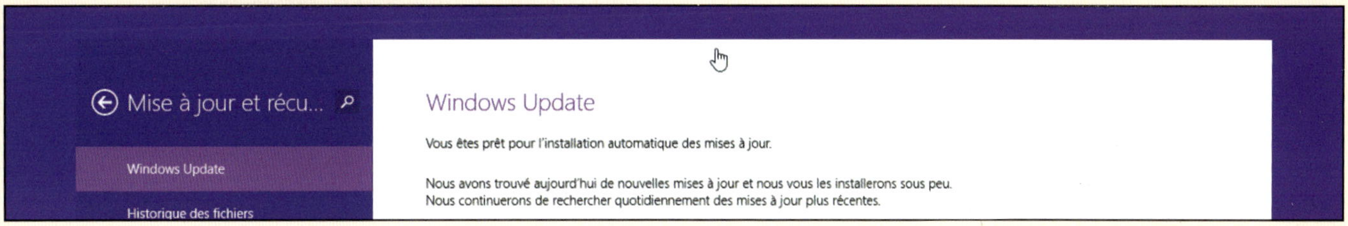

Vous avez maintenant toutes les cartes en main pour préserver l'éternelle jeunesse de Windows 8.1. Mais si nécessaire, vous pouvez sortir un autre atout de votre poche… En effet, il est aussi possible d'utiliser et de paramétrer Windows Update dans l'environnement classique !

Si vous préférez cette alternative, cliquez du bouton droit sur le bouton **Démarrer** au début de la barre des tâches du bureau, puis du bouton gauche sur **Panneau de configuration**. Vous accédez ainsi au **Panneau de configuration**, véritable centre névralgique pour tout ce qui concerne la protection, la configuration et la personnalisation de votre ordinateur. Il ne vous reste plus alors qu'à cliquer sur la rubrique **Système et sécurité**, puis sur **Windows Update**.

Grâce au Panneau de configuration, vous pouvez aussi demander depuis l'environnement classique à Windows Update de rechercher des mises à jour éventuelles et de les installer : pas de jaloux !

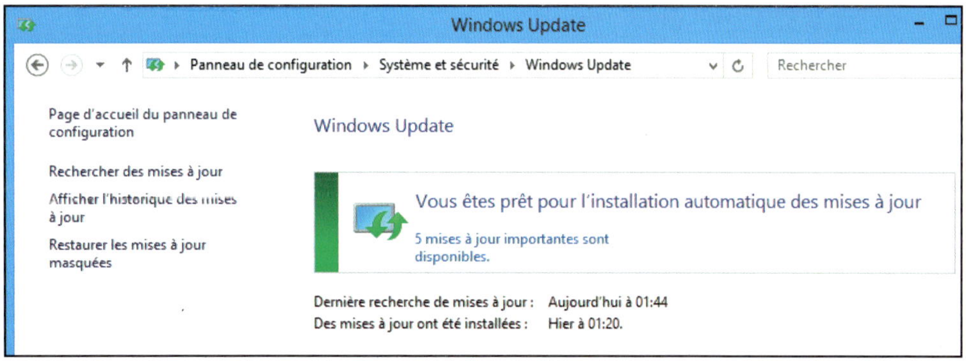

COUP DE POUCE !

Le casse-tête des mises à jour

Tout ce que vous venez d'apprendre sur les mises à jour dépeint une situation absolument idyllique, dans laquelle Windows Update vous garantit un Windows 8.1 toujours au meilleur de lui-même. Certes. Mais il existe une contrepartie qui risque de vous causer quelques désagréments.

En effet, les mises à jour étant permanentes et parfois très importantes, vous vous retrouverez forcément de temps en temps face à des situations qui ne correspondent plus à ce que je vous explique dans ce livre. Parfois, il s'agira juste d'un changement d'apparence ou de nom d'un élément à l'écran. Mais bien souvent, cela ira beaucoup plus loin. Par exemple, il n'est pas impossible que certaines applications aient été complètement réorganisées ou que certaines procédures ne s'effectuent plus de la même manière.

Bien évidemment, n'étant pas Madame Irma (!), je ne peux absolument pas anticiper ces mises à jour. Donc quand les différences sont tellement importantes que vous ne parvenez pas à accomplir l'action souhaitée à partir de mes explications, je ne peux que vous inviter à profiter de l'aide intégrée à Windows dont je parlerai dans la prochaine section de ce chapitre.

Sortez-vous des mauvais pas

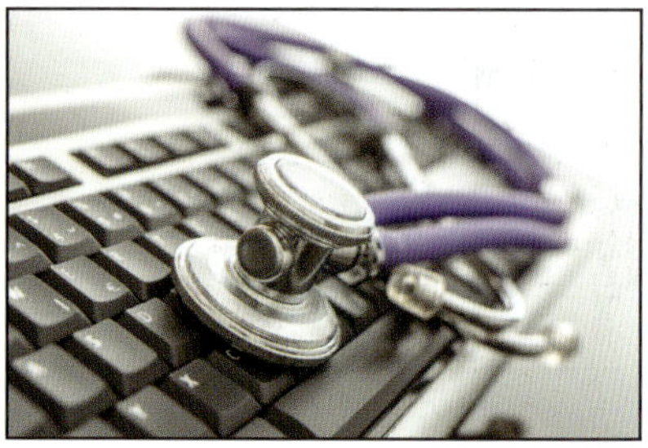

Maintenant que votre ordinateur est fin prêt pour vivre sans danger la grande aventure de l'Internet, ce serait vraiment dommage que votre plaisir soit gâché par un problème mécanique ou par une procédure que vous ne parvenez pas à réaliser. C'est pourquoi je vous propose une sorte de petite trousse de secours à laquelle vous pourrez vous reporter en cas de difficulté.

Résolvez les petits dysfonctionnements de votre ordinateur

- Quand votre ordinateur se comporte soudain bizarrement et qu'il ne réagit plus au quart de tour, il suffit souvent de le redémarrer pour qu'il retrouve ses esprits. Affichez la barre des contrôles en balayant l'écran vers la gauche depuis son bord droit physique ou en pointant son angle inférieur droit, puis touchez ou cliquez successivement sur l'icône **Paramètres** ⚙, sur l'icône **Marche/Arrêt** ⏻ et sur **Redémarrer** dans le petit menu qui s'affiche.

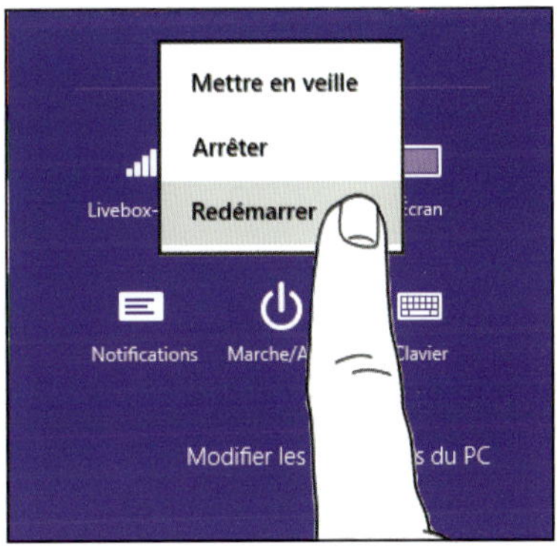

- Lorsque votre ordinateur est complètement bloqué et qu'il ne réagit plus à la souris, ni au doigt ou au clavier, sortez l'artillerie lourde et redémarrez-le de force. Enfoncez simultanément les touches **`Ctrl`** et **`Alt`**, et sans les relâcher, appuyez sur la touche **`Suppr`** ; quand un écran bleu avec quelques commandes au centre apparaît, relâchez les trois touches, puis enfoncez-les de nouveau aussitôt brièvement toutes ensemble.

  Si votre ordinateur ne redémarre toujours pas, ne le débranchez surtout pas pour lui couper les vivres, car vous risqueriez de l'endommager de manière irréversible. Appuyez au contraire sur son bouton de mise en route marqué du symbole ⏻ et maintenez-le enfoncé jusqu'à ce que vous entendiez la machine s'éteindre. Au prochain démarrage, tout devrait être rentré dans l'ordre.

- Quand vous rencontrez un dysfonctionnement spécifique, comme votre imprimante qui n'imprime plus ou votre ordinateur qui n'émet plus aucun son, sollicitez l'outil **Résolution des problèmes**, intégré à Windows. La plupart du temps, il pourra diagnostiquer l'origine de la panne et, si elle n'est pas trop grave, la solutionner.

TOUT PREMIERS PAS

Dépannez votre ordinateur avec l'outil Résolution des problèmes

1 L'accès à l'outil Résolution des problèmes s'effectue depuis un autre outil essentiel mentionné à la section précédente : le Panneau de configuration. Pour ouvrir celui-ci, cliquez du bouton droit sur le bouton **Démarrer** au début de la barre des tâches du bureau, puis du bouton gauche sur **Panneau de configuration**.

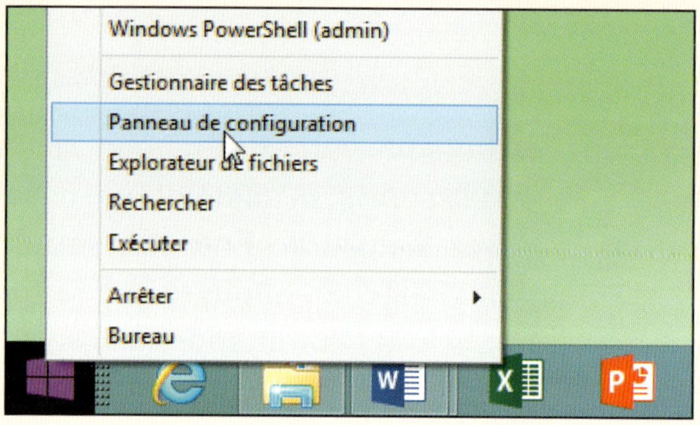

2 Le Panneau de configuration s'affiche ; dans la section **Système et sécurité**, touchez ou cliquez sur **Rechercher et résoudre des problèmes**.

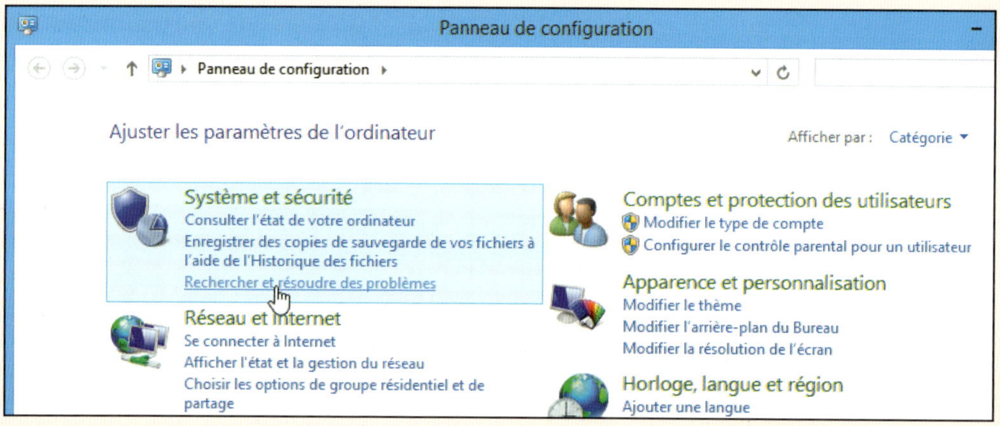

3 La fenêtre **Résolution des problèmes** s'affiche : parcourez les différentes rubriques proposées, puis touchez ou cliquez sur le lien correspondant à la catégorie de problème que vous rencontrez.

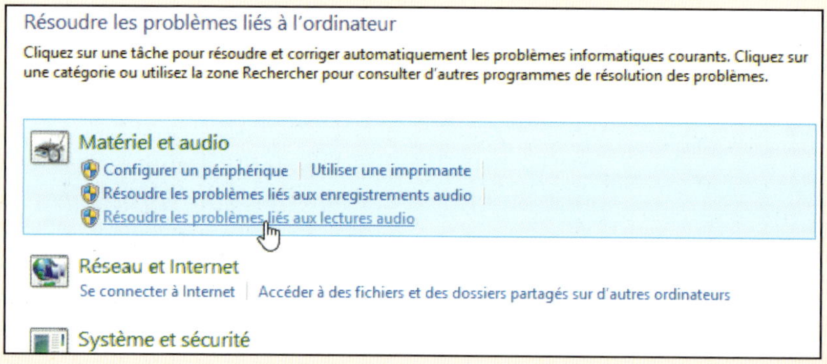

4 Une boîte de dialogue dédiée à votre type de problème apparaît : touchez ou cliquez sur **Suivant**, puis agissez en fonction des instructions qui s'affichent à l'écran.

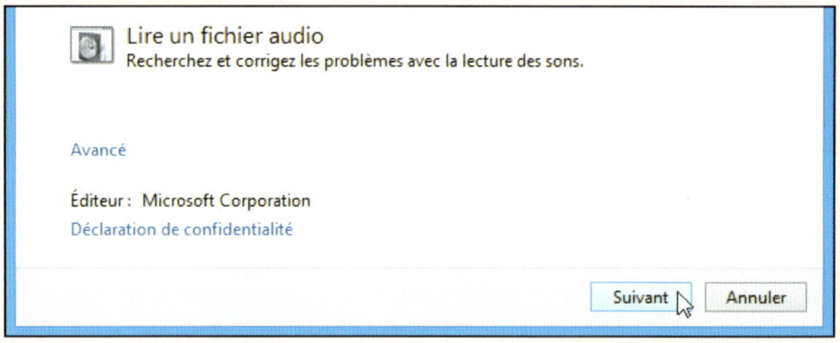

COUP DE POUCE !

La solution de la toute dernière chance

Lorsque vous rencontrez des problèmes quotidiens avec votre ordinateur et que l'outil Résolution des problèmes se montre impuissant, envisagez carrément une réinstallation de Windows.

Affichez l'incontournable barre des contrôles, à droite, puis touchez ou cliquez sur l'icône **Paramètres** et sur **Modifier les paramètres du PC**, tout en bas. Dans la colonne gauche de la fenêtre **Paramètres du PC**, touchez ou cliquez successivement sur **Mise à jour et récupération** et sur **Récupération**. Selon ce qui vous convient le mieux, cliquez finalement sur le bouton **Commencer** de la première ou deuxième commande, puis suivez les instructions données à l'écran.

- **Actualiser votre PC sans affecter vos fichiers** réinstalle Windows sans supprimer aucun de vos fichiers personnels ni aucune application obtenue sur le Windows Store, par exemple.
- **Tout supprimer et réinstaller Windows** est plus radicale, car elle restaure Windows 8.1 dans l'état où il était juste après son installation ou l'achat de votre ordinateur. Cette commande élimine également tous vos documents, clichés, chansons, courriels, contacts, *etc.*, ainsi que tous les programmes indépendants que vous aviez installés et toutes les mises à jour réalisées par Windows Update. Pesez donc mûrement votre réflexion avant de l'exécuter !

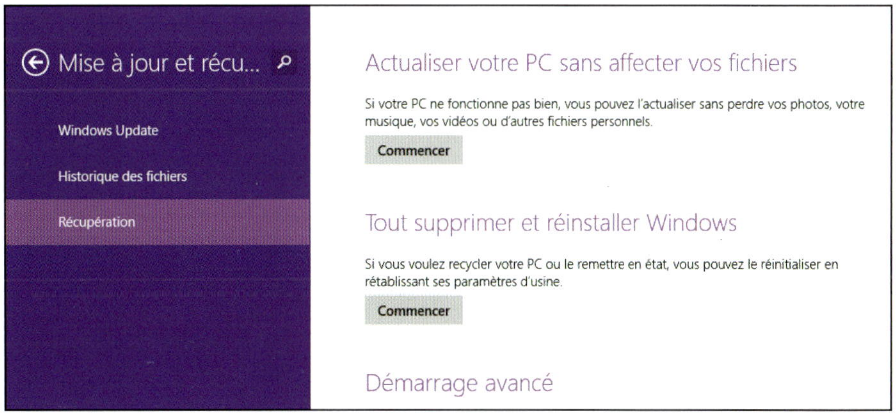

Demandez l'aide de Microsoft pour les procédures difficiles

Si vous vous interrogez sur la signification d'un mot informatique technique ou sur la manière d'utiliser telle ou telle application, par exemple, vous allez adorer l'aide proposée par Microsoft. Celle-ci se décline sous deux grandes formes.

- L'**aide en ligne** *via* le site Web de Microsoft. Pour y accéder, touchez ou cliquez sur l'icône **Paramètres** au bas de la barre des contrôles, puis sur **Aide** dans le panneau **Paramètres**. Mais attention : le contenu proposé dépend de l'environnement où vous vous trouvez au moment d'afficher la barre des contrôles ! Cela vaut donc la peine de tester l'aide du bureau quand celle de l'écran d'accueil ne vous a pas apporté la solution recherchée, et inversement.

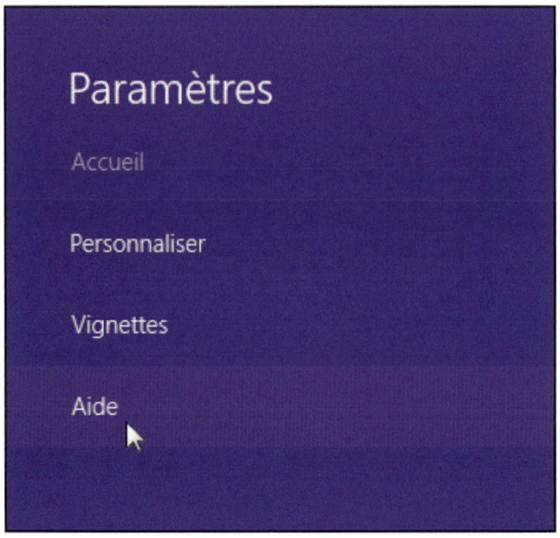

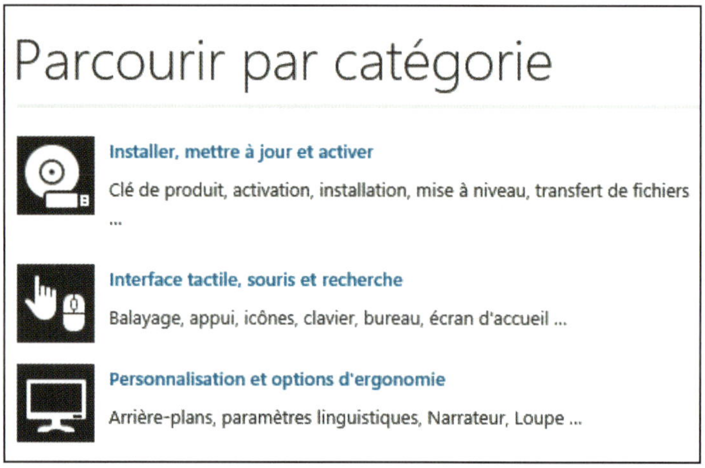

- L'**application Help & Tips**, à la laquelle une mise à jour future donnera sans doute un nom français du type *Aide et conseils*, et qui propose des clips vidéo pédagogiques pour expliquer les procédures de base dans Windows 8.1. Ces petits films sont répartis en six grandes rubriques, qui abordent, entre autres, le démarrage de Windows, l'utilisation des applications, et la gestion de vos fichiers. Pour accéder à cette application, touchez ou cliquez sur sa vignette dans l'écran d'accueil, simplement !

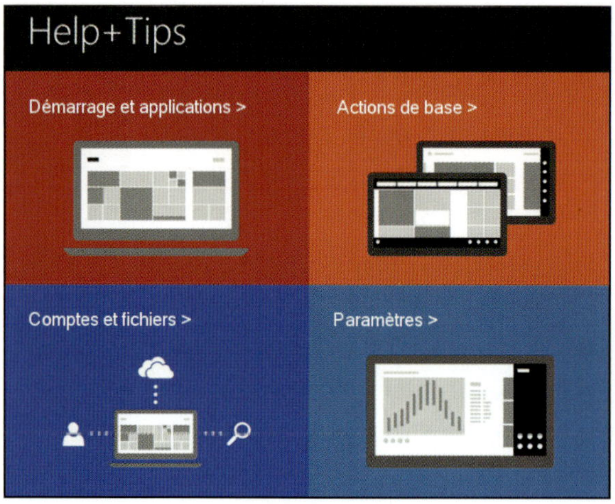

TESTEZ-VOUS !

Avez-vous retenu les trois mots essentiels de ce chapitre ?

1

D'après vous, s'agit-il…

a D'une application médicale qui propose des centaines de conseils pour se soigner par les plantes ?

b D'un jeu intégré à Windows 8.1 dont le but est de tuer un maximum de microbes en un minimum de temps ?

c D'un programme malveillant conçu pour commettre des dégâts sur votre ordinateur ?

2

D'après vous, s'agit-il…

a De la commercialisation d'un nouveau programme de Microsoft ?

b De l'affichage en « vrais » caractères des mots de passe que vous tapez ?

c D'un correctif ou d'une amélioration apporté(e) à un programme ou une application existant(e) ?

3

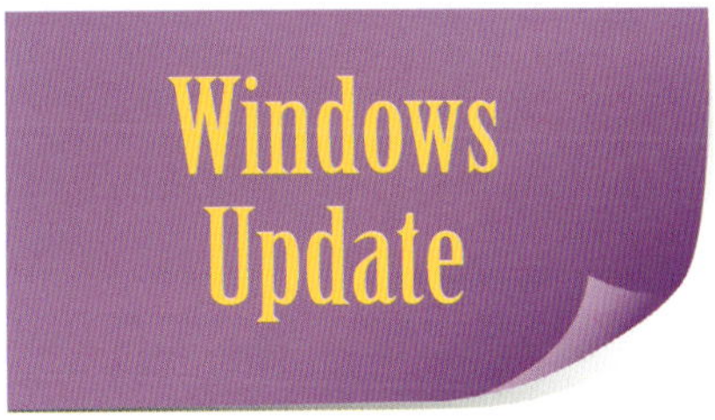

D'après vous, s'agit-il…

a Du programme chargé de la mise à jour de Windows 8.1 ?

b Du nom de la toute première version de Windows ?

c Du bâtiment où travaille l'équipe d'informaticiens chargés de la conception de Windows ?

Réponses : 1 : c, 2 : c, 3 : a

Chapitre

6

Offrez-vous une escapade sur l'Internet

Que vous ayez un voyage à préparer ou une lampe à acheter, envie de regarder des gags vidéo ou de retrouver un vieil ami, ou encore besoin d'un formulaire administratif, l'Internet sera votre partenaire idéal. D'où l'importance de maîtriser cet outil sur le bout des doigts… ou de la souris !

Ainsi, à la fin de ce chapitre, vous saurez, entre autres :

➔ Visiter un site Web

➔ Rechercher des informations et des images

➔ Garder un accès express à vos pages Web préférées

De site en site, et de page en page !

Bien que vous soyez connecté en permanence à l'Internet depuis le chapitre 2, vous n'avez pas encore eu l'occasion de vous y balader : quelle injustice ! Heureusement, elle sera réparée dans quelques instants. Auparavant, vous devez juste faire la connaissance des acteurs principaux de cette « cyberstory ».

- L'**Internet** (ou *Net*, simplement), d'abord : gigantesque structure qui relie des ordinateurs du monde entier et permet aux personnes connectées (les *internautes*) de profiter des ressources mises à disposition sur ces machines.

- Le **Web** (la fameuse *Toile*), ensuite, qui propose le contenu de l'Internet sous une forme accessible à tous, informaticiens ou non : les *pages Web*. Celles-ci correspondent à des documents conviviaux, composés de textes, d'images et, souvent, d'éléments complémentaires, comme de petites animations ou de la musique. La plupart de ces pages sont réunies en *sites Web*, gérés par des particuliers, des entreprises, des administrations ou autres.

Le navigateur Internet Explorer est si efficace et en même temps si discret qu'il vous permet d'apprécier pleinement les pages Web affichées et de passer aisément de l'une à l'autre.

- Le **navigateur Web**, enfin, programme spécialement conçu pour la consultation de pages Web et l'exploitation de leur contenu (achat sur le site Web d'un magasin ou réécoute d'une émission sur le site d'une radio, par exemple). Par chance, Microsoft en propose un très bien, 100 % gratuit : *Internet Explorer*. Il vous en offre même une version pour chaque environnement de Windows !

Dans ce chapitre, néanmoins, nous nous en tiendrons à la version moderne, idéale pour vos balades. En effet, la version classique n'a de réel intérêt que pour effectuer des réglages poussés ou accomplir des actions peu courantes (imprimer une page, par exemple).

TOUT PREMIERS PAS

Visitez un site Web avec Internet Explorer

1 Pas vraiment de surprise pour cette première étape : touchez ou cliquez sur la vignette **Internet Explorer** dans l'écran d'accueil.

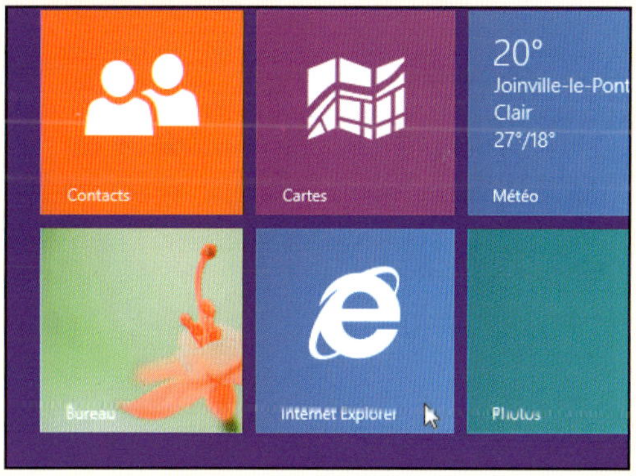

2 À l'avenir, vous vous retrouverez alors toujours devant Internet Explorer et pourrez donc passer directement à l'étape 4. Mais la première fois, c'est un long message d'explication sur le choix d'un navigateur qui apparaît, car Microsoft n'a pas le droit de vous imposer son programme. Pour pouvoir profiter de celui-ci, donc, touchez ou cliquez sur **Continuer**.

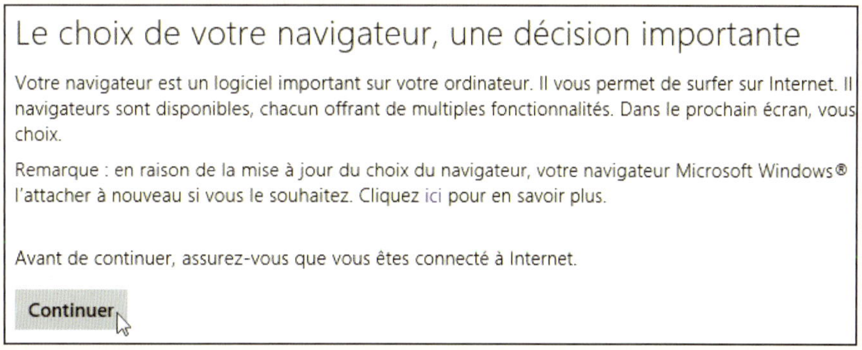

3 Différents noms de navigateurs s'affichent, accompagnés d'une brève description ; mais puisque notre choix est déjà fait, touchez ou cliquez sur **Installer** au bas de la colonne **Internet Explorer**.

4 À peine le temps de dire « ouf ! », et Internet Explorer apparaît devant vous, proposant d'ores et déjà une page Web. Le plus souvent, il s'agit de la *page d'accueil* du site MSN de Microsoft ou de celle du site de votre fournisseur d'accès Internet : elle constitue la vitrine du site, puisque toutes les autres en dépendent.

Seulement, nous ne sommes pas là pour l'admirer, mais pour afficher une page de votre choix ! Alors, dirigez-vous tout en bas de la fenêtre : la *barre d'adresse* vous y attend. Enfin… si vous êtes assez rapide ! Car elle s'éclipse très vite pour offrir davantage de place à la page en cours ; pour la réafficher, vous devez alors balayer l'écran vers le haut depuis son bord physique inférieur ou cliquer du bouton droit au bas de l'écran.

Cette barre comporte quelques icônes de commandes et, surtout, une grande zone rectangulaire qui affiche un texte assez complexe à première vue. Mais dès que vous l'aurez décortiqué à l'étape 5, il vous paraîtra limpide.

Dans l'immédiat, sachez qu'il correspond à l'**adresse** de la page, c'est-à-dire son emplacement sur le Web. Et puisque vous aller devoir en taper une autre pour accéder à la page qui vous intéresse, commencez par sélectionner l'adresse actuelle en double-cliquant ou en tapotant deux fois dessus. Ne soyez pas surpris : cela fait aussitôt apparaître de grosses vignettes de pages au-dessus de la zone d'adresse. Mais ignorez-les pour l'instant.

5 Depuis le clavier physique ou tactile s'il est apparu, commencez à taper l'adresse de la page que vous souhaitez visiter, mais sans aller trop vite… Vous comprendrez pourquoi dans quelques secondes.

Toutes les adresses Internet possèdent deux points communs : elles ne contiennent jamais d'espaces ni de lettres accentuées. Et la plupart d'entre elles possèdent la même structure de base : trois W qui représentent le Web, suivis d'un point, puis du nom du site, d'un autre point et, finalement, d'un suffixe qui indique la nature du site, comme `fr` (pour « français ») ou `com` (pour « commercial »). Si vous n'avez pas d'aspiration particulière, essayez le célèbre site `Manger Bouger` `www.mangerbouger.fr`.

Dès le début de votre saisie (d'où l'intérêt de taper doucement !), Internet Explorer propose des adresses très visitées ou que vous avez déjà consultées et qui commencent par les caractères tapés.

- Si l'adresse du site convoité apparaît dans la zone d'adresse, touchez ou appuyez directement sur la touche **Entrée** du clavier.
- Si elle figure seulement dans les suggestions au-dessus de la zone, en revanche, touchez-la ou cliquez dessus.
- Et si elle n'apparaît nulle part (pauvre de vous !), terminez votre frappe et touchez ou appuyez sur la touche **Entrée**.

6 La page convoitée apparaît : super ! Mais vous devrez presque toujours naviguer vers d'autres pages pour trouver votre bonheur. Donc parcourez les différentes rubriques devant vous et, quand vous en trouvez une qui vous intéresse, touchez ou cliquez sur son titre ou sur un texte du type « Lire la suite ».

7 La page correspondant à la rubrique sur laquelle vous avez cliqué apparaît. Mais pas de mystère là-dessous, car le texte de l'étape 6 constituait un **lien**, c'est-à-dire un élément (texte ou image, essentiellement) associé à une page Web qui s'affiche dès que vous touchez ou cliquez sur l'élément en question : pratique !

Et ce qui l'est tout autant est l'avantage offert par la souris (ou le dispositif de pointage d'un ordinateur portable). En effet, quand vous pointez un élément qui intègre un lien, le traditionnel pointeur en forme de flèche se transforme en main. Grâce à ce précieux indice, vous êtes donc certain de cliquer juste !

Parcourez la page devant vous ; si elle n'est pas entièrement visible, vous pouvez la faire défiler en la balayant, ou en bougeant le pointeur et en utilisant la barre de défilement qui apparaît. Ensuite, poursuivez l'exploration du site au gré de vos envies en touchant ou cliquant sur d'autres liens.

Et si vous préférez revenir à la dernière page visitée, pointez la gauche de l'écran pour afficher une petite flèche orientée vers la gauche et cliquez dessus. Ou balayez l'écran vers le haut depuis son bord inférieur physique, puis touchez l'icône **Précédente** au début de la barre d'adresse.

Depuis la fin de ce « Tout premiers pas », vous avez sans doute déjà vogué de page en page et, qui sait, peut-être même de site en site. Le bonheur ! Seulement, un jour ou l'autre, vous risquez malheureusement d'être freiné dans vos ardeurs, car il y a parfois quelques grains de sable dans la belle machinerie du Web.

- Si un message d'erreur apparaît à la place de la page dont vous avez tapé l'adresse ou après que vous avez touché ou cliqué sur un lien, assurez-vous d'abord d'être connecté à l'Internet et, dans le cas contraire, établissez votre connexion (autant de compétences acquises au chapitre 2).

  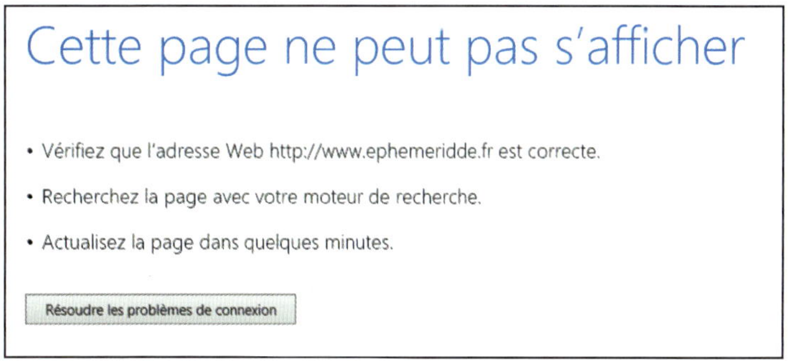

  Si le problème persiste, vérifiez que l'adresse est correcte. Et en dernier recours, relancez l'affichage en touchant ou cliquant sur l'icône à droite de la zone d'adresse ou de nouveau sur le lien, car il s'agissait peut-être juste d'un dysfonctionnement passager du site. En cas de nouvel échec, vous pouvez considérer que la page a changé d'adresse ou qu'elle a été supprimée. Dommage !

- Si une publicité masque partiellement ou totalement la page que vous vouliez consulter, recherchez un bouton **Fermer**, une croix dans son angle supérieur droit, ou un lien du type **Accéder directement au site** en haut ou en bas de la page. Si vous trouvez un tel élément, touchez-le ou cliquez dessus ; sinon, prenez votre mal en patience et attendez que la publicité disparaisse d'elle-même.

- Si l'affichage de la page est interminable, patientez un peu, puis touchez ou cliquez sur l'icône ⟳ à droite de la zone d'adresse au cas où il s'agirait d'un dysfonctionnement temporaire. Si cela ne résout rien, voyez si une barre ne serait pas apparue au bas de l'écran : Internet Explorer vous informe par ce biais quand il redoute un quelconque danger ou que votre ordinateur est incapable d'afficher la page correctement. Faites alors le nécessaire (parfois, il s'agit juste de donner votre autorisation en touchant ou cliquant sur le bouton **Oui**).

TOUT PREMIERS PAS

Affichez plusieurs pages en même temps

1 Quand vous avez besoin de comparer le contenu de deux pages (deux voyages ou recettes de cuisine, par exemple), pas question de passer votre temps à retaper sans cesse l'adresse de l'une puis de l'autre : gardez les deux ouvertes et basculez entre elles au gré de vos besoins ou, mieux encore, affichez-les en vis-à-vis.

Après avoir ouvert l'une de ces pages, balayez l'écran vers le haut depuis son bord inférieur physique ou cliquez du bouton droit dans une zone sans texte ni image pour faire réapparaître la barre d'adresse et ses grosses vignettes de page : dans sa partie droite, touchez ou cliquez sur l'icône de plus ⊕.

2 Une page vierge **Nouvel onglet** apparaît : affichez la seconde page souhaitée grâce aux techniques habituelles. (Tapez son adresse et appuyez sur la touche **Entrée** ou, si elle figure dans les suggestions d'Internet Explorer, touchez-la ou cliquez dessus.)

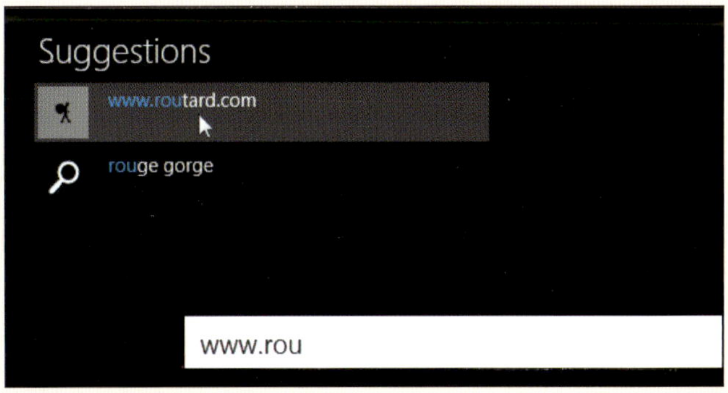

3 La seconde page apparaît, masquant entièrement la première. Mais celle-ci est tout près ! Pour y accéder, affichez de nouveau la barre d'adresse, puis touchez ou cliquez sur la vignette de la page en question (techniquement appelée *onglet*).

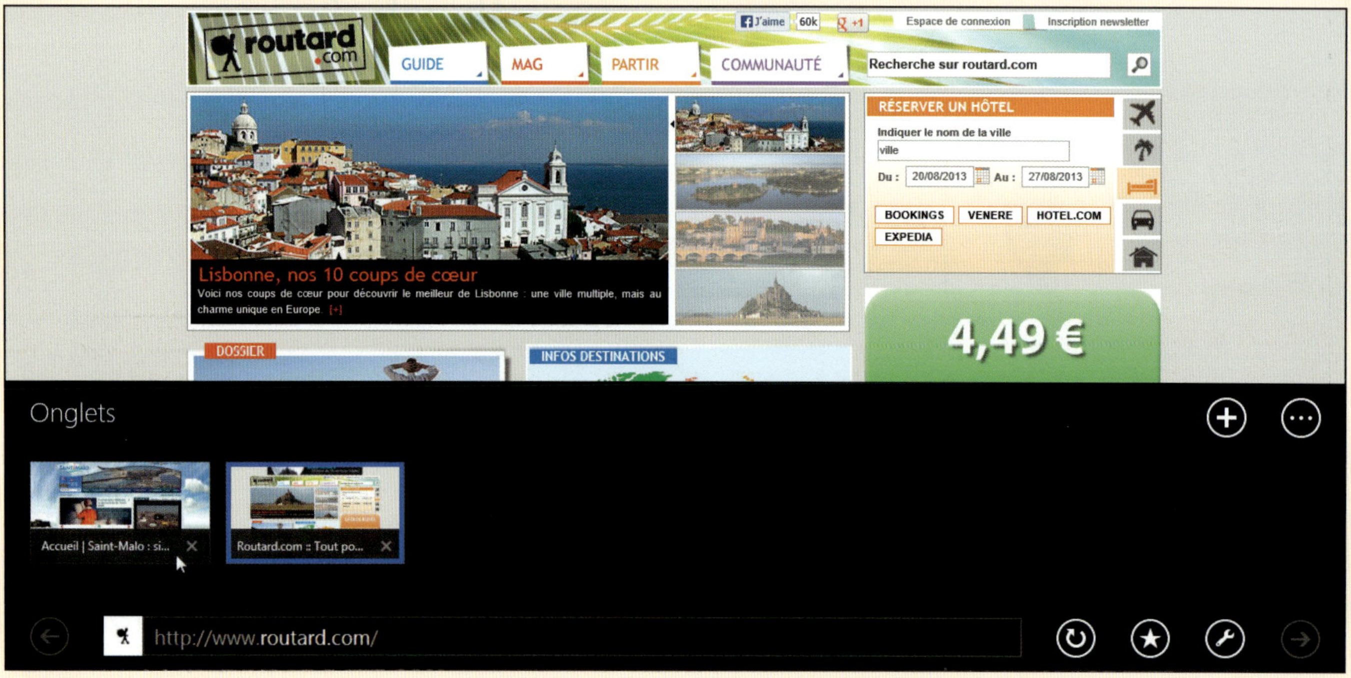

4 Vous vous retrouvez immédiatement devant la page de départ et pouvez désormais passer à loisir de l'une à l'autre par le biais de leurs onglets. Mais si cette bascule incessante vous lasse, gardez les deux côte à côte ! Touchez longuement l'un des onglets ou cliquez dessus du bouton droit pour afficher son menu, puis touchez (brièvement) ou cliquez (du bouton gauche) sur **Ouvrir l'onglet dans une nouvelle fenêtre**.

5 Selon le même principe qu'avec deux applications, les pages apparaissent côte à côte, séparées par une grande barre verticale que vous pouvez faire glisser latéralement pour ajuster l'espace octroyé à chacune. Génial !

Néanmoins, pour ne pas solliciter inutilement votre ordinateur, fermez systématiquement les pages dont vous n'avez plus besoin. Pour cela, touchez ou cliquez juste sur la croix dans l'angle inférieur droit de leur vignette.

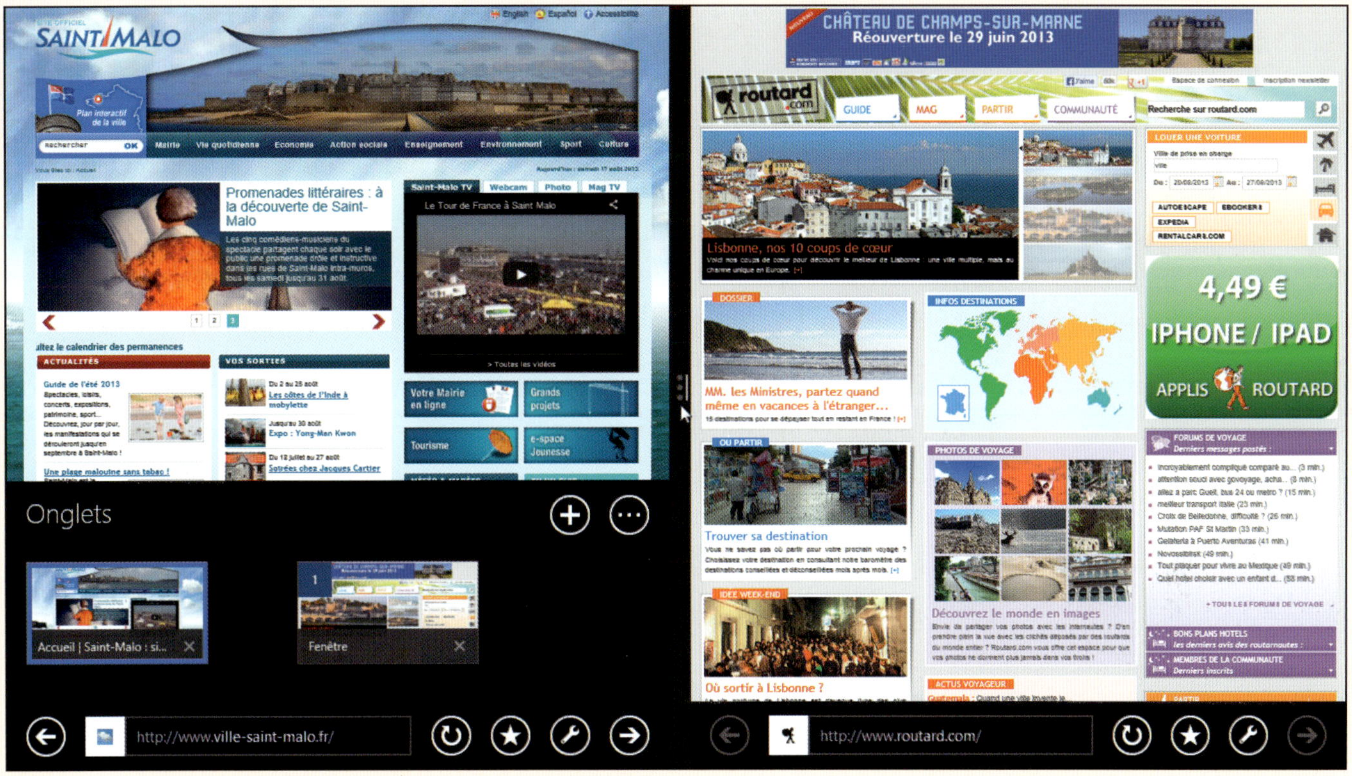

COUP DE POUCE !

La zone d'adresse à l'honneur

Pour ne pas vous priver d'une miette des pages que vous visitez, Internet Explorer masque la barre d'adresse dès que vous ne l'utilisez plus. Intention louable, mais qui vous impose une manipulation supplémentaire à chaque fois que vous voulez taper une nouvelle adresse.

Si vous avez senti que cela vous compliquait la tâche au cours de vos premiers pas sur le Web, n'hésitez pas à demander l'affichage permanent de cette barre. Balayez l'écran depuis son bord physique droit vers la gauche ou pointez son angle inférieur droit, puis touchez ou cliquez sur l'icône **Paramètres**, tout en bas de la barre des contrôles. Ensuite, touchez ou cliquez sur **Options** dans le panneau **Paramètres**, puis faites glisser le curseur **Apparence** sur la position **Activé**.

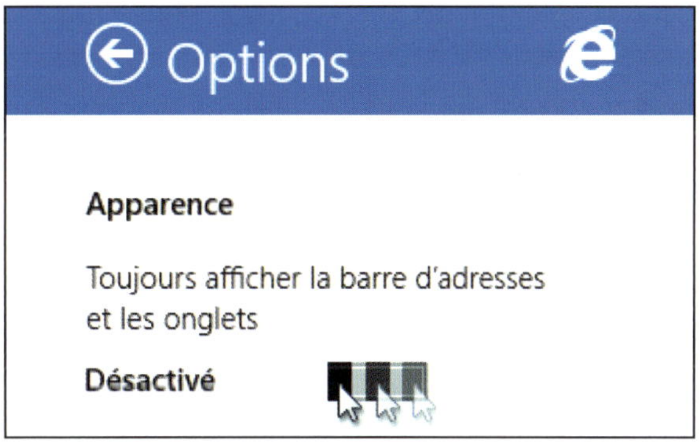

Une petite recherche pour de grandes trouvailles

Qu'il s'agisse de vous informer, de faire des emplettes, de vous divertir ou que sais-je, l'Internet est truffé de pages extrêmement intéressantes. Seulement, vous ne les trouverez pas en lisant dans le marc de café ! Pour les dénicher à coup sûr rapidement, je vous conseille un outil qui a fait ses preuves depuis longtemps : **Google**.

TOUT PREMIERS PAS

Recherchez des informations avec Google

1 Dans la zone d'adresse au bas de la fenêtre, commencez à taper `www.google.fr`. Si Internet Explorer vous propose l'adresse complète, touchez-la ou cliquez dessus ; sinon, terminez votre frappe et appuyez sur la touche **Entrée**.

2 Google vous accueille par une page très sobre avec, en son centre, une grande zone rectangulaire qui crève l'écran : commencez à y taper vos mots-clés caractérisant le sujet qui vous intéresse. Aussitôt, une liste de suggestions apparaît au-dessous de la zone. Si l'une d'elles correspond à ce que vous alliez saisir, touchez-la ou cliquez dessus ; sinon, terminez votre frappe, en étant le plus précis possible.

Par exemple, si vous recherchez les paroles ou un clip de la chanson *Rame* d'Alain Souchon, tapez **rame chanson** ou **rame souchon** ; car si vous vous contentez de « rame », vous aurez des centaines de réponses non pertinentes, consacrées aux rames de métro, de bateaux et de papier !

3 Une longue liste de résultats apparaît, normalement classés du plus au moins pertinent. Mais pour une recherche standard, ignorez les tout premiers, affichés sur un fond orangé, car ils renvoient vers des sites marchands.

Chaque résultat commence par le titre de la page en bleu (qui constitue en fait un lien), suivi de l'adresse de la page et d'un résumé avec vos mots-clés en évidence : touchez ou cliquez sur le titre de la page que vous voulez consulter.

4 La page demandée apparaît ; parcourez-la. Ensuite, vous pouvez en rester là ou poursuivre votre recherche : dans le second cas, vous n'avez qu'à pointer la gauche de l'écran à mi-hauteur et cliquer sur la petite flèche qui apparaît pour revenir à la liste des résultats de Google, puis à répéter l'étape 3.

Et si vous aviez besoin non pas d'informations, mais d'images ? Gardez le même partenaire, car Google est un fin limier dans ce domaine également !

Tout en haut de sa page d'accueil, touchez ou cliquez sur le lien **Images**. Ensuite, dans la grande zone rectangulaire, tapez un ou plusieurs mots-clés décrivant au mieux l'illustration que vous recherchez, et appuyez sur la touche **Entrée**. Aussitôt, des dizaines de miniatures d'images apparaissent ; il vous suffit alors de toucher ou de cliquer sur n'importe laquelle d'entre elles pour accéder à la version originale de l'illustration.

Cela fait, vous pouvez stocker l'image sur votre ordinateur en cliquant dessus du bouton droit, puis du bouton gauche sur **Enregistrer dans le dossier Images**. Mais attention : si vous voulez l'exploiter ensuite, limitez-vous à un usage personnel ; sinon, vous violerez le copyright. Par exemple, vous pouvez l'intégrer à une carte d'anniversaire réalisée pour votre frère, mais pas à une brochure publicitaire pour votre club de bridge que vous allez diffuser dans toute votre ville.

Google est aussi performant en recherche d'informations qu'en recherche d'images. Et s'il vous déniche une photo ou un dessin que vous voulez conserver, quelques secondes suffisent pour enregistrer l'illustration sur votre ordinateur.

COUP DE POUCE !

Un autre détective à votre service

Bien que Google soit assurément le meilleur outil de recherche sur l'Internet, n'hésitez pas à en tester d'autres. À commencer, bien sûr, par **Bing**, étroitement lié à Windows 8.1. Ce détective du Web tire surtout son épingle du jeu pour les recherches portant sur des chanteurs ou des musiciens, car les résultats incluent des liens qui vous mènent directement à l'application Musique et vous permettent d'écouter plusieurs titres de l'artiste gratuitement.

Pour y recourir, affichez la barre des contrôles, à droite, puis touchez ou cliquez sur l'icône de loupe **Rechercher**, tout en haut. Dans la zone située dans la partie supérieure du volet **Rechercher**, commencez à taper vos mots-clés : si Bing devine vos intentions, touchez ou cliquez sur la bonne suggestion ; sinon, terminez votre frappe et appuyez sur la touche **Entrée**.

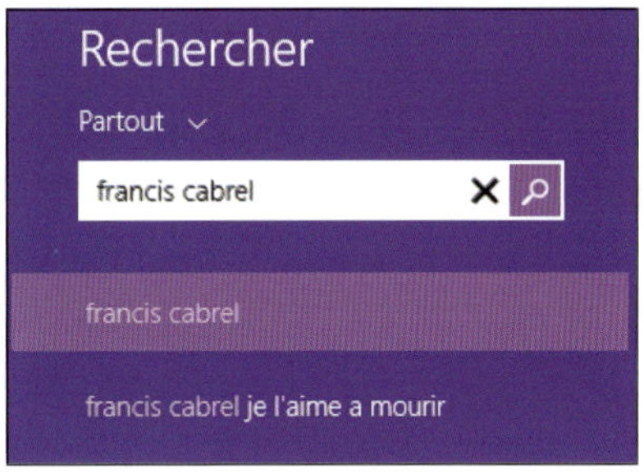

Bing livre l'essentiel de ses réponses sous la forme de miniatures des pages a priori pertinentes, accompagnées du nom ces dernières, de leur adresse et d'un résumé. Pour accéder à la page qui vous intéresse, touchez ou cliquez sur sa miniature, simplement. Et si les résultats incluent des titres de chansons ou des vidéos, là encore, touchez ou cliquez sur le morceau ou le film pour le diffuser.

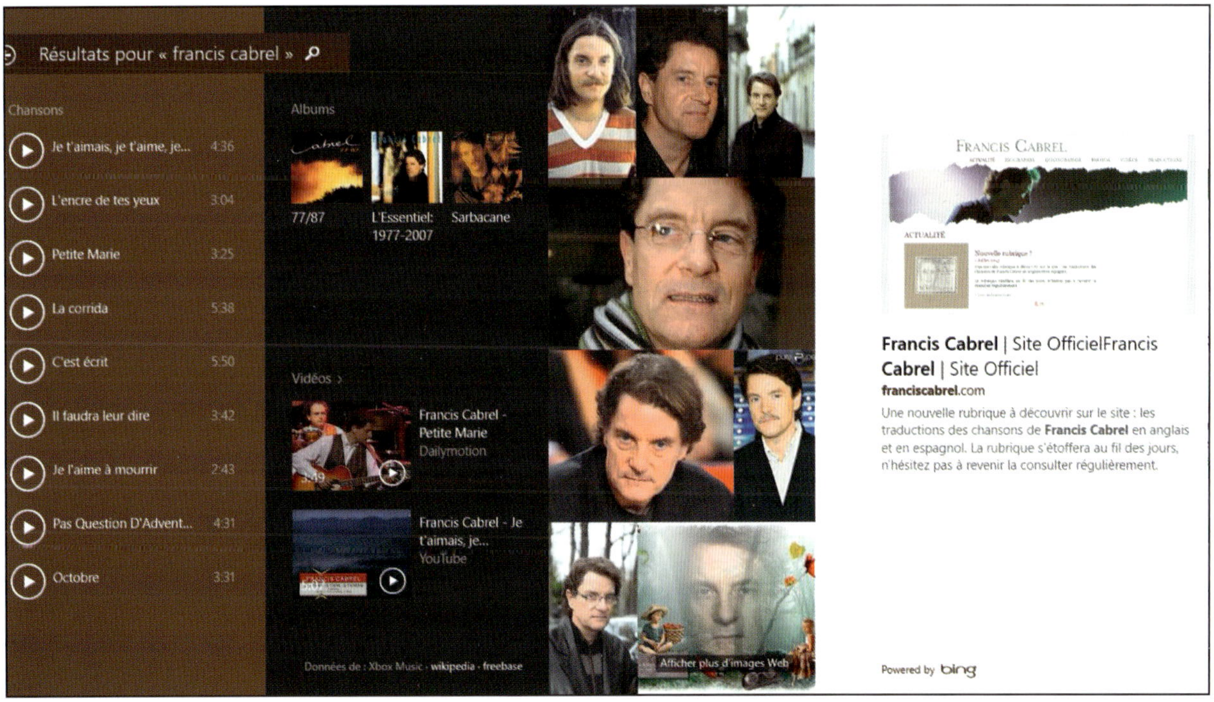

Compilez votre best-of du Web

Malgré les milliards de pages disponibles sur le Web, il y a forcément quelques sites que vous visiterez et revisiterez très souvent, comme celui de `Météo France` `http://france.meteofrance.com` pour connaître la couleur du ciel, celui de `France Info` `www.franceinfo.fr` pour vous tenir au courant de l'actualité, ou celui de `Télérama` `www.telerama.fr` pour choisir le programme de la soirée.

Normalement, Internet Explorer affichera donc leur vignette dans la barre d'adresse au bas de la fenêtre. Mais mieux vaut mettre toutes les chances de votre côté pour éviter à coup sûr de devoir taper le moindre caractère de leur adresse. Un vrai jeu d'enfants, puisqu'il suffit d'enregistrer ces pages comme **favoris** : dès lors, elles disposent d'une vignette permanente, même si vous restez plusieurs jours ou semaines sans les consulter.

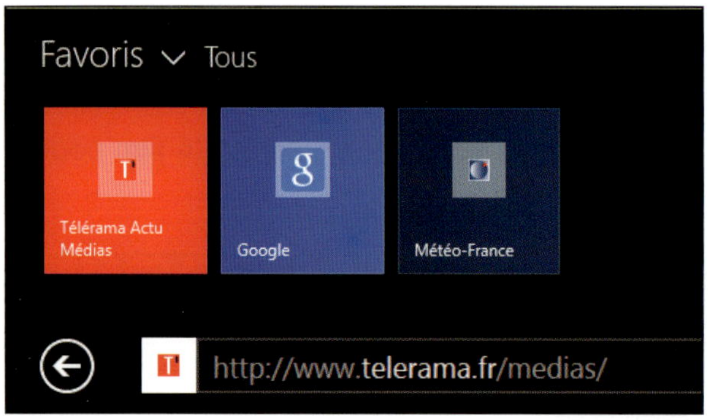

Page de démarrage, favori, vignette sur l'écran d'accueil : vous n'avez vraiment que l'embarras du choix pour garder vos pages Web préférées à portée de main !

Et si vous le souhaitez, vous pouvez même **épingler** certaines pages sur l'écran d'accueil de Windows, c'est-à-dire ajouter sur celui-ci des vignettes correspondant à ces pages. Ainsi, vous disposerez d'un accès direct à vos sites préférés même si vous n'avez pas encore ouvert Internet Explorer !

Mais avant, offrez un traitement de faveur à celle que vous aimez pardessus tout en l'adoptant comme **page de démarrage**. De la sorte, elle vous accueillera à chaque ouverture d'Internet Explorer : encore mieux qu'un tapis rouge !

TOUT PREMIERS PAS

Choisissez votre page de démarrage

1 Après avoir affiché votre page de prédilection, balayez l'écran depuis son bord physique droit vers la gauche ou pointez son angle inférieur droit pour accéder à la barre des contrôles, puis touchez ou cliquez sur l'icône **Paramètres**, tout en bas.

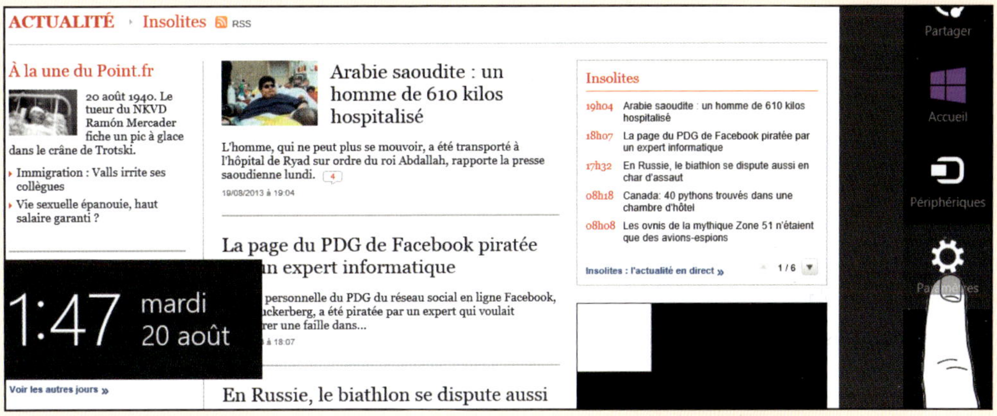

2 Le volet **Paramètres** apparaît : touchez ou cliquez sur **Options**.

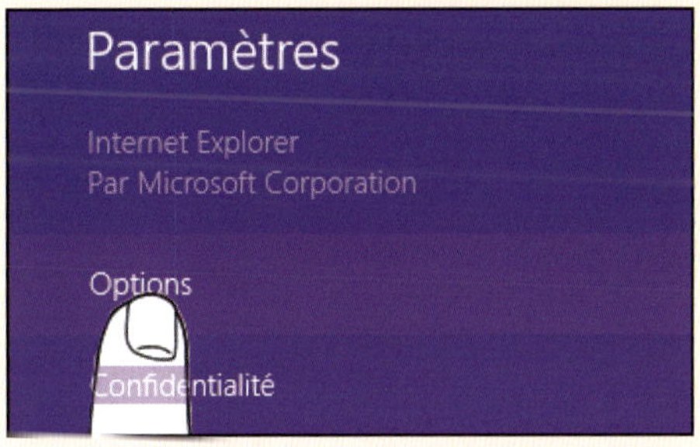

3 C'est maintenant le volet **Options** qui s'affiche : à la rubrique **Pages d'accueil**, touchez ou cliquez sur **Personnaliser**.

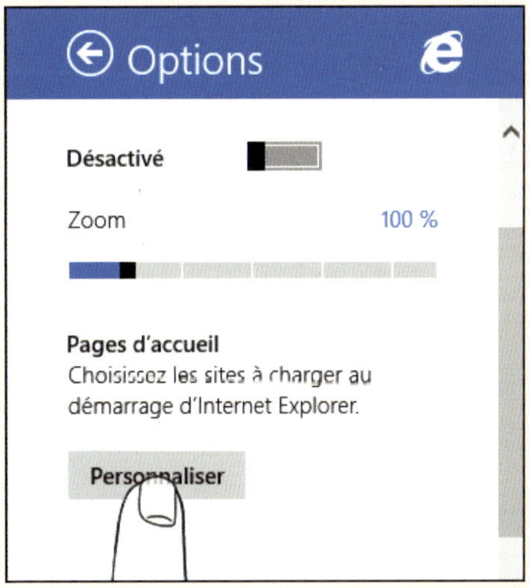

4 Le volet **Pages d'accueil** apparaît, indiquant dans sa partie supérieure l'adresse de la page de démarrage actuelle. Touchez ou cliquez sur **Ajouter le site actuel**.

5 Craignant sans doute que vous ne changiez d'avis, le volet **Pages d'accueil** affiche maintenant l'adresse de la page actuelle : confirmez donc votre souhait d'en faire la page de démarrage en touchant ou cliquant sur **Ajouter**.

6 L'adresse de votre page apparaît enfin en haut du volet **Pages d'accueil** : objectif atteint !

Enfin… presque, car Internet Explorer n'a pas substitué votre page à sa page de démarrage initiale : il l'a juste ajoutée. Pour vous débarrasser définitivement de la page de démarrage qu'il vous imposait, donc, touchez ou cliquez sur l'adresse de cette dernière.

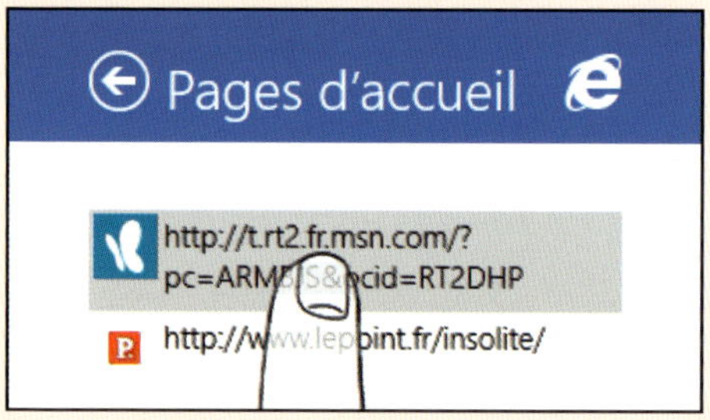

7 Touchez ou cliquez sur **Supprimer**. Le volet **Pages d'accueil** n'affiche plus que l'adresse de votre page : cette fois, c'est vraiment gagné !

TOUT PREMIERS PAS

Enregistrez une page Web comme favori

1 Après avoir affiché une page à consigner comme favori, touchez ou cliquez sur l'icône **Favoris** dans la barre d'adresses.

2 Les onglets (vignettes) des favoris actuels apparaissent : touchez ou cliquez sur l'icône **Ajouter un Favori** dans la partie supérieure droite de la barre d'adresses.

3 Un petit panneau s'affiche, proposant un nom pour votre page et, donc, la future vignette : s'il vous convient, touchez ou cliquez directement sur **Ajouter** ; sinon, tapez d'abord l'appellation souhaitée.

4 Un nouvel onglet apparaît pour votre page. Désormais, vous n'avez plus qu'à le toucher ou à cliquer dessus pour accéder à votre page : rapide ! Et quand vous voudrez retrouver les onglets classiques des pages mémorisées par Internet Explorer, touchez ou cliquez sur l'icône **Onglets** dans la barre d'adresses.

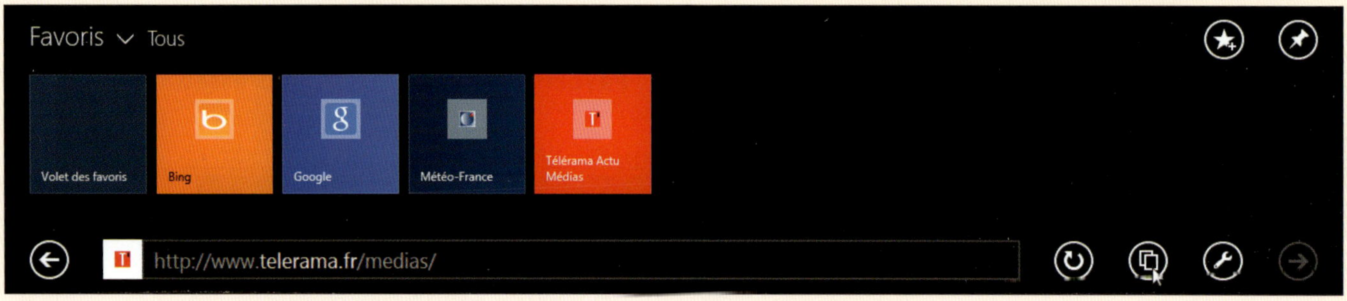

TOUT PREMIERS PAS

Épinglez une page Web à l'écran d'accueil

1 Après avoir affiché la page à épingler, regardez quels types de vignettes figurent dans la barre d'adresse : s'il s'agit des onglets classiques, touchez ou cliquez sur l'icône **Favoris** en bas à droite pour accéder aux favoris ; en revanche, si ceux-ci sont déjà visibles, passez directement à l'étape 2 (veinard !).

2 Dans la partie supérieure droite de la barre d'adresse, touchez ou cliquez sur l'icône **Épingler le site** .

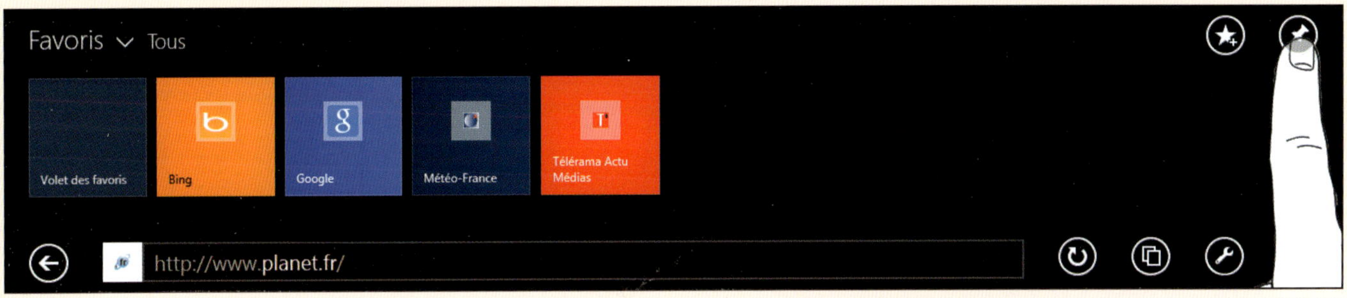

3 Selon le même principe qu'avec les favoris, un petit panneau s'affiche, proposant un nom pour votre page et, donc, la future vignette : s'il vous convient, touchez ou cliquez directement sur **Épingler à l'écran d'accueil** ; sinon, tapez d'abord l'appellation souhaitée.

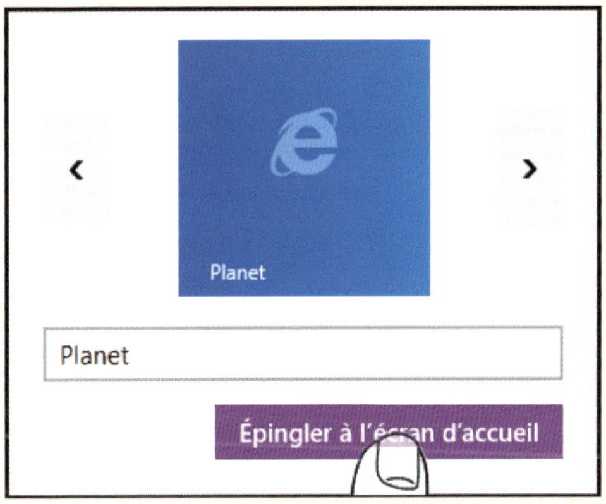

Une vignette apparaît aussitôt pour votre page dans la partie droite de l'écran d'accueil, et Internet Explorer en ajoute une dans sa barre d'adresse, avec les favoris classiques.

COUP DE POUCE !

Faites le ménage de temps en temps

Pour que votre liste de favoris soit vraiment utile, vous ne devez pas perdre de temps à chercher chaque favori que vous voulez consulter. La seule manière d'y parvenir est de ne pas laisser s'accumuler les vignettes qui ne vous servent plus, notamment parce que vous ne visitez plus la page correspondante ou que cette dernière n'existe plus.

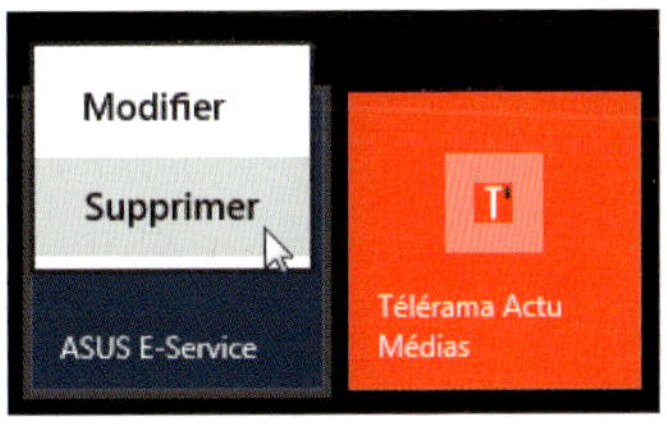

Pour supprimer une vignette de favori, donc, touchez-la longuement dans la barre d'adresse ou cliquez dessus du bouton droit ; dans le mini menu qui s'affiche, touchez ou cliquez sur **Supprimer**. Confirmez finalement votre choix en touchant ou cliquant de nouveau sur **Supprimer** dans le panneau rikiki qui apparaît, et vous aurez fait place nette !

TESTEZ-VOUS !

Avez-vous retenu les trois mots essentiels de ce chapitre ?

1

Navigateur Web

D'après vous, s'agit-il…

- **a** D'un programme conçu pour la consultation de pages Web ?
- **b** D'un outil disponible sur l'Internet et qui fournit aux marins toutes les données essentielles à leur navigation ?
- **c** D'un jeu de formation pour les candidats au permis bateau ?

2

Site Web

D'après vous, s'agit-il…

- **a** D'un lieu où sont recyclés les vieux ordinateurs ?
- **b** D'un endroit, comme un hôtel ou une gare, où vous pouvez vous connecter à l'Internet pendant vos vacances ?
- **c** D'un ensemble de pages Web liées entre elles ?

3

Barre d'adresse

D'après vous, s'agit-il…

- **a** D'un bandeau au bas d'un site Web commercial qui indique les coordonnées de l'entreprise ?
- **b** Du volet affichable à gauche dans l'écran d'accueil et qui liste les coordonnées des services d'assistance Microsoft dans le monde entier ?
- **c** De la barre au bas de la fenêtre d'Internet Explorer qui indique l'emplacement de la page Web affichée ?

Réponses : 1 : a, 2 : c, 3 : c

Chapitre

7

Goûtez aux joies de la messagerie électronique

À cent mille lieues des courriers papier, les courriers électroniques circulent à la vitesse de l'éclair, quels que soient le jour, l'heure et leur destination : rien de mieux pour bavarder et échanger des photos avec vos amis du monde entier ! Un autre outil à mettre dans votre poche très vite, donc…

Ainsi, à la fin de ce chapitre, vous saurez, entre autres :

➔ Échanger des courriels et des fichiers

➔ Protéger votre messagerie

➔ Vous créer un carnet d'adresses

Chapitre 7

Ouvrez votre cyberbureau de poste

Même si vous mourez d'envie d'échanger des **courriels** (les fameux *mails*) avec vos amis et votre famille, pas question de foncer tête baissée ! En effet, pour profiter de ce moyen de communication gratuit, rapide et utilisable 7 jours sur 7 et 24 heures sur 24, il vous faut trois choses.

- Une connexion à l'Internet : c'est chose faite depuis le chapitre 2.
- Une adresse de messagerie électronique : rien à voir avec les adresses Internet, puisque chacune débute par une partie qui désigne le propriétaire de l'adresse, suivi de l'arobase @ et, finalement, du nom du FAI ou du service de messagerie en ligne (par exemple : `sam.aubert@free.fr` ou `jjmontui@gmail.fr`). Là aussi, vous en possédez déjà une depuis le chapitre 2 : celle de votre compte Microsoft Live
- Un programme de messagerie électronique : pas besoin de courir les magasins, puisque Windows 8.1 vous livre l'application Courrier sur un plateau ! Décidément, vous êtes un chanceux !

Que votre destinataire habite à Sydney ou à côté de chez vous, que nous soyons mardi matin ou dimanche dans la nuit, et que vous ayez inclus ou non une photo, votre courriel arrive à destination en quelques instants. Et votre correspondant peut vous répondre tout aussi vite !

TOUT PREMIERS PAS

Démarrez l'application Courrier

1 Qui dit « application » dit « écran d'accueil ». Dans celui-ci, donc, touchez ou cliquez sur la vignette **Courrier**.

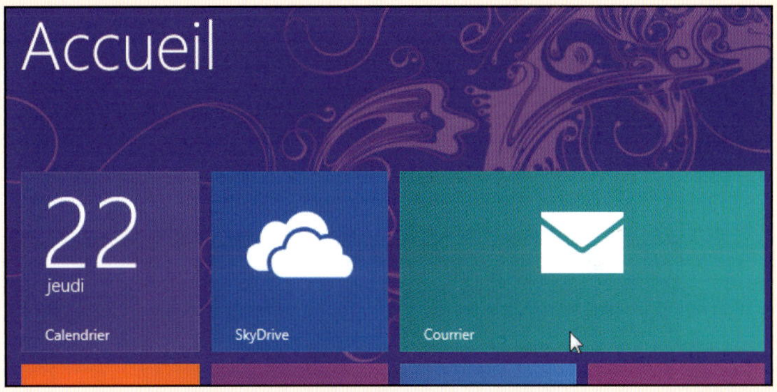

2 L'écran s'anime, mais aucune application n'apparaît à l'horizon. En fait, la première fois, vous devez d'abord montrer patte blanche.

Alors, dans les deux zones de la fenêtre **Ajouter votre compte Microsoft**, tapez l'adresse de votre compte Microsoft Live et le mot de passe associé (deux informations définies au chapitre 2), puis touchez ou cliquez sur **Enregistrer**.

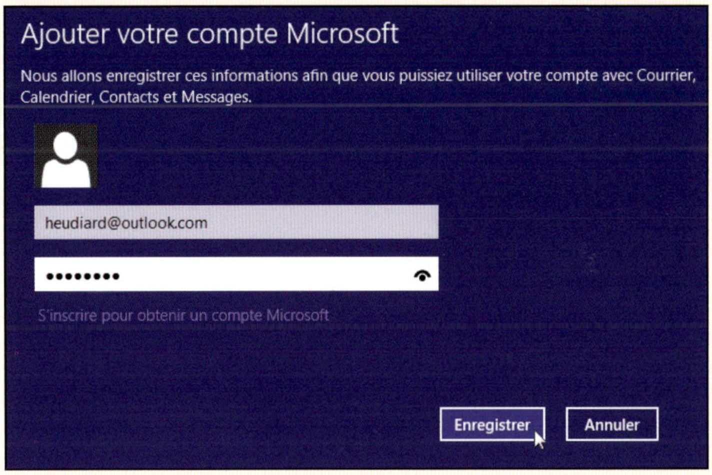

3 La fenêtre de l'application Courrier apparaît et affiche votre boîte aux lettres : parfait ! Mais avant d'agir, observez-la bien pour y prendre vos repères.

- À gauche : les dossiers qui stockent vos courriels en fonction de leur nature, et que vous découvrirez juste après ce « Tout premiers pas ». Dans l'immédiat, retenez que vous pouvez ouvrir n'importe lequel en le touchant ou en cliquant dessus, simplement.
- Au centre : les courriels contenus dans le dossier en cours. Là encore, vous n'avez qu'à toucher ou cliquer sur celui que vous voulez ouvrir !
- À droite : le contenu du courriel actuellement ouvert.

Chose promise, chose due : examinons maintenant le rôle de chaque dossier de l'application Courrier. Cela vous permettra d'être efficace dans vos échanges de courriels à la fois ici, mais aussi dans la plupart des autres programmes et sites de messagerie en ligne, car tous s'organisent sensiblement de la même manière.

- **Boîte de réception**. L'application Courrier y place tous les messages que vous recevez et qui ne constituent pas des *spams*, messages publicitaires parfois totalement fallacieux.

- **Avec indicateur**. L'application y duplique les courriels que vous avez balisés par un *indicateur*, c'est-à-dire une petite icône de drapeau, pour les repérer facilement.

- **Brouillons**. Ce dossier stocke temporairement les courriels que vous avez commencés, mais que vous ne voulez pas envoyer tout de suite, notamment pour pouvoir les relire à tête reposée.

  Pour conserver un message en cours de rédaction comme brouillon, affichez sa barre des tâches en balayant l'écran depuis son bord physique inférieur vers le haut ou en cliquant du bouton droit dans une zone vide de la fenêtre, puis touchez ou cliquez sur l'icône **Enregistrer le brouillon** au début de la barre. Et pour l'envoyer le moment venu, touchez ou cliquez sur le dossier **Brouillons** dans la colonne gauche, puis sur le courriel au centre, finalisez celui-ci et expédiez-le.

- **Messages envoyés**. L'application y conserve une copie de tous les courriels que vous avez expédiés.

- **Boîte d'envoi**. L'application y stocke temporairement les courriels finalisés qu'elle ne parvient pas à envoyer, notamment à cause d'un dysfonctionnement de votre connexion Internet.

- **Courrier indésirable**. L'application y remise tous les messages qu'elle considère comme des spams, afin que vous ne les ouvriez par mégarde ; car vous risqueriez alors d'en recevoir des dizaines d'autres et d'introduire des virus sur votre ordinateur. Mais vérifiez quand même régulièrement le contenu de ce dossier ; et si vous y trouvez un « vrai » message, déplacez-le dans la **Boîte de réception** en le faisant glisser sur ce nom dans la colonne des dossiers.

- **Messages supprimés**. L'application y déplace tous les courriels que vous effacez dans les autres dossiers, vous permettant ainsi de les récupérer si nécessaire.

COUP DE POUCE !

Ne négligez pas votre FAI

Au moment de souscrire un abonnement auprès de votre fournisseur d'accès Internet, celui-ci vous a créé une adresse de messagerie et fourni le mot de passe associé. Bien que vous ayez déjà intégré votre compte Microsoft Live à l'application Courrier, rien ne vous oblige à lui laisser le monopole !

D'ailleurs, je vous conseille même d'utiliser les deux, en réservant celle de votre compte Microsoft à vos activités sur le Web et dans le Nuage (comme l'achat de chansons depuis l'application Musique), et celle de votre FAI à vos échanges avec vos amis, votre famille, des administrations, votre banque, *etc.* Pour ce faire, vous devez juste vous configurer un second compte de messagerie.

Commencez par balayer l'écran vers la gauche depuis son bord droit physique, ou par pointer son angle inférieur droit pour afficher la barre des contrôles. Au bas de celle-ci, touchez ou cliquez sur l'icône **Paramètres**, puis successivement sur **Comptes** (en haut du panneau **Paramètres**), sur **Ajouter un compte** (dans le panneau **Comptes**) et sur le nom de votre fournisseur d'accès Internet (dans le panneau **Ajouter un compte**). Tapez finalement l'**Adresse de messagerie** que vous a allouée votre FAI et le **Mot de passe** associé, puis touchez ou cliquez sur **Connecter**.

Vous disposez désormais de deux comptes et, par conséquent, de deux adresses pour échanger des courriels au moyen de l'application Courrier. Tous deux apparaissent dans l'angle inférieur gauche de la fenêtre : vous n'avez donc plus qu'à toucher ou cliquer sur celui que vous voulez utiliser avant d'envoyer un courriel ou de consulter vos messages, par exemple.

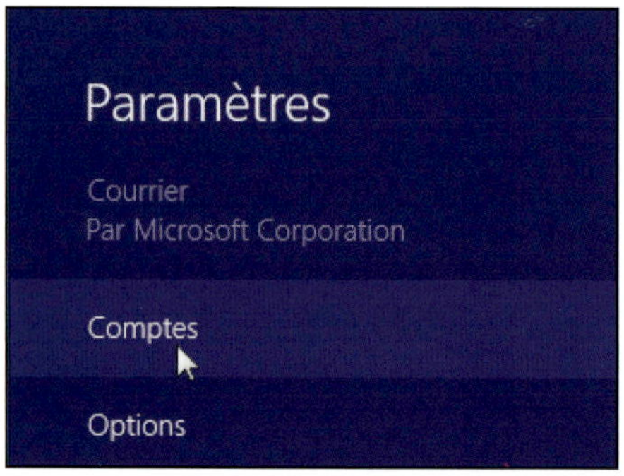

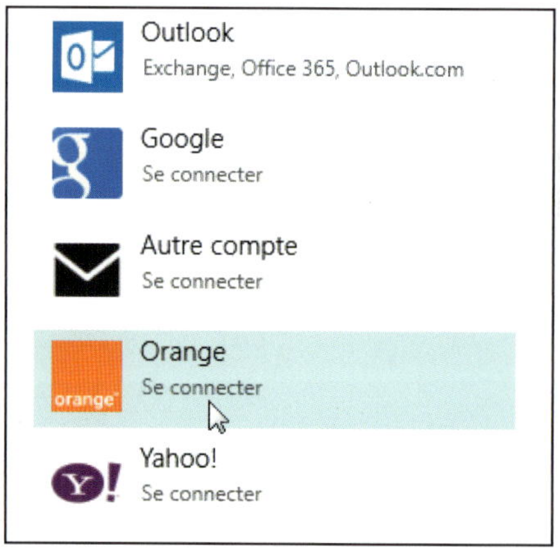

Engagez et alimentez les conversations

Avec les courriels, finies les contraintes d'enveloppes, d'affranchissement et d'acheminement : liberté et instantanéité deviennent les deux maîtres mots. Et au final, bien sûr, que du bonheur ! Alors, entrons tout de suite dans la valse des courriels.

TOUT PREMIERS PAS

Envoyez un courriel

1 Dans l'angle supérieur droit de l'application Courrier, touchez ou cliquez sur l'icône **Nouveau** (+).

2 La fenêtre d'un nouveau message s'affiche ; dans la zone **À**, dans la colonne gauche, tapez l'adresse du destinataire. (À titre d'essai, vous pouvez saisir la vôtre : ainsi, vous saurez immédiatement si vous avez réussi et si l'application Courrier fonctionne correctement !)

Par chance, par la suite, vous échapperez souvent à cette saisie fastidieuse. En effet, dès que vous vous serez créé un carnet d'adresses dans l'application Contacts (comme nous le verrons à la fin de ce chapitre), l'application Courrier pourra y récupérer l'adresse de vos correspondants réguliers et vous proposer la bonne dès que vous commencez à taper le prénom de la personne dans la zone **À** : vous n'aurez plus alors qu'à la toucher ou à cliquer dessus !

3 Basculez maintenant dans la partie droite de la fenêtre et touchez ou cliquez sur **Ajouter un objet**, puis tapez le sujet de votre message. Pour qu'il retienne l'attention de votre correspondant, essayez d'être bref mais explicite.

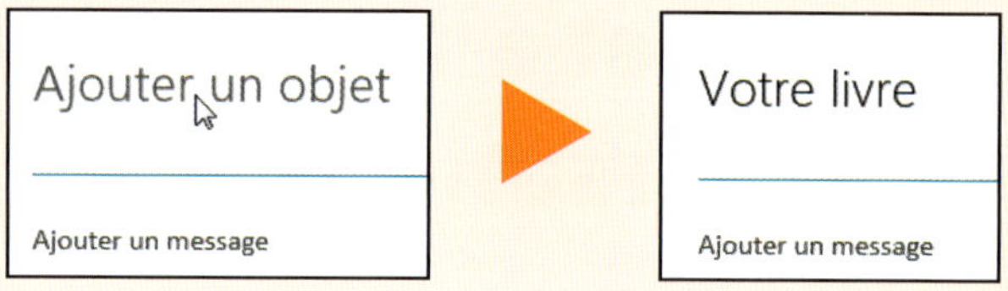

4 Toujours dans la partie droite de la fenêtre, touchez ou cliquez sur **Ajouter un message**, et tapez le texte à envoyer. Même si vous n'avez pas besoin d'être aussi rigoureux que dans un courrier papier, restez-le suffisamment : commencez par un petit bonjour, créez des retours à la ligne avec la touche **Entrée**, signez... et évitez les fautes de frappe et d'orthographe !

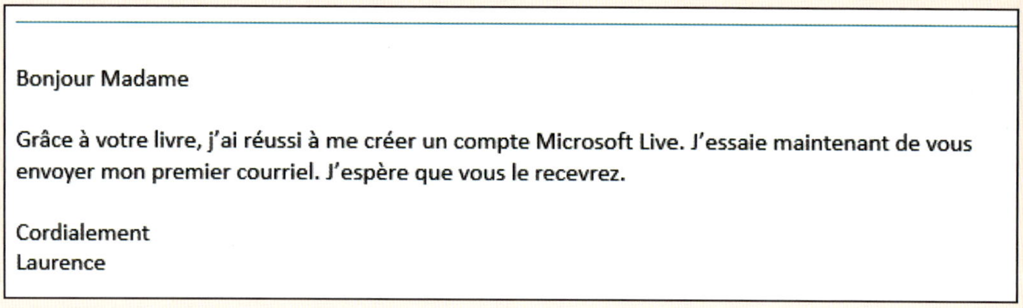

5 Touchez ou cliquez sur l'icône **Envoyer**, en haut à droite.

L'application Courrier expédie votre message et en place une copie dans le dossier **Messages envoyés** (vous pouvez d'ailleurs toucher ou cliquer sur celui-ci si vous voulez vous en assurer !).

COUP DE POUCE !

Écrivez à plusieurs personnes en même temps

Pour envoyer le même courriel à plusieurs personnes, pas besoin d'en faire des photocopies ni de glisser chacune d'elles dans une enveloppe timbrée : créez le message, indiquez tous les destinataires à l'application Courrier, et c'est elle qui se chargera d'expédier un exemplaire à chaque personne spécifiée. Deux types d'adressages s'offrent à vous.

- Si le courriel concerne tous les destinataires au même chef, par exemple parce qu'il s'agit d'une invitation à un anniversaire, tapez l'adresse du premier dans la zone **À**, puis appuyez sur la touche du point-virgule au clavier. Aucun signe de ponctuation n'apparaît, mais la première adresse tapée se dote d'un fond bleu : tapez l'adresse du deuxième destinataire, et ainsi de suite.
- Si le message concerne quelqu'un de précis, mais si vous voulez qu'une autre personne en ait aussi connaissance, tapez l'adresse du premier dans la zone **À**, et celle de la seconde dans la zone **Cc** (Copie conforme). Par exemple, pour vous renseigner sur un hôtel où vous logerez avec un ami, tapez l'adresse de l'établissement dans la zone **À**, et celle de votre copain dans la zone **Cc** ; ainsi, il recevra une copie de votre courriel sans écrire lui-même !

TOUT PREMIERS PAS

Relevez votre courrier

1 Véritable mère poule, l'application Courrier contrôle en permanence si vous avez reçu de nouveaux messages.

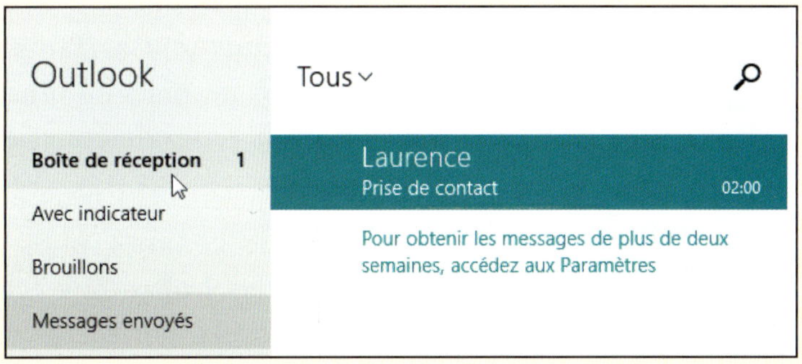

Le cas échéant, elle indique leur nombre dans l'angle inférieur droit de sa vignette dans l'écran d'accueil et les transfère dans votre **Boîte de réception** ; ce nom apparaît alors sur un fond coloré dans la colonne des dossiers, suivi du nombre de courriels reçus. Pour accéder à ceux-ci, touchez ou cliquez sur **Boîte de réception** si ce dossier n'est pas déjà ouvert.

2 Les messages fraîchement arrivés apparaissent dans la colonne centrale, inscrits en caractères plus épais : touchez ou cliquez sur celui que vous voulez lire.

3 Le contenu du courriel s'affiche dans la colonne droite : prenez-en connaissance, puis répétez l'étape 2 pour tout autre message reçu.

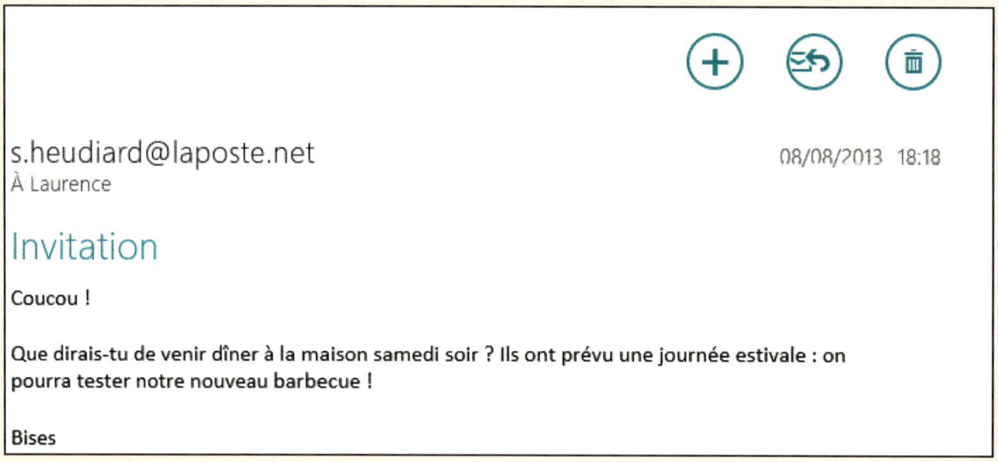

Facile, n'est-ce pas ? Seulement, attention, car les prospectus publicitaires n'encombrent pas que votre vraie boîte aux lettres : vous en recevez aussi une grande quantité sous forme électronique. Et malheureusement, non seulement certains menacent directement la sécurité de votre ordinateur, mais en plus, ils ne sont pas les seuls messages nuisibles. Voici les trois types de courriels dont vous devez vous méfier.

- Les **canulars (ou hoax)**. Les plus anodins des messages déplaisants, puisqu'ils sont certes gênants, mais absolument inoffensifs : leur seul but est de polluer les boîtes aux lettres. Pour ce faire, ils véhiculent de fausses informations alarmistes, comme la disparition d'un enfant ou l'existence d'un virus ultra dangereux, et incitent fortement les destinataires à les transmettre à un maximum de gens.

Ne vous laissez pas piéger et supprimez-les sans délai en les touchant ou en cliquant dessus, puis sur l'icône **Supprimer** en haut à droite. Et si vous avez le moindre doute, consultez le site Hoaxbuster www.hoaxbuster.com qui répertorie tous les canulars en circulation.

Des canulars inoffensifs aux redoutables tentatives de hameçonnage, en passant par les tristement célèbres spams, votre boîte aux lettres électronique est quotidiennement exposée aux courriels préjudiciables.

- Les **spams (ou pourriels)** : le message publicitaire par excellence ! Certains sont juste gênants, mais d'autres franchement dangereux, car ils contiennent des virus. En principe, l'application Courrier les identifie et les transfère dans le dossier **Courrier indésirable**. Sinon, aucun état d'âme à avoir : supprimez immédiatement tous les courriels avec un objet publicitaire qui arrivent dans votre **Boîte de réception**.

  Et si vous en ouvrez un par mégarde, surtout, ne touchez ni cliquez jamais sur des liens qu'il renferme, et encore moins sur d'éventuels fichiers qui y seraient joints. Au mieux, vous susciteriez d'autres spams du même expéditeur ; au pire, vous infecteriez votre ordinateur.

- Les **courriels pratiquant l'hameçonnage (ou phishing)** : les plus dangereux et vicieux de tous, car ils semblent émaner d'un organisme reconnu, comme votre banque, alors qu'en fait, ils sont envoyés par des escrocs qui cherchent à récupérer des informations confidentielles, comme votre numéro de compte et le code confidentiel associé. Là non plus, pas de quartier : supprimez-les illico presto !

TOUT PREMIERS PAS

Répondez à un courriel

1 Pour répondre à un courriel, pas besoin d'en créer un nouveau de toutes pièces : après avoir ouvert ce message, touchez ou cliquez sur l'icône **Répondre**, en haut à droite, puis sur **Répondre**.

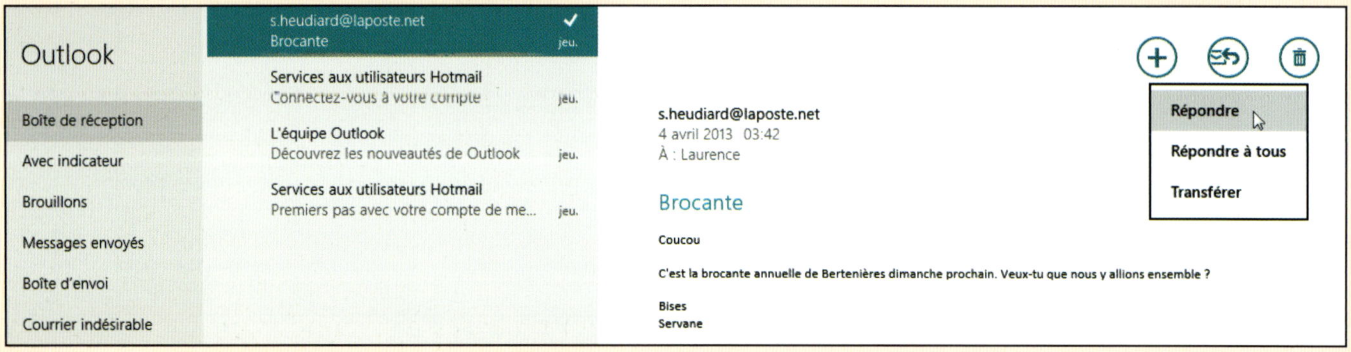

2 La fenêtre d'un nouveau message apparaît, mais là aussi, l'application Courrier est une vraie mère poule, puisqu'elle y a déjà inclus trois éléments : l'adresse du destinataire dans la zone **À**, le sujet du courriel initial, précédé de l'abréviation « RE » (comme « Répondre ») dans la zone **Objet**, et le contenu du courriel de départ dans la zone principale. De quoi vous alléger la tâche et permettre à votre correspondant d'identifier facilement ce à quoi se réfère votre message !

Il ne vous reste donc plus qu'à accomplir votre petite part du travail : si le point d'insertion clignote déjà au-dessous de l'objet, tapez directement votre réponse ; sinon, touchez ou cliquez d'abord sur **Ajouter un message**.

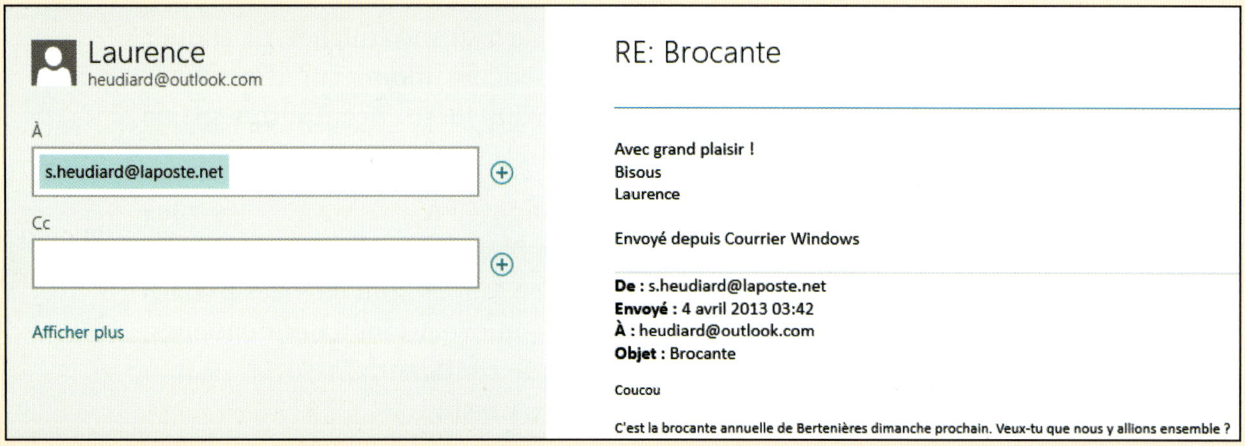

3 Expédiez le tout en touchant ou cliquant sur l'icône **Envoyer**, en haut à droite.

Et tant que nous y sommes, notez comment transférer un courriel, car la procédure est presque identique : si vous avez reçu une histoire drôle ou une jolie photo que vous voulez transmettre à un ami, par exemple, touchez ou cliquez, là aussi, sur l'icône **Répondre**, puis sur **Transférer**.

Un nouveau message apparaît, déjà doté du même objet que le courriel reçu (mais précédé de *Fw*, abréviation anglo-saxonne de « transférer ») et incluant le contenu du message original : tapez l'adresse du nouveau destinataire, éventuellement un petit mot d'accompagnement au-dessus du texte transféré en touchant ou cliquant au préalable sur **Ajouter un message**, et touchez ou cliquez sur l'icône **Envoyer**.

Après avoir envoyé des messages, reçu des réponses et répondu vous-même, vous constaterez que tous les courriels qui comportent le même objet se retrouvent réunis sous un seul message d'en-tête : c'est ce que l'on appelle les **conversations**.

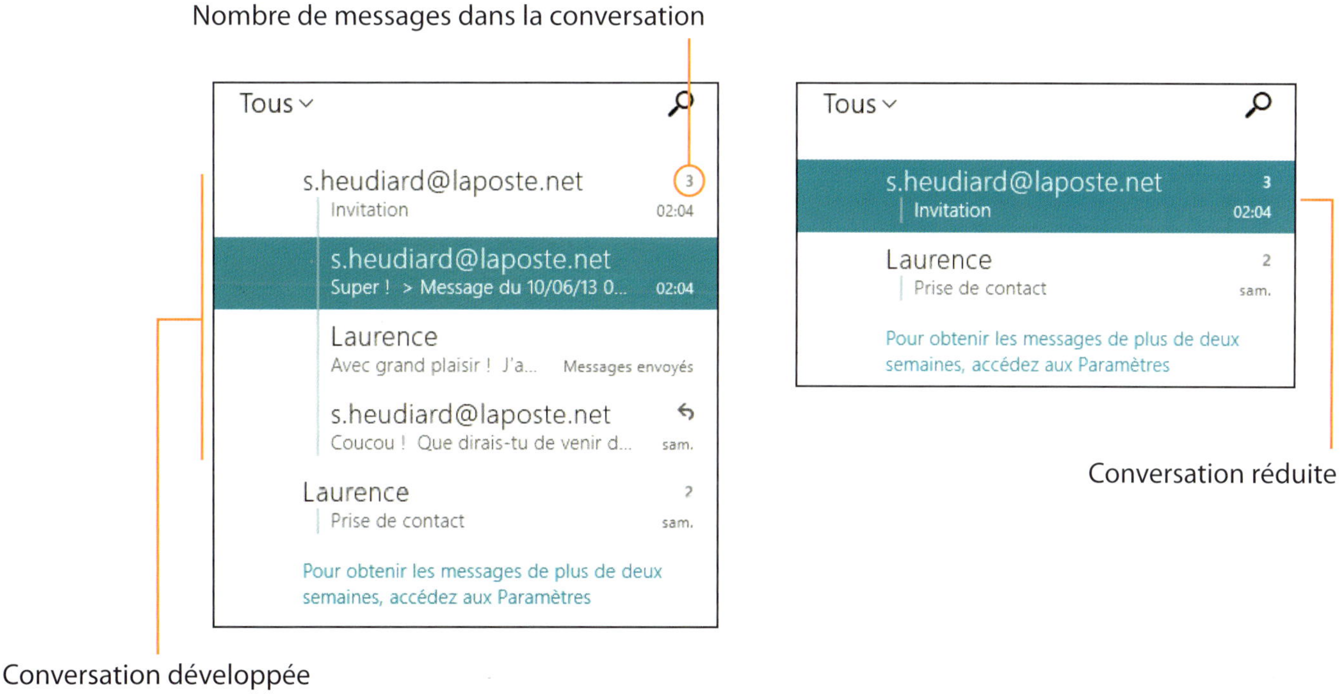

Mais ce mode de gestion vous est peut-être déjà familier, car appliqué à vos textos sur votre mobile. Sinon, sachez que les conversations permettent de suivre plus facilement les échanges et, surtout, d'alléger l'affichage en ne laissant apparaître que l'en-tête : il suffit de toucher celui-ci ou de cliquer dessus pour successivement masquer et réafficher tous les courriels associés.

COUP DE POUCE !

Faites le ménage

À moins d'être vraiment très peu loquace, vous verrez la quantité de messages grandir à vue d'œil au fil des jours : messages reçus, copies de courriels envoyés, spams éliminés, *etc.* N'attendez surtout pas : dès que vous repérez un message à ne pas garder, supprimez-le en le touchant ou en cliquant dessus, puis sur l'icône **Supprimer**. Et chaque jour, passez en revue vos différents dossiers de messagerie pour en effacer les courriels inutiles.

Tous se retrouvent alors dans le dossier **Messages supprimés**, que vous devez, lui aussi, vider de temps en temps (comme une poubelle !). Pour ce faire, affichez la barre des tâches en balayant l'écran depuis son bord physique inférieur vers le haut ou en cliquant du bouton droit dans la fenêtre, puis touchez ou cliquez successivement sur l'icône **Options de dossier** et sur **Vider le dossier**.

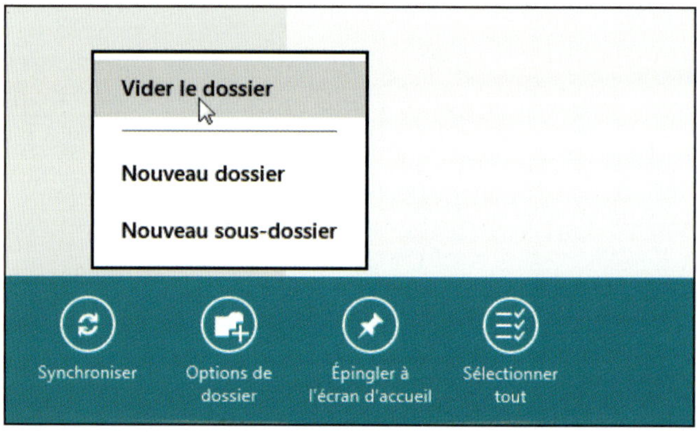

Partagez plus que de simples propos

Les courriels ne sont pas qu'un formidable outil de bavardage : ils vous permettent aussi d'échanger toutes sortes de fichiers (photos, documents, vidéos, *etc.*). Et sans la moindre difficulté, puisque la préparation et l'envoi du message ne prennent que quelques secondes de plus !

En effet, vous devez juste **joindre** le fichier au courriel, c'est-à-dire l'y associer. Et à votre tour, vous pouvez à tout moment recevoir des **pièces jointes**. Avec un bonus : la possibilité de garder les fichiers reçus sur votre ordinateur sans pour autant conserver le message. Pratique !

TOUT PREMIERS PAS

Envoyez un fichier

1 Créez le courriel auquel vous voulez joindre un fichier, puis touchez ou cliquez sur l'icône de trombone en haut à droite.

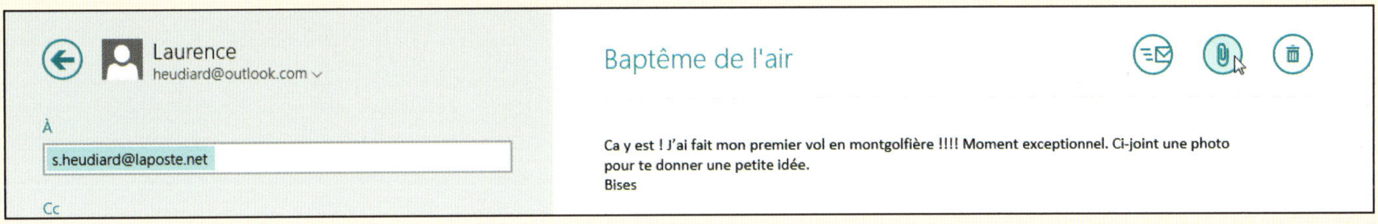

2 Comme ce sont des photos que vous enverrez sans doute le plus souvent, l'application Courrier ouvre directement votre bibliothèque **Images**.

- Si vous souhaitez effectivement envoyer un cliché et s'il est déjà visible, touchez-le ou cliquez dessus. En revanche, s'il est stocké dans un sous-dossier, touchez ou cliquez d'abord sur celui-ci dans la partie gauche de la fenêtre.
- Si vous voulez envoyer un autre type de fichier, touchez ou cliquez sur le gros mot **Fichiers**, puis naviguez jusqu'à la bibliothèque ou au dossier qui contient votre précieux fichier. (Utilisez aussi cette méthode pour accéder à la bibliothèque **Images** si l'application ne l'avait pas déjà ouverte.)

3 Une coche apparaît à droite du nom du fichier sélectionné, et une miniature de celui-ci s'affiche dans la partie inférieure gauche de la fenêtre : complétement à droite, touchez ou cliquez sur **Joindre**.

4 Retour à votre message, maintenant enrichi d'une miniature de votre fichier au-dessous de l'objet : il est bien joint au courriel ! Vous n'avez plus qu'à expédier le tout en touchant ou cliquant sur l'icône **Envoyer**, en haut à droite.

COUP DE POUCE !

Un petit smiley plutôt qu'un long discours

Concurrençant le clavier tactile, l'application Courrier propose des dizaines de smileys pour exprimer facilement toutes sortes de sentiments.

Pour en insérer un dans un courriel, affichez la barre des tâches de celui-ci en cliquant du bouton droit dans sa zone principale ou en balayant l'écran vers le haut depuis son bord physique inférieur, puis touchez ou cliquez sur l'icône **Émoticônes**. Un grand panneau de trombines apparaît à gauche : vous n'avez plus qu'à toucher ou cliquer sur l'heureuse élue !

TOUT PREMIERS PAS

Consultez les pièces jointes de vos courriels

1 Impossible de rater les messages avec une pièce jointe, puisqu'ils apparaissent tous dans la colonne centrale de la fenêtre avec une petite icône de trombone à côté du nom de leur expéditeur ! Alors, touchez ou cliquez sur celui que vous voulez ouvrir.

2 Comme d'habitude, le contenu du message s'affiche dans la colonne droite. Seulement, ici, il ne s'agit pas d'un simple texte : juste au-dessous de l'objet figure, en plus, une icône accompagnée de diverses informations et, surtout, d'un lien **Télécharger**. Touchez ou cliquez sur celui-ci pour transférer le fichier sur votre ordinateur.

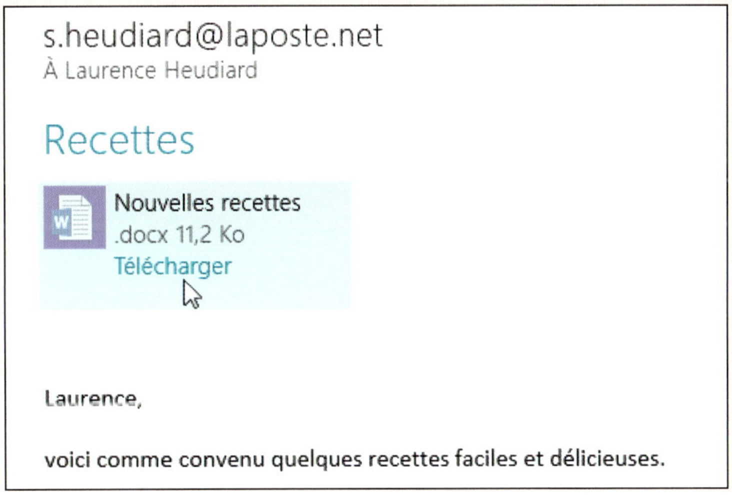

3 Une miniature de la photo ou du type de fichier apparaît : touchez ou cliquez dessus, puis sur **Ouvrir**.

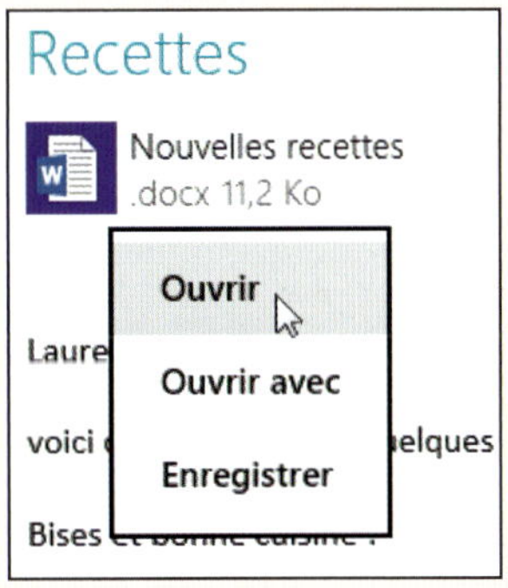

4 L'application ou le programme adapté(e) à la lecture du fichier démarre et affiche celui-ci : prenez-en connaissance. Mais ne vous étonnez pas si tout semble bloqué : dans certains cas, comme celui de documents, vous devez d'abord toucher ou cliquer sur le bouton **Activer la modification** dans la barre jaune en haut de la fenêtre pour pouvoir faire quoi que ce soit de votre fichier. L'application vise ainsi à protéger votre ordinateur contre des fichiers qui seraient infectés par des virus.

Après avoir terminé, fermez la fenêtre en la faisant glisser vers le bas ou en cliquant sur son bouton ×, selon qu'il s'agit d'une application ou d'un programme.

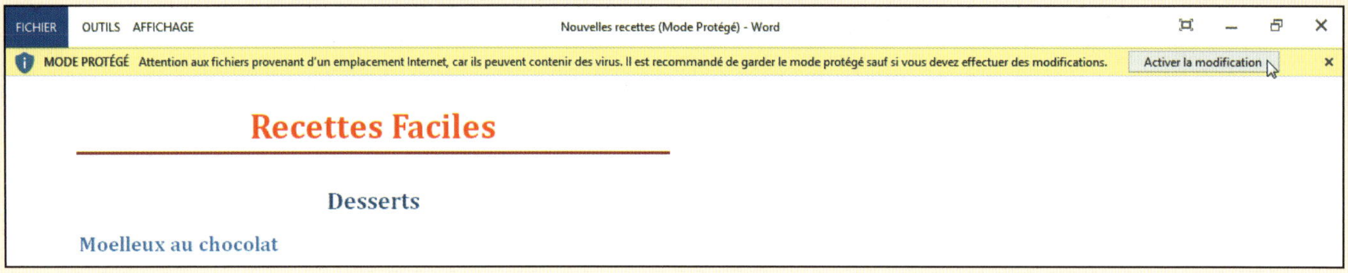

COUP DE POUCE !

Conservez les fichiers reçus

Si votre fille vous envoie une photo de votre petit-fils ou si un site marchand vous adresse une facture, vous voudrez sans doute garder le cliché ou le document : enregistrez-le alors sur votre ordinateur. Ainsi, vous pourrez ensuite supprimer le courriel tout en gardant un accès permanent à ce qui était sa pièce jointe.

Répétez les étapes 1 à 3 du « Tout premiers pas » précédent, mais en choisissant **Enregistrer** à l'étape 3. Une fenêtre à l'organisation familière apparaît.

- Si vous voulez stocker le fichier à l'emplacement déjà ouvert, tapez directement un nom pour lui au bas de la fenêtre (à moins que l'appellation proposée ne vous convienne, bien sûr !), et touchez ou cliquez sur **Enregistrer**.
- Sinon, touchez ou cliquez sur **Fichiers**, puis sur la bibliothèque où stocker le fichier et, s'il y a lieu, sur le sous-dossier requis. Ensuite, seulement, tapez éventuellement un nouveau nom et touchez ou cliquez sur **Enregistrer**.

Soyez plus efficace grâce à un carnet d'adresses

L'application Courrier ne pourra vraiment vous donner le meilleur d'elle-même qu'avec sa plus fidèle associée : l'application Contacts.

En effet, à l'instar d'un vrai carnet d'adresses, celle-ci vous permet de consigner les coordonnées (nom, prénom, téléphone, *etc.*, et, surtout, adresse de messagerie) de vos correspondants. Ces personnes deviennent alors vos **contacts** et, à partir de ce moment-là, vous n'avez plus besoin de taper leur adresse quand vous leur envoyez un courriel : il suffit de toucher ou cliquer sur leur nom.

TOUT PREMIERS PAS

Créez-vous un carnet d'adresses

1 Pour démarrer l'application Contacts, cliquez tout naturellement sur la vignette **Contacts** dans l'écran d'accueil.

2 L'application Contacts s'ouvre et, miracle du Nuage, affiche d'ores et déjà tout contact associé aux comptes intégrés à l'application Courrier. Elle vous propose également d'intégrer en plus les contacts que vous pourriez avoir sur des réseaux sociaux comme Facebook ou Twitter : intéressant, forcément, mais un peu prématuré. Pour l'instant, tenons-nous-en à l'enregistrement classique de nouveaux contacts.

Donc balayez l'écran depuis son bord physique inférieur vers le haut ou cliquez du bouton droit dans la fenêtre pour afficher la barre des tâches, puis touchez ou cliquez sur l'icône **Nouveau contact** à la fin de cette barre.

3 Un formulaire dédié à la saisie de différents renseignements sur votre contact apparaît : tapez les informations souhaitées, en renseignant bien sûr au moins les zones **Nom** et **Courrier électronique**.

4 Touchez ou cliquez finalement sur l'icône **Enregistrer** en haut à droite.

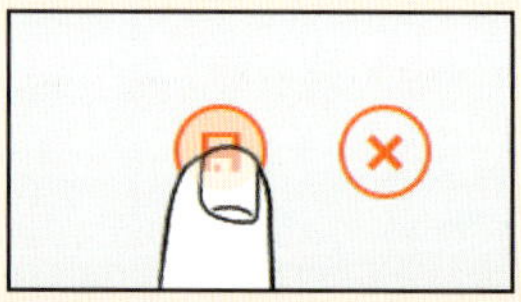

5 La fiche du nouveau contact apparaît : mission réussie !

Mais vous avez sans doute bien d'autres personnes dont vous souhaitez enregistrer les coordonnées. Alors, touchez ou cliquez sur la flèche ⊖ devant le nom du contact actuel pour revenir à votre carnet d'adresses et répétez les étapes 2 à 4 autant de fois que nécessaires, jusqu'à avoir consigné tous vos correspondants réguliers.

COUP DE POUCE !

Gardez votre carnet d'adresses à jour

Pour être vraiment utile, votre carnet d'adresses doit être actualisé dès que l'un de vos contacts change d'adresse ou que vous ne voulez plus entendre parler de lui. Quand vous devez agir en ce sens, donc, touchez ou cliquez sur le nom de la personne concernée pour accéder de nouveau à sa fiche.

Ensuite, cliquez dedans du bouton droit ou balayez l'écran vers le haut depuis son bord inférieur pour afficher la barre des tâches, puis touchez ou cliquez sur l'icône correspondant à la tâche à accomplir et agissez en conséquence.

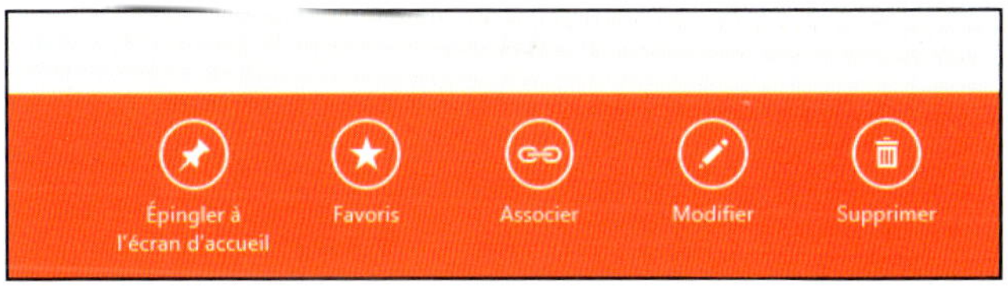

✓ TESTEZ-VOUS !

Avez-vous retenu les trois mots essentiels de ce chapitre ?

1

Boîte de réception

D'après vous, s'agit-il…

- **a** D'une agence événementielle qui organise de nombreux événements informatiques ?
- **b** Du dossier de messagerie où arrivent les courriels qui vous sont envoyés ?
- **c** Du dossier de Windows 8.1 où sont conservés les fichiers effacés ?

2

Spam

D'après vous, s'agit-il…

- **a** D'un message publicitaire, parfois dangereux ?
- **b** Du Service de Protection des Adultes et des Mineurs ?
- **c** D'un courriel que vous envoyez en même temps à plusieurs personnes ?

3

Pièce jointe

D'après vous, s'agit-il…

- **a** D'un accessoire complémentaire, livré avec votre box et dédié à la messagerie électronique ?
- **b** De l'icône d'euro qui apparaît à côté de l'objet des courriels commerciaux ?
- **c** D'un fichier envoyé en même temps qu'un courriel, comme si celui-ci était son enveloppe ?

Réponses : 1 : b, 2 : a, 3 : c

Chapitre

8

Photo, musique ou vidéo ? Les trois !

L'Internet donne des ailes au multimédia : pas étonnant, donc, que Windows 8.1 prévoie pas moins de trois applications pour en profiter. Que vous ayez l'âme d'un photographe, la fibre musicale ou une passion pour le septième art, vous serez comblé !

Ainsi, à la fin de ce chapitre, vous saurez, entre autres :

→ Copier et exploiter vos photos sur votre ordinateur

→ Écouter et télécharger de la musique

→ Regarder et acheter des films

Vos photos à l'honneur

Qu'il est loin le temps des photos sur pellicule et des contraintes qu'elles imposaient ! Aujourd'hui, vous photographiez en numérique avec votre appareil photo, votre caméscope ou votre mobile, en profitant d'une souplesse extraordinaire. Par exemple, vous pouvez visionner vos clichés aussitôt après les avoir pris et supprimer ceux qui sont ratés, sans gaspiller un seul centime d'euro.

Et de retour chez vous, quelques instants suffisent pour copier vos prises de vue sur votre ordinateur, afin de pouvoir les apprécier pleinement, corriger leurs petits défauts, les joindre à un courriel, ou que sais-je. Windows 8.1 inclut à cette fin l'application Photos. Même si ses fonctionnalités sont assez limitées, elle vous permettra d'accomplir les premières actions essentielles.

TOUT PREMIERS PAS

Copiez vos photos numériques sur votre ordinateur

1 La première action à accomplir dépend de votre équipement.

- Si votre appareil photo numérique (APN) ou votre mobile est compatible avec le Wi-Fi, allumez-le, simplement, et patientez le temps que votre ordinateur le détecte et s'y connecte.
- Si votre ordinateur est doté d'un lecteur de cartes mémoire adapté (soit intégré, soit amovible et alors branché sur une prise USB, marquée du symbole ⭠), insérez la carte de votre APN dedans.
- Et si ces deux méthodes font chou blanc, branchez votre APN ou votre mobile sur une prise USB de votre ordinateur grâce au câble fourni avec l'appareil, allumez celui-ci et basculez-le en mode Lecture. Attention, toutefois : avec certains téléphones, vous devrez installer au préalable un petit programme fourni avec lui ou disponible sur le site Web de son fabricant.

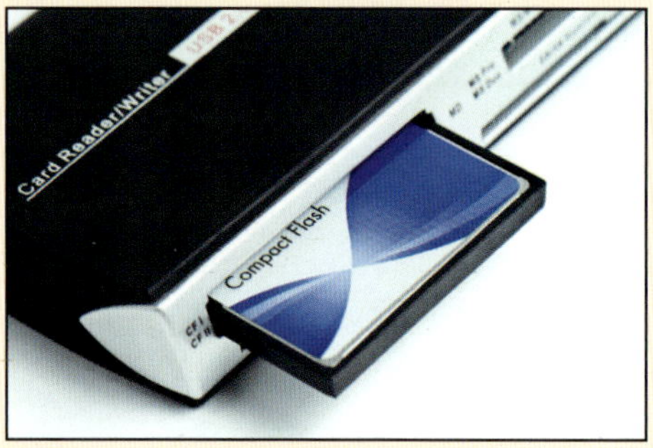

2 Dès que votre ordinateur détecte la carte mémoire, votre APN ou votre mobile, il affiche une infobulle dans l'angle supérieur droit pour vous permettre d'accéder directement à la liste des tâches réalisables à partir de ce nouveau support : touchez-la ou cliquez dessus.

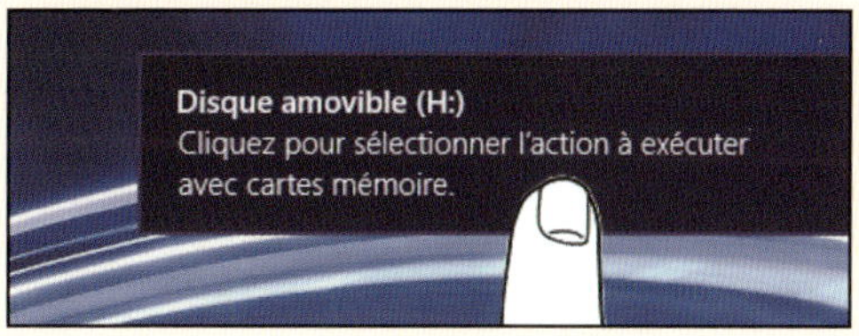

3 Un panneau apparaît et propose différentes actions possibles : puisque l'objectif est de copier vos clichés sur votre ordinateur grâce à l'application Photos, touchez ou cliquez sur **Importer des photos et des vidéos**.

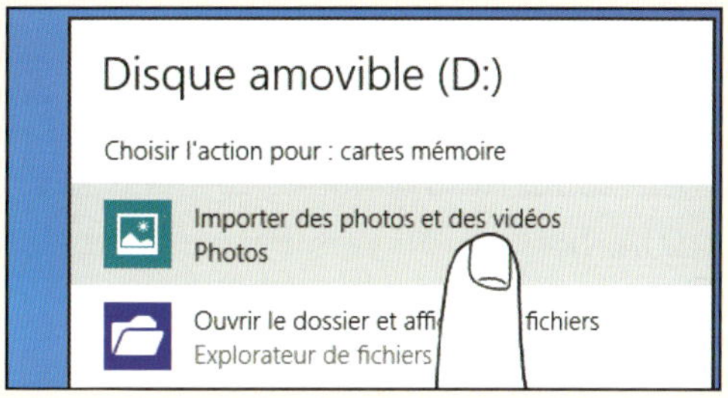

4 L'application Photos démarre et affiche tous les clichés stockés sur la carte mémoire. Pour vous faire gagner du temps, elle les a même déjà sélectionnés, comme le montre la coche dans l'angle supérieur droit de leur vignette : vous n'avez donc plus qu'à toucher ou cliquer sur **Importer** pour les copier sur votre ordinateur ! Néanmoins, si vous ne voulez pas transférer l'ensemble des photos, vous pouvez toujours en exclure certaines en touchant ou cliquant sur leur miniature, afin de les décocher.

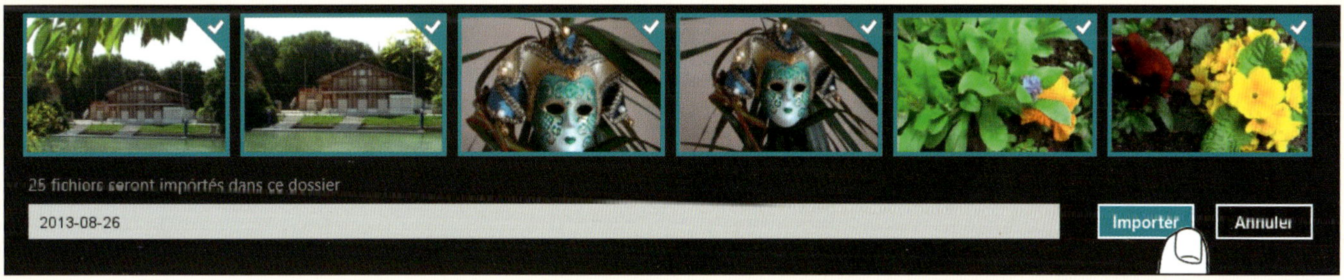

5 L'application Photos crée un nouveau dossier dans la bibliothèque **Images**, lui donne comme nom la date d'aujourd'hui et y copie tous les clichés sélectionnés à l'étape 4. Une fois qu'elle a terminé, elle vous en informe : touchez ou cliquez sur **Ouvrir le dossier** pour accéder immédiatement aux photos désormais stockées sur votre ordinateur.

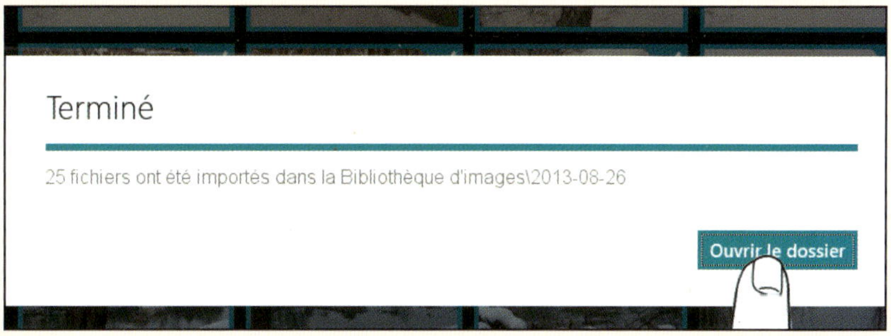

Les premières d'entre elles apparaissent effectivement ; pour les regarder, passez directement à l'étape 2 du prochain « Tout premiers pas ».

TOUT PREMIERS PAS

Regardez vos photos

1 L'application Photos n'est pas juste là pour copier vos clichés sur votre ordinateur : elle a tout prévu pour vous permettre de les visionner en toute convivialité. D'ailleurs, elle commence la projection dès l'écran d'accueil, puisque sa vignette change régulièrement d'apparence, affichant successivement toutes les illustrations stockées dans la bibliothèque **Images**.

Sans vous laisser déconcentrer, touchez ou cliquez sur cette vignette. Sauf si vous venez de réaliser le « Tout premiers pas » précédent, bien sûr ! Car dans ce cas, l'application Photos démarre automatiquement et affiche sans attendre vos nouvelles prises de vue. Super !

2 Le contenu de la bibliothèque **Images** apparaît. Si celle-ci renferme des dossiers, ils apparaissent dans la partie gauche : vous pouvez alors ouvrir n'importe lequel d'entre eux pour accéder à ses photos en le touchant ou en cliquant dessus, simplement.

Dans tous les cas, les clichés ou dessins stockés à l'endroit actuellement ouvert (la bibliothèque **Images** ou un dossier, donc) sont proposés sous la forme de vignettes : touchez ou cliquez sur celui que vous souhaitez admirer pour l'afficher en plein écran. (Et si la photo convoitée n'est pas visible, faites défiler les vignettes en effectuant un balayage latéral ou en utilisant la barre de défilement qui apparaît au bas de la fenêtre dès que vous bougez la souris.)

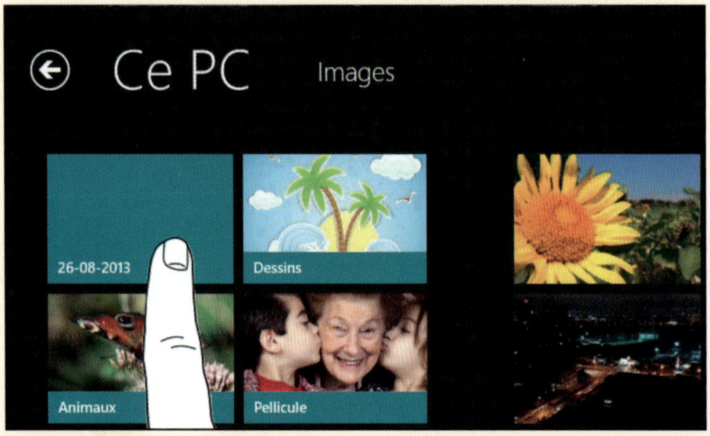

3 La photo investit tout l'écran : superbe ! Mais vous n'allez pas en rester là ! Pour admirer la suivante (ou la précédente), balayez l'écran vers la gauche (ou la droite), ou bougez la souris et cliquez sur la flèche latérale (ou) apparue sur le côté de l'écran.

4 Après avoir visionné les clichés souhaités, vous pouvez revenir aux vignettes soit en pinçant l'écran, soit en touchant ou cliquant dans le cliché, puis sur la flèche apparue en haut à gauche.

À moins que vous ne vouliez vous offrir une seconde séance photos entièrement automatisée ? Dans ce cas, déclenchez un *diaporama* ! Affichez la barre des tâches en balayant l'écran vers le haut depuis son bord physique inférieur ou en cliquant du bouton droit dans la fenêtre, puis touchez ou cliquez sur l'icône **Diaporama** . Ensuite, savourez le spectacle ! Et quand vous voudrez l'arrêter, appuyez sur la touche **Echap** dans l'angle supérieur gauche du clavier.

Echap

Et si vous aviez besoin d'intervenir sur vos photos ? Par exemple, imaginez la Tour Eiffel transformée en Tour de Pise parce que votre cliché apparaîtrait à l'horizontale au lieu de la verticale ! Ou un cliché dont le sujet serait perdu devant un immense arrière-plan sans intérêt particulier... Dans les deux cas (et d'autres !), l'application Photos vous permet de faire le nécessaire.

Au départ, vous devez juste afficher la barre des tâches en balayant l'écran depuis son bord physique inférieur ou en cliquant du bouton droit dans la prise de vue. Ensuite, exécutez la commande adaptée. Par exemple, touchez ou cliquez sur l'icône **Faire pivoter** pour orienter correctement un cliché qui ne le serait pas, ou sur l'icône **Rogner** pour éliminer des parties périphériques superflues de la photo (c'est-à-dire, techniquement, la *rogner* ou *recadrer*) et redonner toute sa valeur au sujet.

Et si vous tombez en admiration devant un cliché, pourquoi ne pas en faire votre nouveau décor pour l'écran de verrouillage qui vous accueille à chaque démarrage de Windows ? Il suffit de toucher ou cliquer sur l'icône **Définir comme** , puis sur **Écran de verrouillage**.

Ici, je définis la photo comme nouvel arrière-plan pour l'écran de verrouillage.

L'application Photos n'offre que quelques commandes pour manipuler vos clichés, toutes accessibles depuis la barre des tâches et pour la plupart très utiles.

Ici, je recadre la photo : après avoir touché ou cliqué sur l'icône, j'ajuste le cadre qui entoure la zone à conserver en faisant glisser les ronds (des *poignées*) dans ses angles, puis je valide en touchant ou cliquant sur l'icône **Appliquer**.

Bref, vous n'êtes pas totalement démuni quand vous avez besoin d'agir sur une photo. D'ailleurs, souvenez-vous que vous pouvez aussi envoyer un cliché à un ami directement depuis l'application Photos grâce au volet **Partager**, accessible depuis l'icône **Partager** de la barre des contrôles.

Mais vos possibilités restent limitées. Par exemple, l'application Photos n'a rien prévu pour l'impression d'un cliché sur papier glacé ni l'ajout d'un petit texte pour créer une carte de vœux. Si vous voulez aller plus loin, plusieurs solutions s'offrent à vous.

Dans un premier temps, essayez *Paint* ou la *Visionneuse de photos Windows*, deux programmes inclus dans Windows 8.1 : pour y accéder, il suffit de cliquer du bouton droit sur le cliché à manipuler dans l'Explorateur de Windows, puis de cliquer sur **Ouvrir avec** et sur le nom du programme souhaité. Et si cela ne suffit pas, tournez-vous vers un programme tiers (sachant qu'il en existe de très bons, totalement gratuits, proposés sur des sites comme `Télécharger.com` `www.01net.com/telecharger`) ou une application disponible sur le Windows Store (traité au chapitre 9).

Offrez-vous une escapade musicale

Quel que soit votre univers musical de prédilection, vous aurez tout le loisir d'apprécier des morceaux connus ou d'en découvrir de nouveaux grâce à l'application Musique ; et si vous dénichez des perles, vous pourrez même les acheter ! Par ailleurs, si vous possédez déjà des chansons sur votre ordinateur, l'application Musique vous permettra de les écouter aussi souvent que vous le souhaitez. Et pour vous être vraiment agréable, elle ne demandera même pas à rester sur le devant de la scène ! En effet, après avoir commencé la diffusion d'un morceau, vous pourrez basculer dans l'application ou le programme où vous aurez besoin d'agir (comme Courrier si vous voulez envoyer un message) : la musique continuera de passer en fond. Génial !

TOUT PREMIERS PAS

Recherchez de la musique

1 Comme toutes les applications vedettes, Musique se démarre depuis sa vignette dans l'écran d'accueil ; alors, touchez ou cliquez sur cette dernière.

2 L'application Musique entre en scène et vous propose différents artistes et albums (sinon, touchez ou cliquez sur **Explorer**, à gauche) : parcourez-les en balayant la fenêtre vers le haut ou en utilisant la barre de défilement verticale qui apparaît quand vous bougez la souris. Vous pouvez aussi découvrir les artistes d'une rubrique spécifique (comme **Nouveaux albums**) en touchant ou cliquant sur **Tout afficher** à côté du nom de cette dernière.

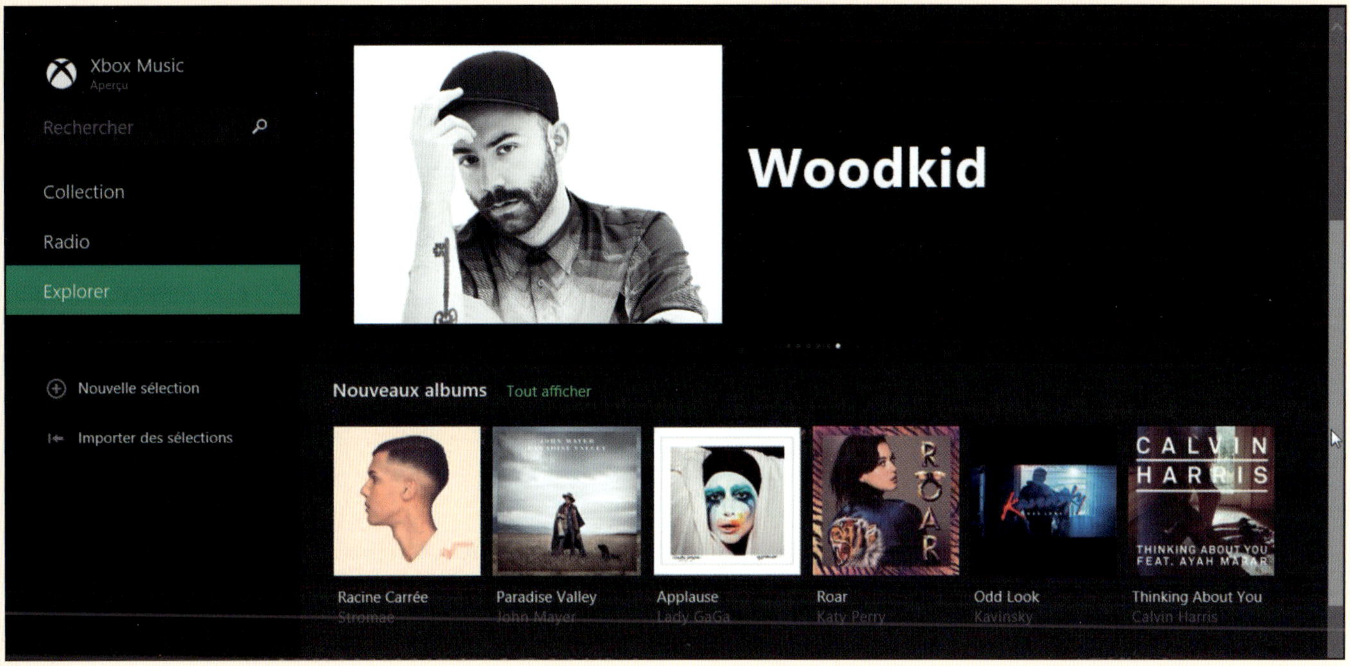

3 Vaste choix, n'est-ce pas ? Mais peut-être rien à votre goût…

- Si vous dénichez un artiste ou un album que vous aimeriez écouter, touchez ou cliquez dessus et poursuivez à l'étape 4.
- Sinon, passez directement à l'étape 6.

4 Selon votre choix à l'étape 3, différentes options de lecture vous sont proposées.

- Si vous avez touché ou cliqué sur le nom d'un artiste, touchez ou cliquez ensuite sur **Écouter les chansons préférées** ⊕ si vous voulez découvrir les titres phares de la star, ou sur le nom d'un album ou d'un titre spécifique, puis sur **Aperçu**, si vous préférez écouter des extraits de tous les morceaux de l'album ou du titre en question.

- Si vous avez touché ou cliqué sur un album ou un morceau, touchez ou cliquez sur **Lire l'album** ou **Lecture** ⊕ si ces options sont disponibles, sinon sur **Aperçu**. Dans les deux premiers cas, vous pouvez alors entendre l'intégralité des ou du morceau(x) ; dans le troisième, en revanche, vous n'avez droit qu'à des ou un extrait(s) : pas de chance !

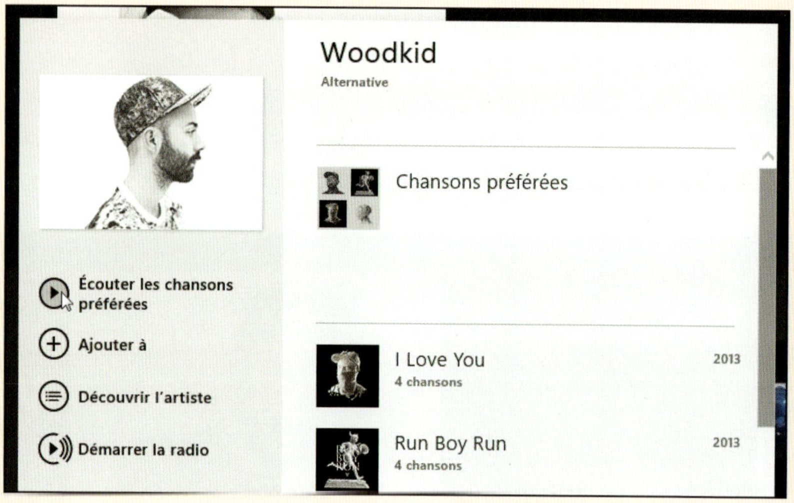

5 Les premières notes s'égrènent : savourez ! Et si vous avez besoin d'intervenir sur la diffusion, affichez la barre des tâches en balayant l'écran depuis son bord physique inférieur vers le haut ou en cliquant du bouton droit dans la fenêtre, puis utilisez l'icône appropriée.

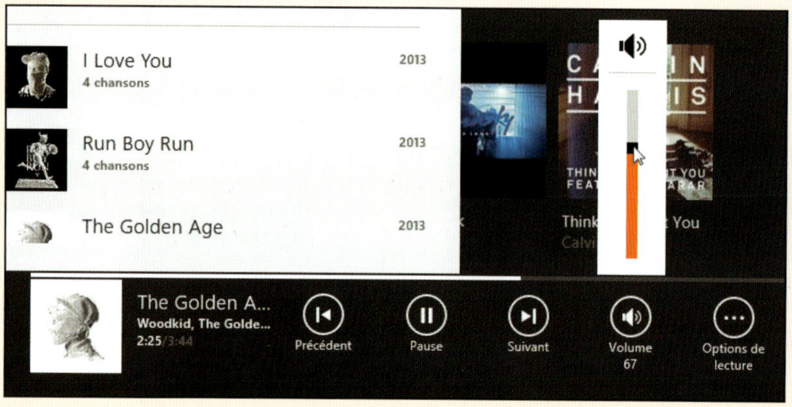

Leur nom est si explicite que je ne vais pas vous imposer une description détaillée. Par exemple, si vous voulez ajuster le volume, nul doute que vous avez déjà repéré l'icône adaptée ! Touchez ou cliquez sur **Volume** et faites glisser le petit curseur noir verticalement dans la barre qui apparaît.

6 Après avoir exploré de nouveaux univers musicaux, ou juste après le démarrage de l'application Musique si vous préférez aller droit au but, vous pouvez aussi rechercher les morceaux disponibles d'un artiste spécifique. Dans la zone **Rechercher**, en haut à gauche, commencez à taper le nom de l'artiste qui vous intéresse : si l'une des suggestions qui apparaît vous convient, touchez ou cliquez dessus ; sinon, terminez votre frappe et appuyez sur la touche **Entrée**.

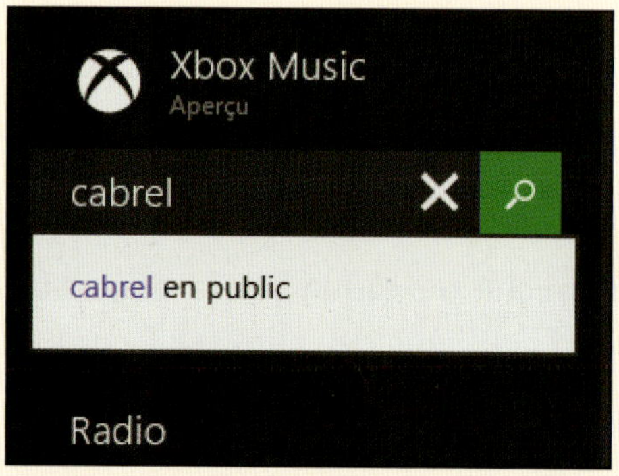

7 Touchez ou cliquez sur le résultat qui vous convient, puis répétez les étapes 4 et 5. Ensuite, fort de vos toutes nouvelles connaissances, poursuivez votre balade musicale à votre guise !

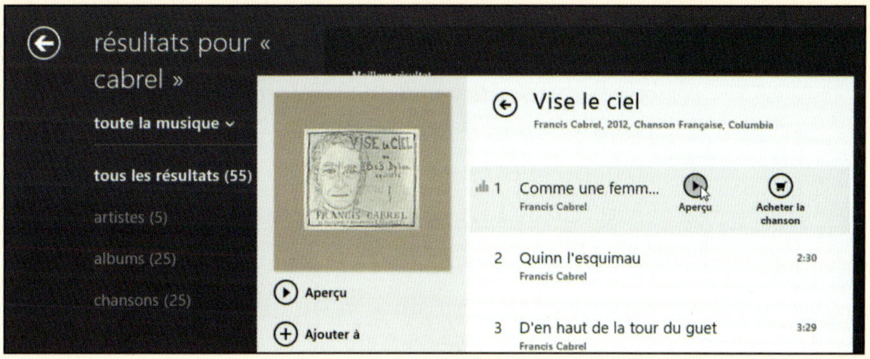

Grâce à l'application Musique, vous venez de pousser la porte d'un univers musical inépuisable ; mais vous n'aurez pas toujours envie de partir à l'aventure. Parfois, vous voudrez vous en tenir à des valeurs sûres. Pour garder vos morceaux préférés à portée de doigt, l'idéal est de vous constituer une bibliothèque musicale disponible à tout moment sur votre ordinateur.

Pour ce faire, vous pouvez, bien sûr, recourir aux techniques classiques ; par exemple, il est possible de copier des chansons grâce à l'Explorateur (traité au chapitre 4) depuis une clé USB dans votre bibliothèque **Musique**, ou d'enregistrer dans cette dernière un morceau reçu par courriel. Mais l'application Musique offre deux autres alternatives particulièrement intéressantes pour intégrer de nouveaux morceaux dans votre bibliothèque. Quelle que soit la méthode choisie, commencez par afficher la fenêtre consacrée à l'artiste ou à l'album. Ensuite…

- Pour **enregistrer de la musique gratuitement**, touchez ou cliquez sur **Ajouter à** ⊕, puis sur **Ma musique** au-dessous de la « pochette » de l'album ou à côté du nom du morceau, selon ce que vous voulez obtenir.

- Pour **acheter de la musique** (un album complet ou un titre à l'unité), touchez ou cliquez sur **Acheter l'album** au-dessous de la « pochette » de l'album ou sur **Acheter la chanson** à côté du nom du morceau, selon ce que vous voulez acquérir. Ensuite, identifiez-vous, car personne ne paiera à votre place ! Tapez l'adresse et le mot de passe de votre compte Microsoft Live, puis touchez ou cliquez sur **OK** et sur **Suivant**.

  La page **Confirmer l'achat** s'affiche. La première fois, vous devez toucher ou cliquer sur **Changer options de paiement**, puis sur **Ajouter Une Carte De Crédit** et remplir les formulaires pour la facturation. Mais par la suite, vous pourrez finaliser l'achat directement comme sur un site de vente en ligne, puis télécharger l'album ou le morceau.

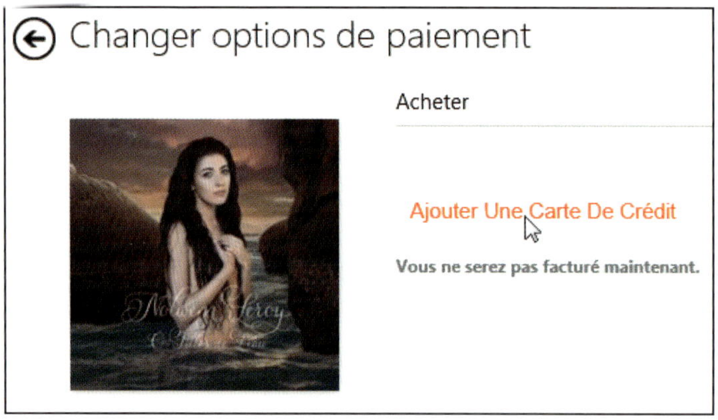

TOUT PREMIERS PAS

Écoutez des morceaux de votre bibliothèque musicale

1 À chacun de ses démarrages, l'application Musique explore votre bibliothèque **Musique** et, si elle y trouve de nouveaux morceaux, elle les intègre automatiquement à sa rubrique **Collection**. Pour écouter l'une de vos chansons, vous n'aurez donc pas à chercher bien loin ! Commencez par toucher ou cliquer sur **Collection** à gauche.

2 Le contenu de votre bibliothèque musicale apparaît. Si vous voyez d'ores et déjà l'album, le titre ou l'artiste qui vous intéresse, touchez ou cliquez directement sur sa vignette ; sinon, touchez ou cliquez d'abord sur la rubrique adaptée en haut de la fenêtre.

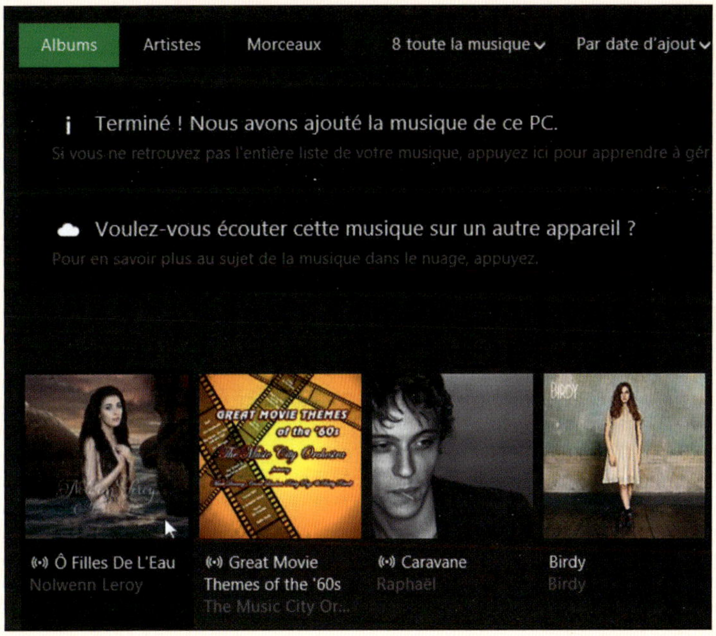

3 Une nouvelle fenêtre s'ouvre pour l'artiste ou l'album : selon ce qui vous est proposé et ce que vous voulez écouter, touchez ou cliquez sur **Lire l'album** ou **Lecture** ⊕. Quand plusieurs morceaux sont visibles et que vous voulez juste en entendre un, commencez par le toucher ou cliquer dessus pour accéder à la commande de lecture.

La diffusion démarre et, comme tout à l'heure, vous pouvez la contrôler en affichant la barre des tâches. Impeccable !

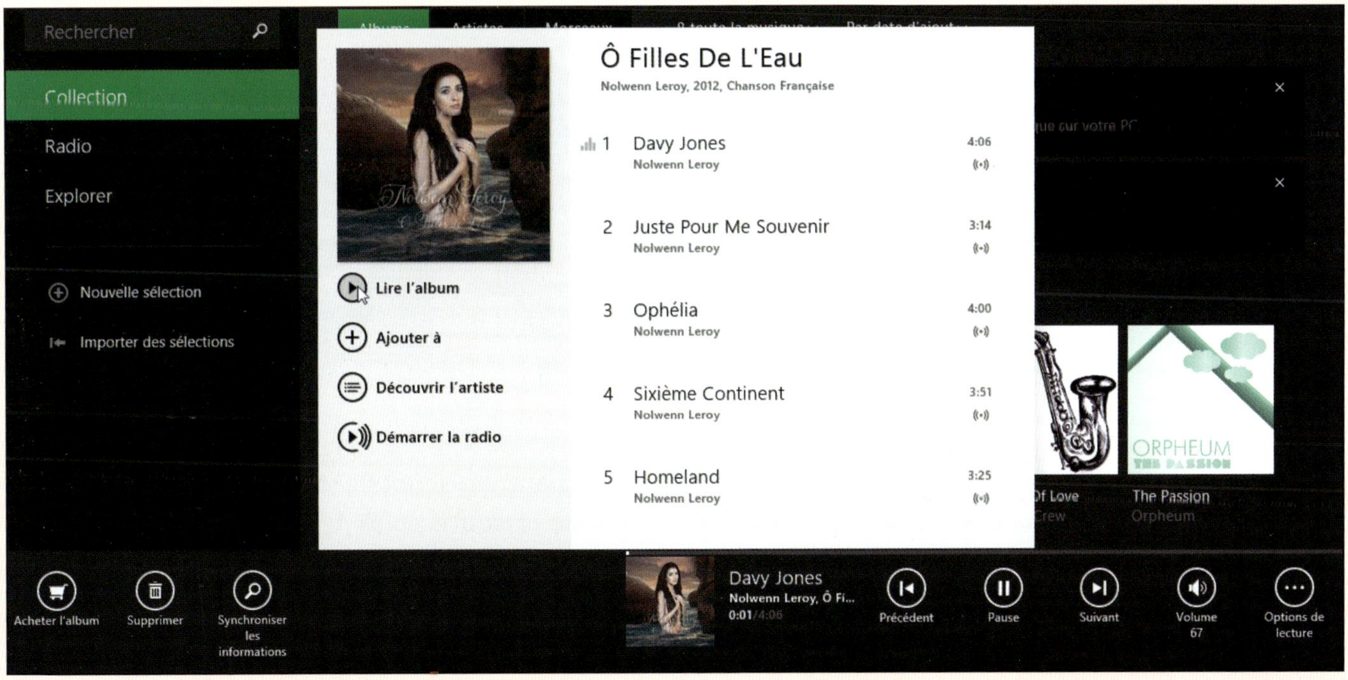

Cinéma à domicile !

Après cette séance de ravissement pour vos oreilles, peut-être faudrait-il rétablir la parité et offrir également un joli spectacle à vos yeux : qu'en dites-vous ? D'autant que Windows 8.1 vous offre à cette fin l'application idéale : Vidéo. Très proche de l'application Musique dans son mode de fonctionnement, elle vous permet de découvrir, louer et acheter toutes sortes de films (bandes-annonces, longs-métrages, séries télévisées, *etc.*) et de regarder vos vidéos personnelles.

TOUT PREMIERS PAS

Regardez, louez ou achetez des films ou des séries télévisées

1 Ai-je vraiment besoin de vous indiquer la première étape ? Dans l'écran d'accueil, touchez ou cliquez sur la vignette **Vidéo**.

2 De nombreuses vignettes de films et séries TV apparaissent : parcourez-les en balayant la fenêtre vers la gauche ou en utilisant la barre de défilement horizontale qui s'affiche quand vous bougez la souris, puis touchez ou cliquez sur la miniature d'un film ou d'une série à votre goût.

Et si rien ne vous convient, plongez d'abord au cœur d'une rubrique, comme **à la une** ou **boutique télévision**, en touchant ou cliquant sur son nom en haut de la fenêtre. Ensuite, vous pouvez généralement affiner les résultats d'après un critère spécifique en touchant ou cliquant sur celui-ci en haut de la fenêtre, comme **tous les genres**.

3 La page du film ou de la série choisi(e) apparaît. Les options disponibles n'étant pas les mêmes pour ces deux types de vidéos, agissez en fonction de vos envies et de ce qui vous est proposé.

- Pour un film, vous pouvez d'ordinaire soit en regarder un extrait en touchant ou cliquant sur **Voir la bande-annonce** ▶, soit l'acquérir définitivement ou l'emprunter en touchant ou cliquant sur **Acheter** ou **Louer** 🛒, respectivement.
- Pour une série TV, il est généralement possible d'acquérir tous les épisodes d'une saison en touchant ou cliquant sur **Acheter une passe de saison** 🛒, ou de vous limiter à un épisode en touchant ou cliquant dessus, puis sur **Acheter l'épisode** dans la fenêtre qui s'ouvre.

Dans tous les cas, si vous optez pour un achat ou une location, vous devez ensuite vous identifier et fournir les informations indispensables à la facturation, comme nous l'avons vu à la section précédente pour la musique.

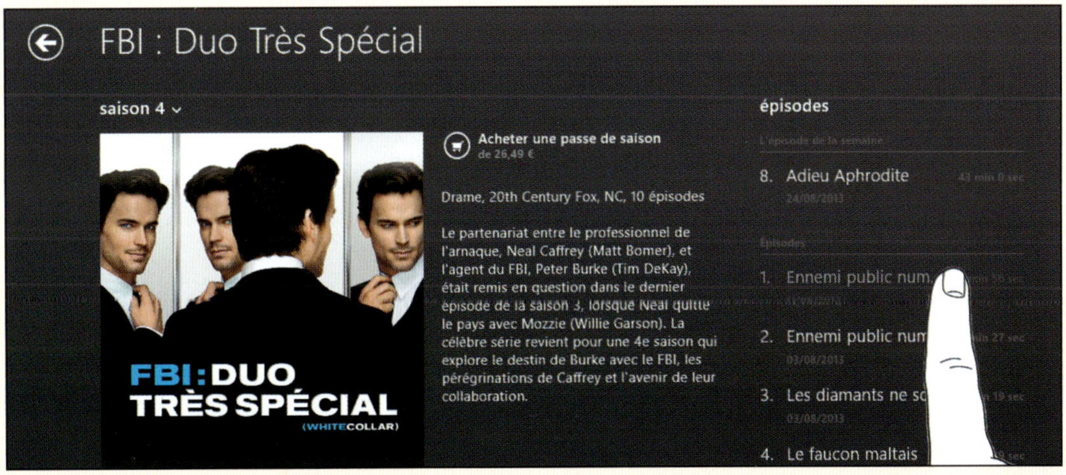

Et vos vidéos personnelles ne sont pas en reste ! En effet, comme sa cousine Musique, l'application Vidéo va piocher seule tous les films stockés dans votre bibliothèque **Vidéos**, et elle vous les propose dans une rubrique **mes vidéos**, complètement à gauche dans sa page d'accueil.

Pour en regarder un, vous n'avez donc qu'à le toucher ou à cliquer dessus (si certains films sont masqués, touchez ou cliquez sur **mes vidéos** pour y accéder). Et une fois la diffusion démarrée, vous pouvez la contrôler depuis la barre des tâches : comme d'habitude, pour accéder à cette dernière, balayez l'écran vers le haut depuis son bord inférieur droit ou cliquez du bouton droit dans la vidéo.

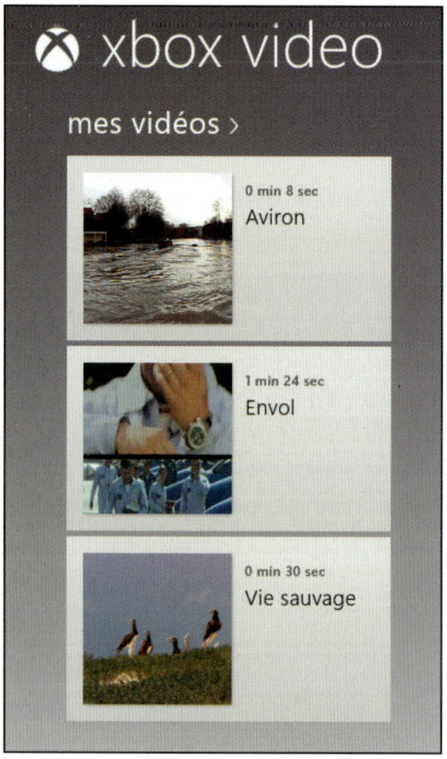

Si vous possédez des petits films personnels, stockez-les dans la bibliothèque **Vidéos**, et l'application Vidéo vous les livrera sur un plateau ! Ensuite, vous pourrez contrôler leur lecture comme n'importe quelle autre vidéo, commerciale ou non.

COUP DE POUCE !

Faites votre propre cinéma !

Si votre ordinateur est équipé d'une **webcam** (petite caméra qui permet de transmettre en direct *via* l'Internet les images qu'elle filme), vous pouvez réaliser vous-même des clichés et des vidéos : il suffit de mettre l'application Caméra au travail ! Pour ce faire, touchez ou cliquez sur sa vignette dans l'écran d'accueil, puis sur **Autoriser** pour autoriser l'utilisation de votre webcam et votre casque-micro éventuel.

Aussitôt, ce que filme la webcam apparaît à l'écran. S'il s'agit de vous-même alors que vous voulez capturer la scène derrière votre ordinateur, ou l'inverse, commencez par changer de caméra : affichez la barre des tâches en balayant l'écran depuis son bord physique inférieur vers le haut ou en cliquant du bouton droit dans la fenêtre, puis touchez ou cliquez sur l'icône .

Ensuite…

- Pour prendre une photo, cadrez ce que vous voulez immortaliser, puis touchez ou cliquez sur l'icône d'APN dans la partie droite de la fenêtre.
- Pour réaliser une vidéo, touchez ou cliquez sur l'icône de caméra à droite, puis filmez la scène souhaitée ; après avoir terminé, arrêtez le tournage en touchant ou cliquant sur l'icône .

Dans les deux cas, Windows enregistre aussitôt votre production (cliché ou film) dans un dossier **Pellicule** au sein de votre bibliothèque **Images**. Génial, non ?

Mais au-delà de ces utilisations en solo, vous pouvez profiter de votre webcam et votre casque-micro pour mener des conversations vidéo avec vos amis du monde entier ! Il suffit d'utiliser cette fois une autre application adéquate, incluse dans Windows 8.1 : *Skype*.

TESTEZ-VOUS !

Avez-vous retenu les trois mots essentiels de ce chapitre ?

1 Diaporama

D'après vous, s'agit-il...

- **a** Du défilement automatique de photos ?
- **b** De la présentation sous forme de mini vignettes du contenu de votre bibliothèque **Images** ?
- **c** De la vidéo qui présente la première minute d'un film ?

2 Rogner

D'après vous, s'agit-il...

- **a** De supprimer des zones périphériques d'une photo pour valoriser son sujet ?
- **b** De n'acheter que certains morceaux d'un album musical ?
- **c** De masquer l'application Musique pendant la diffusion d'un morceau ?

3 Paint

D'après vous, s'agit-il...

- **a** D'un artiste irlandais qui propose ses morceaux gratuitement dans l'application Musique ?
- **b** D'une série humoristique diffusée exclusivement par l'application Vidéo ?
- **c** D'un programme de dessin inclus dans Windows 8.1 qui permet aussi de manipuler des photos ?

Réponses : 1 : a, 2 : a, 3 : c

Chapitre

9

Boostez les compétences de votre ordinateur

L'ordinateur a ceci de formidable que vous pouvez sans cesse le doter de fonctionnalités supplémentaires en lui ajoutant de nouveaux appareils, programmes ou applications. Ne vous en privez pas et faites le nécessaire pour qu'il réponde à tous vos besoins informatiques !

Ainsi, à la fin de ce chapitre, vous saurez, entre autres :

➔ Ajouter et utiliser de nouveaux appareils

➔ Ajouter des applications et des programmes

➔ Supprimer convenablement des applications et des programmes

Dopez votre ordinateur grâce à de nouveaux appareils

À notre époque où la mobilité est reine, les ordinateurs portables ont le vent en poupe et se font toujours plus compacts et plus légers. Seulement, ce n'est pas une tablette de quelques centimètres d'épaisseur qui vous permettra d'imprimer un formulaire ni de numériser de vieilles diapositives ! À moins que vous ne lui offriez les compagnons nécessaires...

Car tous les ordinateurs sont sociables ! Selon vos besoins, vous pouvez leur ajouter toutes sortes d'appareils. Les traditionnels scanners, imprimantes ou haut-parleurs, bien sûr. Mais pas seulement ! Car les fabricants rivalisent d'ingéniosité pour produire des dispositifs spécialement adaptés à Windows 8.1, et tout particulièrement son environnement moderne.

Par exemple, la souris *Wedge Touch Mouse* de Microsoft permet de toucher, tandis que la *Vivomouse* d'Asus, totalement dépourvue de boutons, mais dotée d'un pavé tactile semblable à celui d'un ordinateur portable, permet à la fois de réaliser les gestes classiques d'un « mulot » et ceux normalement réalisés sur l'écran tactile. De vraies stars !

L'imprimante est sans doute le premier appareil que vous ajouterez à votre ordinateur. Mais vos possibilités sont nombreuses (scanner, enceintes, joysticks, *etc.*), et la procédure d'installation toujours très simple.

Installez de nouveaux appareils

L'installation d'un nouveau dispositif externe ne présente jamais de difficulté : vous devez simplement choisir la bonne méthode parmi les trois suivantes.

- Si votre appareil est compatible avec le **Wi-Fi**, allumez-le et patientez quelques instants, le temps que Windows le détecte. La plupart du temps, vous pouvez l'utiliser dans la foulée ; mais parfois, vous devez d'abord installer un programme remis sur CD : obéissez sans broncher !
- Si votre ordinateur et l'appareil possèdent un capteur **NFC** (*Communication en champ proche*, identifié par le logo), placez-les simplement côte à côte, tout près l'un de l'autre, et ils deviendront les meilleurs amis du monde !

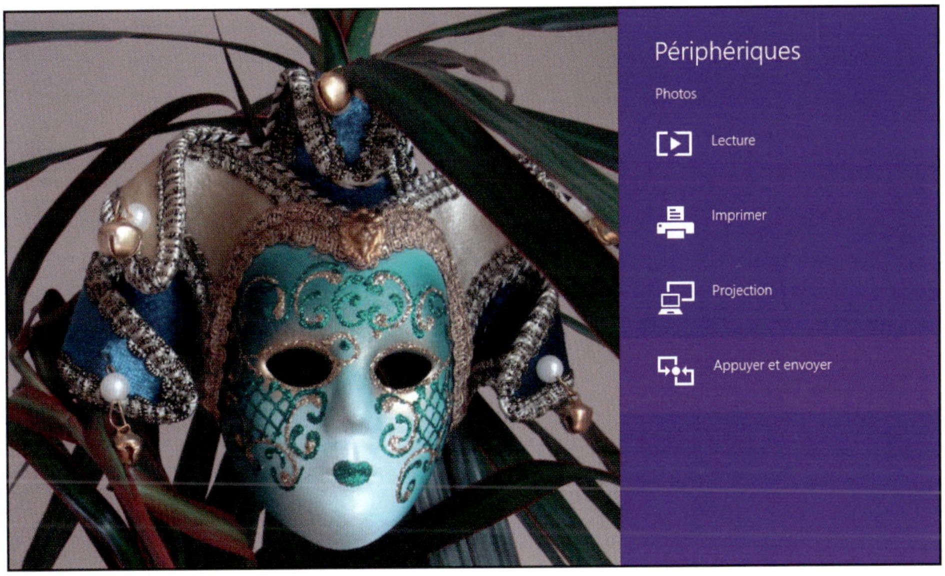

La technologie NFC est assurément le moyen le plus simple et le plus rapide pour connecter un appareil à votre ordinateur et vous permettre d'échanger des photos, des coordonnées, un agenda ou autre.

- Si votre appareil requiert une **connexion filaire**, effectuez les branchements requis en suivant le schéma fourni dans la documentation. Le plus souvent, vous devez ensuite généralement installer vous-même les programmes indispensables au bon fonctionnement du dispositif : insérez alors le CD ou DVD d'installation qui l'accompagne dans le lecteur adapté et suivez les étapes qui défilent à l'écran (lesquelles varient selon les appareils et les fabricants).

Quelques pistes pour exploiter vos nouveaux appareils

Windows 8.1 inclut un volet **Périphériques** que je vous invite vivement à découvrir, car il pourra vous rendre de fiers services. Pour l'afficher, balayez l'écran depuis son bord physique droit vers la gauche ou pointez son angle inférieur droit, puis touchez ou cliquez sur l'icône **Périphériques** vers le bas de la barre des contrôles. Ensuite, touchez ou cliquez sur la commande à exécuter et agissez en fonction de ce qui apparaît dans le volet.

Celui-ci vous permet notamment d'accomplir les trois actions suivantes.

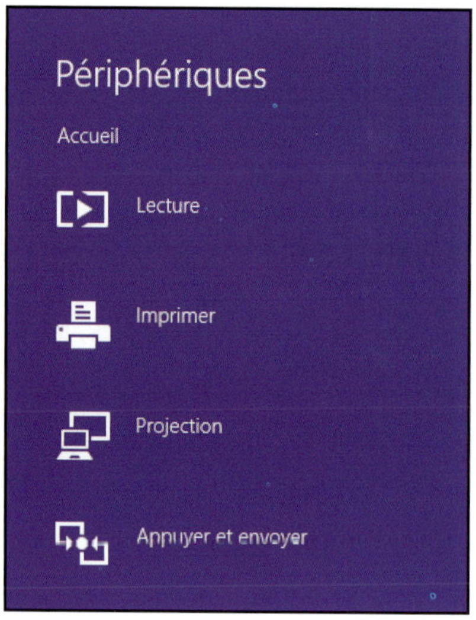

- **Réaliser des impressions.** À partir du moment où une imprimante est connectée à votre ordinateur, la commande **Imprimer** pallie avantageusement l'absence de commande équivalente dans la plupart des applications. Par exemple, si vous voulez réaliser des tirages papier d'un cliché ou d'un document PDF, elle vous permet d'agir directement depuis l'application Photos ou Lecteur, respectivement : plus besoin de recourir à un programme de l'environnement classique !
- **Échanger des données grâce à la technologie NFC.** Si votre ordinateur est compatible NFC et si vous lui juxtaposez un autre dispositif NFC, la commande **Appuyer et envoyer** vous permet de transférer des informations ou des fichiers de l'un à l'autre. Par exemple, si votre frère possède un appareil photo NFC, vous pouvez récupérer ses clichés en quelques secondes. Et à l'inverse, si vous avez un mobile NFC, vous pouvez y copier votre carnet d'adresses de l'application Contacts tout aussi facilement et rapidement. Génial !

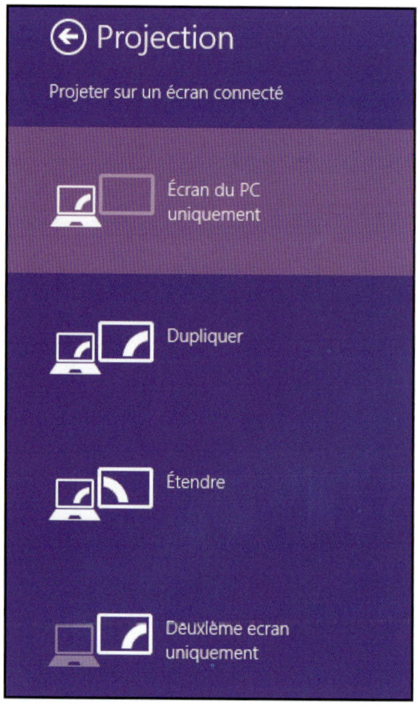

- **Utiliser un deuxième écran.** Si vous possédez une tablette et un écran d'ordinateur indépendant, vous pouvez profiter de la commande **Projection** pour afficher sur ce dernier ce qui apparaît normalement sur votre tablette : idéal pour voir plus de contenu à la fois et limiter la fatigue visuelle ! Mais cette commande vous servira aussi si vous avez besoin de projeter ce qui apparaît sur votre ordinateur sur un grand écran grâce à un vidéoprojecteur (par exemple si vous organisez une soirée photos).

Dans le premier cas, touchez ou cliquez sur **Deuxième écran uniquement**, afin que l'écran de votre tablette reste noir et que vous ne soyez pas perturbé par un double affichage. Mais dans le second, préférez **Dupliquer**, de façon à pouvoir agir en regardant l'écran de votre tablette, tandis que votre auditoire verra l'équivalent sur le grand écran.

De nouvelles applications pour de nouvelles fonctionnalités

Malgré le grand nombre d'applications et de programmes inclus dans Windows 8.1, ils pourraient bien ne plus vous suffire si vous sortez des sentiers battus de l'Internet et de la messagerie électronique... Par exemple, vous serez très vite bloqué si vous voulez faire du montage vidéo.

Quand vous n'avez pas les ressources nécessaires, rendez-vous sans hésiter sur le **Windows Store**, magasin en ligne de Microsoft dont nous avons déjà parlé plusieurs fois dans ce livre. Cette boutique ouverte 7 jours sur 7 et 24 heures sur 24 propose des centaines d'applications, dont un grand nombre totalement gratuites. Et ce, dans tous les genres : musique, télévision, jeux, santé, bureautique, culture, *etc.* !

TOUT PREMIERS PAS

Obtenez des applications gratuites sur le Windows Store

1 Comme tous les magasins en ligne, le Windows Store est accessible depuis votre salon, votre bureau, votre terrasse, bref, depuis tout endroit connecté à l'Internet ! Pour en pousser la porte, touchez ou cliquez sur sa vignette dans l'écran d'accueil.

2 Arrivé devant la vitrine de ce fameux Windows Store, parcourez ses différents rayonnages en balayant l'écran latéralement ou en bougeant la souris et en utilisant la barre de défilement qui s'affiche au bas de la fenêtre ; et dès que vous repérez une application à votre convenance, touchez ou cliquez dessus.

Mais peut-être ne trouverez-vous pas votre bonheur ? Dans ce cas, explorez des rubriques comme **Stars du moment** ou **Meilleures applications gratuites** en touchant ou cliquant sur leur titre.

Ou allez carrément droit au but en lançant une recherche spécifique : tapez alors le nom de l'application convoitée ou le genre souhaité dans la zone prévue à cet effet en haut à droite de la fenêtre et, dès que le Windows Store affiche un résultat pertinent dans sa liste déroulante, touchez-le ou cliquez dessus.

3 La page consacrée à l'application choisie apparaît : lisez les informations données. Si vous souhaitez obtenir cette application, réalisez l'une des trois actions suivantes ; sinon, touchez ou cliquez sur la flèche **Précédente** ⊖ devant son nom et répétez l'étape 2 jusqu'à trouver une application adéquate.

- S'il s'agit d'une application gratuite, touchez ou cliquez sur **Installation**.
- S'il s'agit d'une application payante qu'il est possible de tester gratuitement pendant quelques jours ou semaines, touchez ou cliquez sur **Essayer**. Ainsi, à la fin de cette période d'essai, vous pourrez juger en toute connaissance de cause s'il est opportun pour vous d'acheter cette application ou s'il vaut mieux, finalement, en choisir une autre.

- S'il s'agit d'une application payante que vous voulez acquérir, touchez ou cliquez sur **Acheter**, puis sur **Confirmer**, et réglez votre dû.

4 L'installation démarre. Une fois qu'elle est terminée, une infobulle apparaît dans l'angle supérieur droit de la fenêtre pour vous en informer, et le bouton utilisé à l'étape 3 prend la poudre d'escampette : quittez le Windows Store en faisant glisser sa fenêtre vers le bas.

Votre application ou une version d'essai est désormais accessible depuis sa vignette dans la liste développée de l'écran d'accueil. Pour afficher cette dernière, souvenez-vous : il suffit de balayer l'écran d'accueil vers le haut, ou de bouger la souris et de cliquer sur la petite flèche qui apparaît en bas à gauche.

COUP DE POUCE !

Des applications toujours jeunes

Comme Windows et les programmes de sécurité abordés au chapitre 5, beaucoup d'applications font régulièrement l'objet de mises à jour. C'est pourquoi, après avoir téléchargé certaines d'entre elles, vous vous retrouverez face à un message au nom sibyllin : « Configuration des tâches de fond ».

Mais ne vous laissez pas impressionner. Faites glisser les deux curseurs **Activer la mise à jour** du volet **Tâches de fond** vers la droite (les mots **Non** deviennent **Oui**), puis masquez ce volet en touchant ou cliquant dans la fenêtre. Ainsi, la vignette de la nouvelle application et toutes les informations associées seront mises à jour automatiquement, sans votre intervention, quand vous serez connecté à l'Internet.

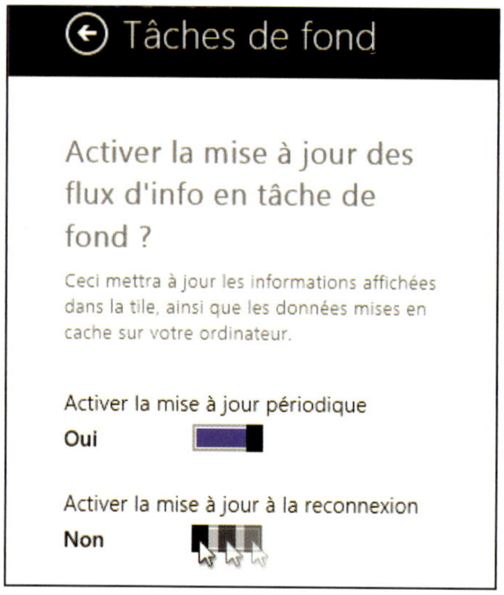

Et si vous ne trouviez pas chaussure à votre pied dans le Windows Store ? Ou si vous aviez envie de continuer à utiliser un programme que vous possédiez sur un ordinateur précédent ? Pas de problème ! Vous pouvez tout à fait acheter un **programme classique** indépendant ou en obtenir un gratuit sur le Web.

Enfin... à condition que votre machine ne soit pas équipée de Windows 8.1 RT ; car comme nous l'avons vu au chapitre 1, cette version de Windows ne permet d'installer que des applications. Si vous tentez d'installer un programme téléchargé, par exemple, un grand bandeau **Cette application ne peut pas s'exécuter sur votre PC** apparaît : vous n'avez plus alors qu'à toucher ou cliquer sur **Fermer** et à passer votre chemin. Dommage !

Voici les trois principales manières de vous procurer un programme traditionnel.

- **Télécharger un programme gratuit sur le Web**. Rendez-vous sur un site comme `Télécharger.com` `www.01net.com/telecharger` ou `Logiciels Gratuits` `www.logicielsgratuits.org`, puis affichez la page du programme qui vous intéresse et vérifiez qu'il est bien compatible avec Windows 8 ou 8.1 (cette information figure dans une section du type **Système d'exploitation** ou **Configuration minimale**).

  Si oui, cliquez sur son lien ou bouton **Télécharger** et transférez-le sur votre ordinateur depuis la barre qui s'affiche au bas de la fenêtre. Une fois le téléchargement terminé, double-cliquez sur le fichier ainsi obtenu dans l'Explorateur de Windows (en principe, il doit se trouver dans le dossier **Téléchargements**) et procédez à l'installation en suivant les instructions qui s'affichent à l'écran.

Avant de télécharger un programme, assurez-vous qu'il fonctionnera sur un ordinateur équipé de Windows 8 ou 8.1… et choisissez de préférence un gratuit !

- **Acheter un programme sur CD ou DVD**. Pour l'installer, insérez alors le disque dans le lecteur adapté de votre ordinateur et conformez-vous aux instructions données à l'écran. Vous devez au moins accepter le *contrat de licence* (long texte qui définit les conditions dans lesquelles vous avez le droit d'utiliser le programme) et taper la *clé d'installation* ou *de produit*) (combinaison de 25 chiffres et lettres, apposée sur la pochette de votre disque et destinée à empêcher la copie illégale du programme).

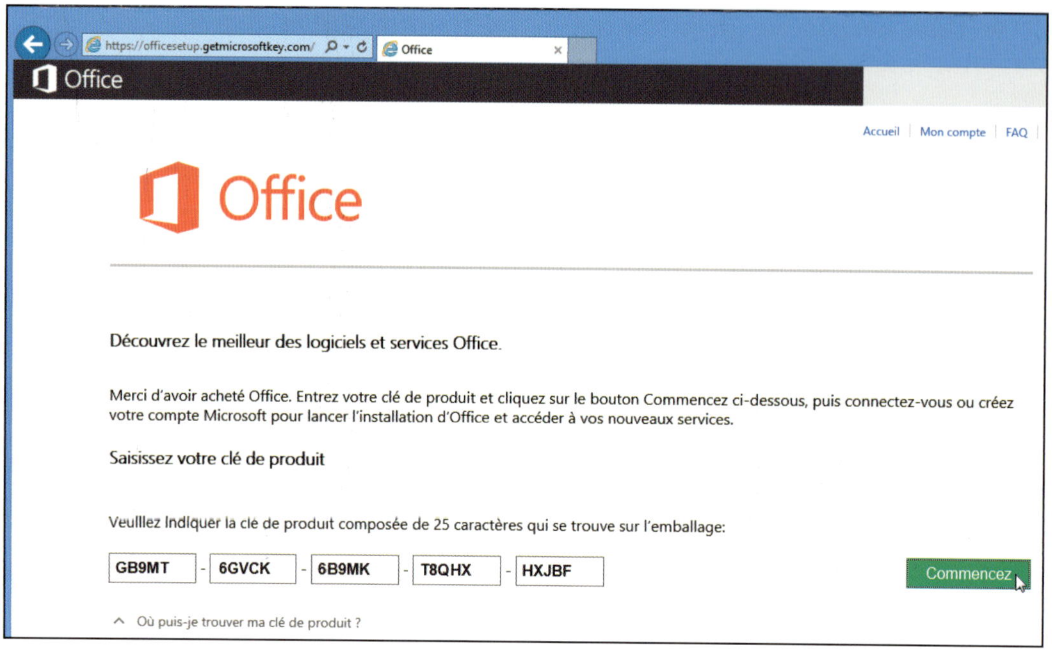

À partir du moment où vous achetez un programme, vous devez forcément fournir sa clé d'installation à un moment ou un autre, afin de prouver que vous en détenez bien une version légale.

- **Acheter un programme à télécharger**. La première fois, l'expérience est assez déconcertante : après avoir dépensé une somme souvent rondelette pour votre programme dans un magasin physique ou en ligne, vous recevez une boîte où vous pensez trouver un CD d'installation. Mais rien : la boîte est quasiment vide ! En fait, elle contient juste une petite carte et un court mode d'emploi, et c'est à vous qu'il incombe de télécharger votre version du programme sur le site Web de son éditeur !

  Rendez-vous alors sur la page Web indiquée dans le mode d'emploi et, quand le site vous demande la clé d'installation, tapez le long code qui figure sur cette fameuse petite carte. Ensuite, téléchargez le fichier du programme et procédez à l'installation en respectant les instructions à l'écran. Quel périple !

COUP DE POUCE !

Supprimez les applications et programmes inutiles

Pour optimiser les performances de votre ordinateur, éliminez systématiquement les applications et programmes dont vous n'avez plus besoin. Mais ne procédez surtout pas manuellement, car chaque programme se compose de tellement de fichiers disséminés sur le disque dur que seul Windows peut à coup sûr les effacer tous ! Et en plus, il se fait fort de n'éliminer alors aucun de vos fichiers personnels : quel homme !

Pour supprimer une application ou un programme de votre ordinateur, donc, utilisez l'une des deux techniques suivantes.

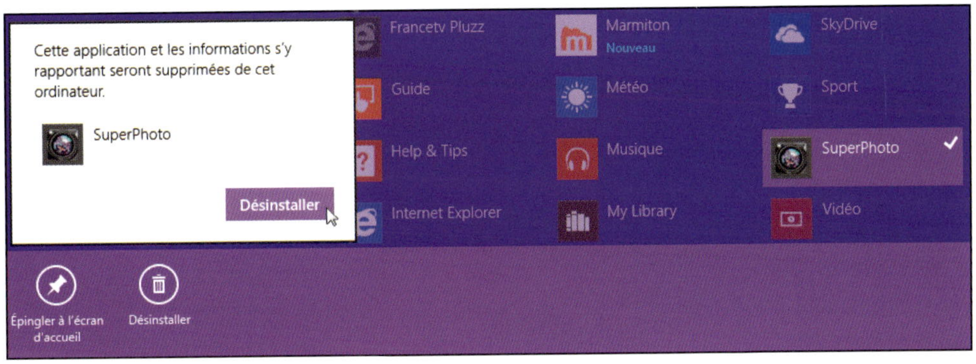

- Si l'application ou le programme possède une vignette dans l'écran d'accueil, cliquez du bouton droit sur cette dernière, puis touchez ou cliquez successivement sur l'icône **Désinstaller** et sur la commande du même nom dans le petit panneau qui apparait.

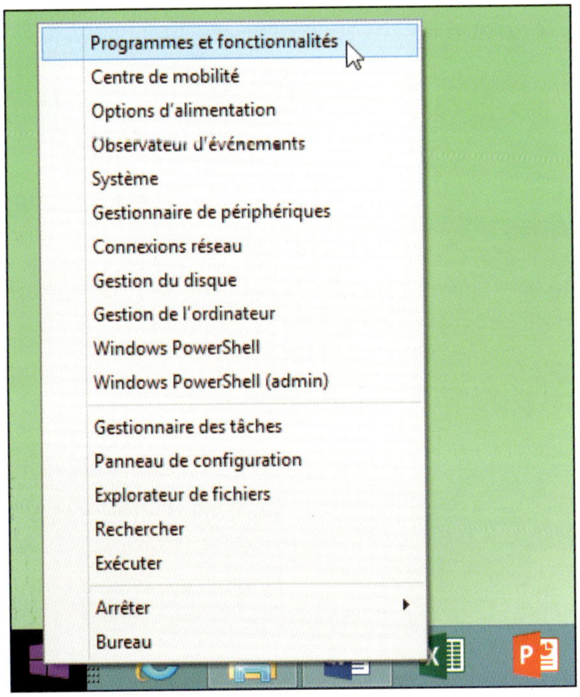

- Sinon, basculez dans l'environnement classique et cliquez du bouton droit sur le bouton **Démarrer**, puis du bouton gauche sur **Programmes et fonctionnalités**. Dans la fenêtre éponyme qui s'ouvre, cliquez sur l'élément à supprimer au centre, puis sur le bouton **Désinstaller** ou **Désinstaller/Modifier** (le nom varie en fonction des programmes). Ensuite, conformez-vous aux instructions qui s'affichent à l'écran et, si vous êtes invité à redémarrer votre ordinateur, allez-y !

TESTEZ-VOUS !

Avez-vous retenu les trois mots essentiels de ce chapitre ?

1

Périphérique

D'après vous, s'agit-il…

a) D'une application sans intérêt ?

b) D'un appareil que vous connectez à votre ordinateur ?

c) D'un jeu de simulation automobile pour s'entraîner à conduire sur autoroute ?

2

Windows Store

D'après vous, s'agit-il…

a) D'une petite application qui explique comment manipuler les fenêtres de Windows 8.1 ?

b) D'un site pédagogique qui présente des centaines de captures d'écrans légendées de Windows 8.1 ?

c) Du magasin en ligne de Microsoft ?

3

Clé d'installation

D'après vous, s'agit-il…

a) D'un code complexe à fournir lors de l'installation d'un programme payant ?

b) D'une clé qui vous permet d'ouvrir votre ordinateur quand vous souhaitez y ajouter un composant interne ?

c) D'un mot de passe que les fabricants d'ordinateurs doivent donner à Microsoft pour pouvoir installer Windows 8.1 sur leurs machines ?

Réponses : 1 : b, 2 : c, 3 : a

Chapitre 10

Adaptez votre ordinateur à vos envies

Pour finir ce livre sur une note légère (mais néanmoins sérieuse !), je vous propose encore mieux que les cartes postales décoratives autour de votre écran : enjoliver les deux environnements de Windows !

Ainsi, à la fin de ce chapitre, vous saurez, entre autres :

➔ Changer l'arrière-plan de l'écran d'accueil et du bureau

➔ Réorganiser les vignettes de l'écran d'accueil

➔ Ajuster le comportement de Windows

Revisitez l'écran d'accueil

Même si l'écran d'accueil est vraiment très gai avec toutes ses couleurs, peut-être n'est-il pas à votre goût. Mais par chance, il n'est pas figé et saura s'adapter à vos préférences et vos besoins. Par exemple, vous pouvez le relooker en choisissant un autre graphisme en arrière-plan, ou le rendre plus fonctionnel en agrandissant les vignettes que vous utilisez très souvent.

TOUT PREMIERS PAS

Changez le décor de l'écran d'accueil

1 Encore une procédure qui débute depuis la barre des contrôles ! Mais attention, pour accéder aux commandes de personnalisation de l'écran d'accueil, vous devez absolument afficher cette barre depuis cet écran, justement : balayez-le depuis son bord physique droit vers la gauche ou pointez son angle inférieur droit, puis touchez ou cliquez sur l'icône **Paramètres** ⚙, tout en bas.

2 Le volet **Paramètres** apparaît : dans sa partie supérieure, touchez ou cliquez sur **Personnaliser**.

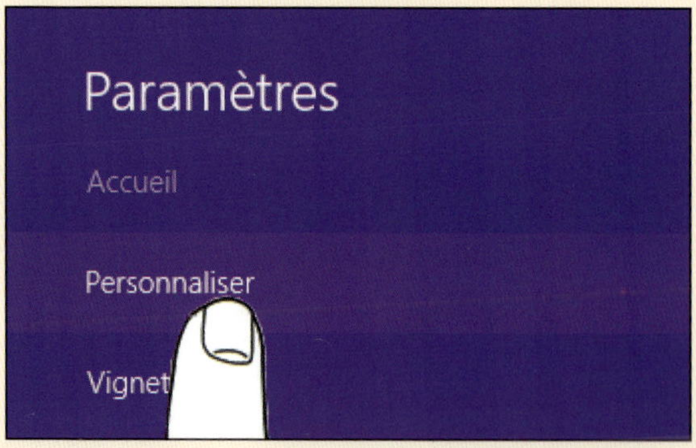

3 Le volet **Personnaliser** s'affiche, vous permettant de choisir à la fois un nouveau design et de nouvelles couleurs pour l'écran d'accueil.

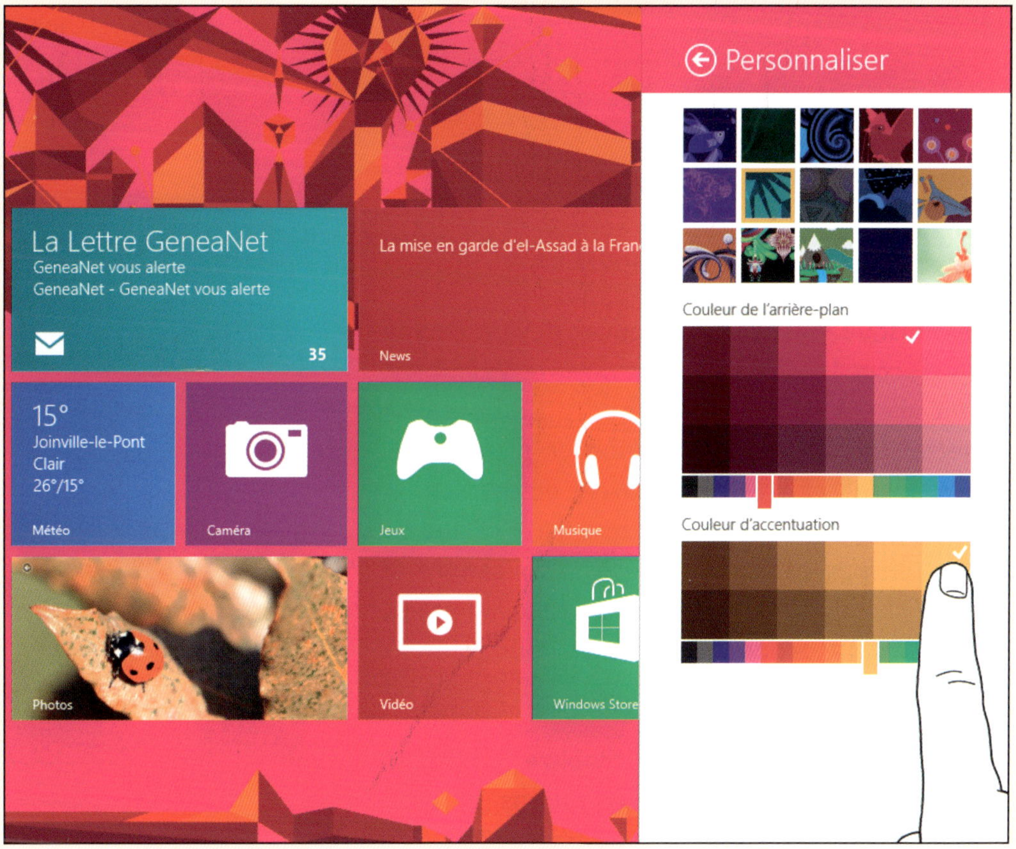

Touchez ou cliquez d'abord sur la case du motif souhaité dans le premier damier (la dernière case applique à l'écran d'accueil le même fond qu'au bureau), puis celles des couleurs à utiliser dans les deux nouvelles palettes qui s'affichent. Si la gamme de teintes proposée ne vous convient pas, touchez ou cliquez d'abord sur la petite case de la couleur voulue dans la barre au bas de la palette concernée.

Windows appliquant vos choix aussitôt, vous pouvez immédiatement tester un autre look si vous êtes déçu par le résultat : génial !

4 Une fois satisfait, appuyez brièvement sur la touche **Echap** pour masquer le volet **Personnaliser**.

TOUT PREMIERS PAS

Ajoutez ou supprimez des vignettes sur l'écran d'accueil

1 Puisque vous vous retrouvez devant l'écran d'accueil à chaque démarrage de Windows, autant aller droit à l'essentiel en y ajoutant une vignette pour chaque application et programme que vous utilisez très très souvent et en retirant les vignettes dont vous n'avez que faire ! Dans un premier temps, donc, **épinglez** vos applications et programmes préférés dans l'écran d'accueil : ainsi, ils auront leur propre vignette, et vous pourrez les démarrer instantanément.

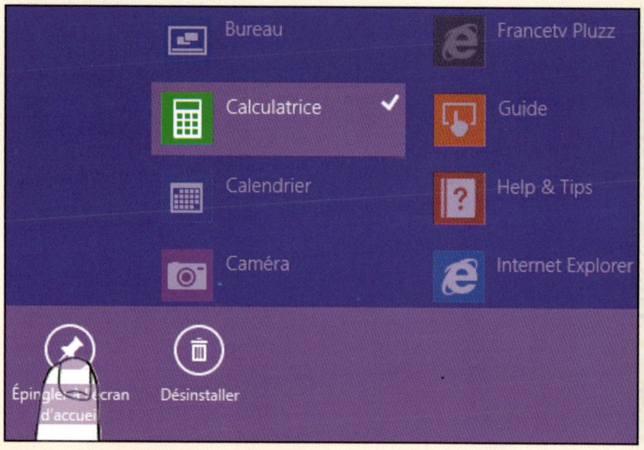

Comme vous l'avez appris au chapitre 3, affichez la liste de l'ensemble des applications et programmes soit en balayant l'écran d'accueil vers le haut, soit en bougeant la souris et en cliquant sur la petite flèche qui apparaît en bas à gauche ; ensuite, touchez longuement la vignette à épingler ou cliquez dessus du bouton droit pour afficher sa barre des tâches et, dans cette dernière, touchez ou cliquez sur l'icône **Épingler à l'écran d'accueil**.

2 Windows ajoute immédiatement une nouvelle vignette pour votre application ou votre programme dans l'écran d'accueil. Seulement, pour le vérifier, vous devez réafficher cet écran. Facile : appuyez sur la touche **Windows** !

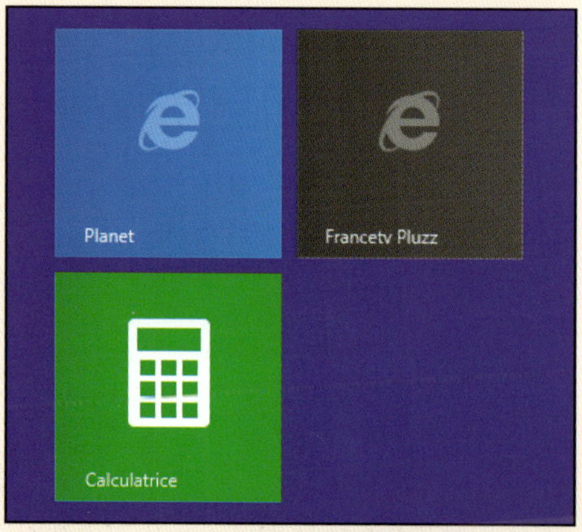

3 Pour retirer maintenant de l'écran d'accueil une vignette dont vous ne vous servez jamais, affichez la barre des tâches de cette vignette, comme à l'étape 1, mais ensuite, touchez ou cliquez cette fois sur l'icône **Détacher de l'écran d'accueil**. La vignette disparaît instantanément. Super !

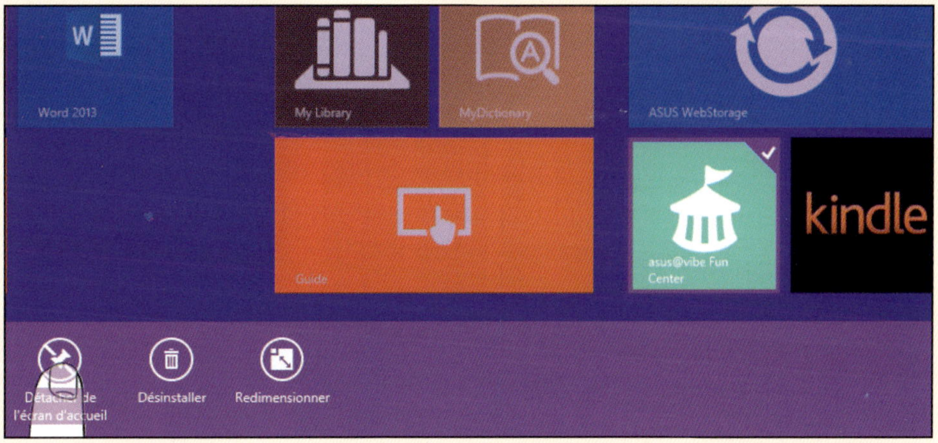

Mais que les choses soient bien claires : il s'agit juste d'une action « cosmétique » sans incidence aucune sur l'application ou le programme elle-même ou lui-même. En effet, celle-ci ou celui-ci demeure sur votre ordinateur : rien à voir avec le processus de désinstallation abordé au chapitre 9.

Voilà déjà deux bonnes choses de faites ! Mais vous êtes loin d'avoir épuisé toutes les possibilités concernant la manipulation des vignettes.

Voici quelques techniques que vous apprécierez sans doute. Simplement, avant de vous lancer, sachez qu'il suffit d'appuyer sur la touche **Echap** pour désélectionner une vignette que vous auriez sélectionnée à tort, et que vous pouvez en manipuler plusieurs à la fois en les sélectionnant d'abord par un toucher prolongé ou un clic droit sur chacune.

- Pour **déplacer une vignette**, faites-la juste glisser avec le doigt ou la souris à l'endroit souhaité : Windows réorganisera automatiquement les autres en conséquence.

- Pour **changer la taille d'une vignette**, touchez-la longuement ou cliquez dessus du bouton droit pour afficher sa barre des tâches ; ensuite, touchez ou cliquez sur l'icône **Redimensionner**, puis sur la taille souhaitée. Le nombre proposé varie entre deux et quatre selon les vignettes : la plus petite taille présente juste l'icône de l'application, tandis que la plus grande peut afficher quelques lignes de texte régulièrement actualisées si l'application s'y prête, comme Actualités.

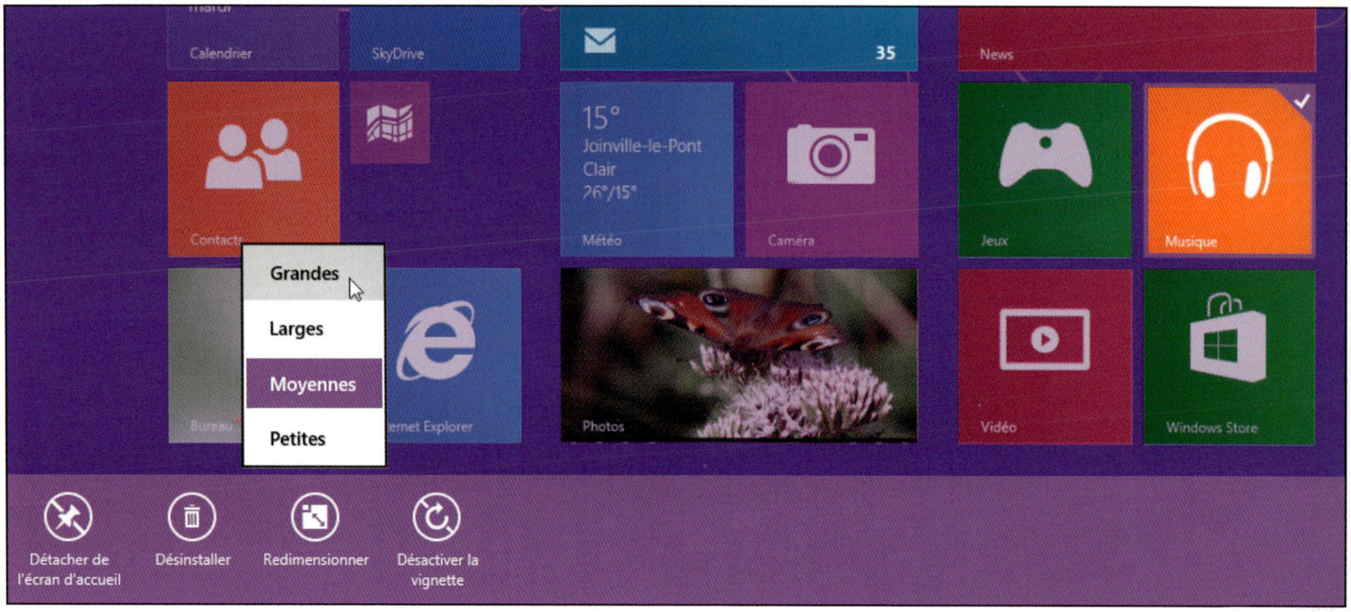

- Pour **étiqueter un groupe de vignettes** (créé par Windows ou vous-même), balayez l'écran d'accueil depuis son bord inférieur vers le haut ou cliquez dedans du bouton droit (ailleurs que sur une vignette), puis touchez ou cliquez sur l'icône **Personnaliser** à la fin de la barre des tâches. Touchez ou cliquez sur **Nommer le groupe** au-dessus de l'ensemble de vignettes à étiqueter, tapez l'appellation souhaitée et appuyez sur la touche **Entrée**.

Changez la déco du bureau

En matière de chirurgie esthétique, le bureau n'est pas en reste non plus ! En effet, vous pouvez changer son arrière-plan en y appliquant une photo de votre petite-fille ou de vos vacances, par exemple : idéal pour vous sentir vraiment chez vous dans l'environnement classique ! Et pour gagner en efficacité, rien ne vaut quelques icônes en plus dans la barre des tâches pour garder un accès immédiat à vos programmes favoris !

TOUT PREMIERS PAS

Changez l'image de fond du bureau

1 Si vous n'aimez pas l'image qui vous accueille au départ sur le bureau, ne vous privez surtout pas de la changer, car Windows en propose des dizaines d'autres ; vous pouvez même piocher dans vos clichés personnels ! En plus, cela embellira aussi votre écran d'accueil, puisque l'illustration que vous allez choisir ici sera répercutée sur la vignette **Bureau**.

Cliquez du bouton droit dans une zone vide du bureau, puis du bouton gauche sur **Personnaliser** dans le menu qui s'affiche.

2 La fenêtre **Personnalisation** apparaît ; tout en bas, cliquez sur **Arrière-plan du Bureau**.

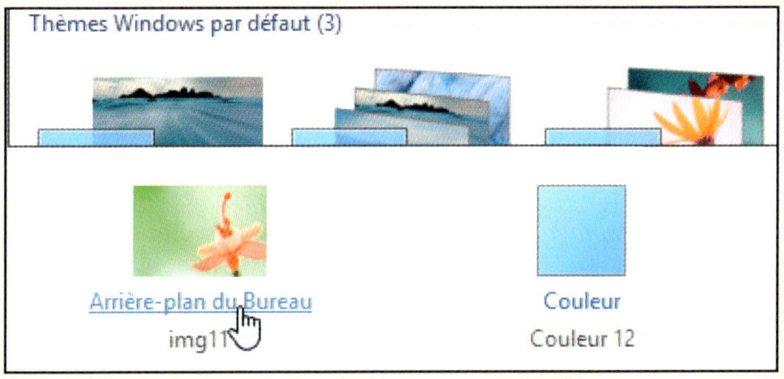

3 La fenêtre **Arrière-plan du Bureau** s'affiche : cliquez sur la liste **Emplacement de l'image**, puis sur **Arrière-plans du Bureau Windows** ou sur **Bibliothèque d'images**, selon que vous voulez utiliser une illustration fournie par Windows ou l'un de vos clichés.

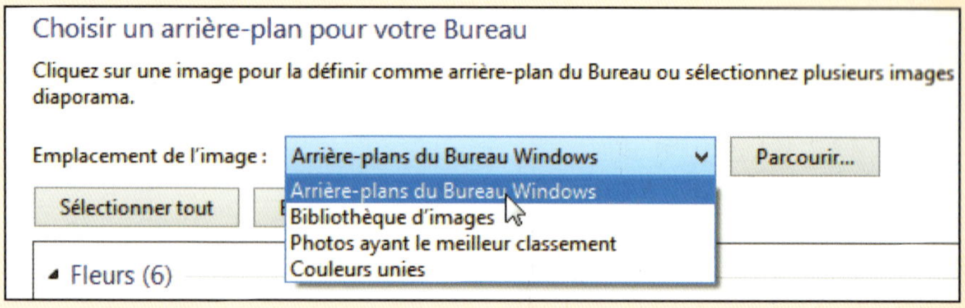

4 Toutes les images contenues dans le dossier sélectionné à l'étape 3 apparaissent : cliquez sur celle que vous voulez appliquer au bureau. Comme à son habitude, Windows la met aussitôt en place, de sorte que vous pouvez en choisir une autre immédiatement si la première ne vous convient pas.

Notez que vous pouvez aussi faire défiler plusieurs images sur le bureau ! Cochez la case de toutes celles que vous souhaitez utiliser et sélectionnez leur durée d'affichage dans la liste **Changer d'images toutes les** au bas de la fenêtre.

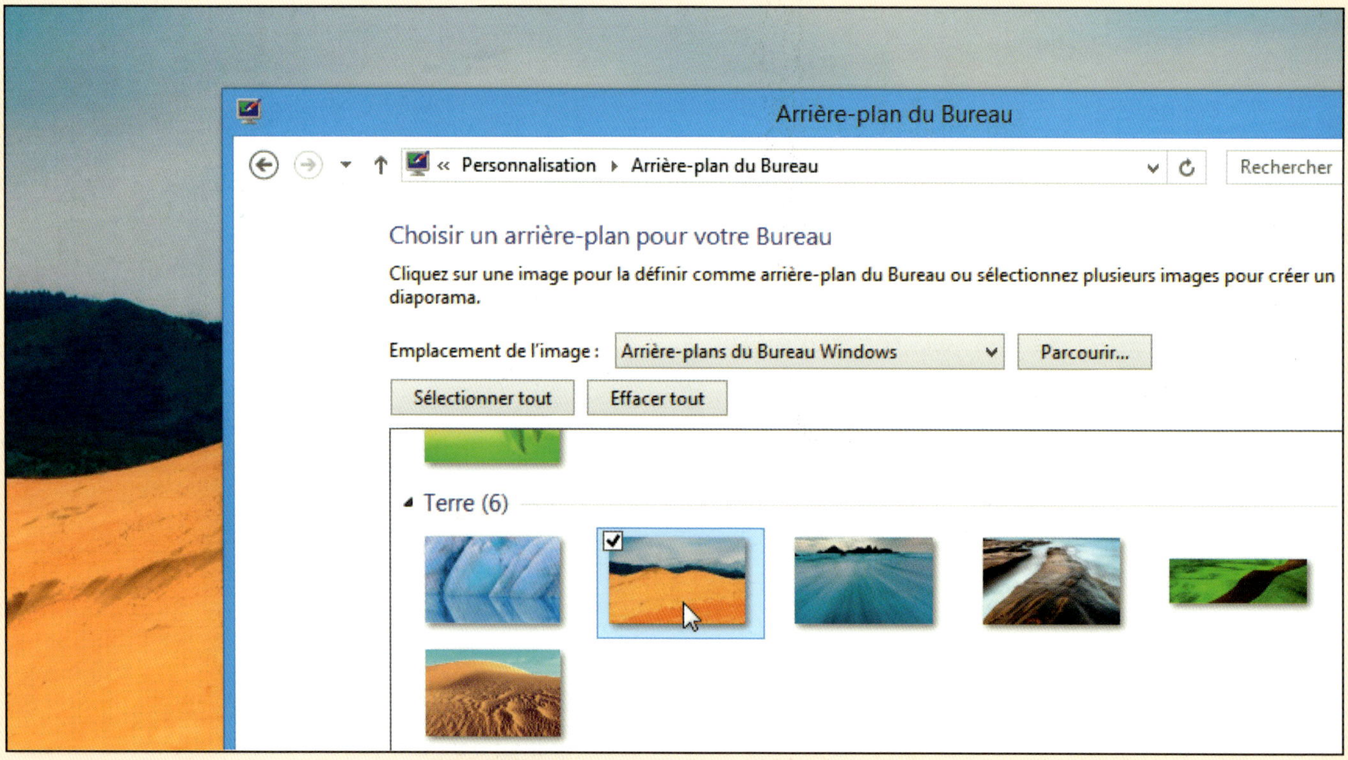

5 Cliquez sur **Enregistrer les modifications**.

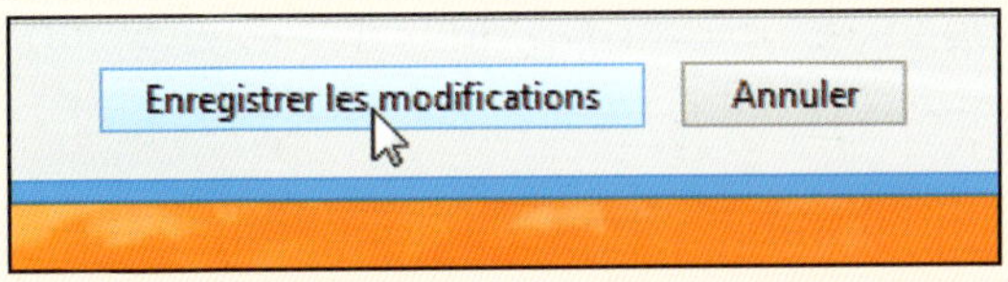

6 Fermez la fenêtre **Personnalisation** en cliquant sur le bouton × à la fin de sa barre de titre.

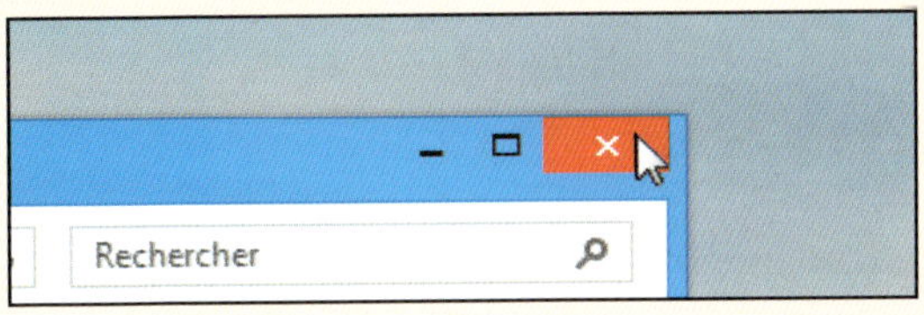

COUP DE POUCE !

Recolorez votre environnement

La plupart du temps, Windows vous propose au départ des fenêtres bordées d'un cadre bleu. Mais si vous préfériez voir la vie en rose ? Ou en vert pour ajouter un petit côté écolo ? Qu'à cela ne tienne !

Tout en bas de la fenêtre **Personnalisation** affichée au « Tout premiers pas » précédent depuis le menu contextuel du bureau, cliquez cette fois sur **Couleur**. Une large palette de teintes apparaît : cliquez sur la case souhaitée. Là encore, Windows l'applique aussitôt, de sorte que vous pouvez tester plusieurs couleurs. Après avoir trouvé la bonne, cliquez sur **Enregistrer les modifications**.

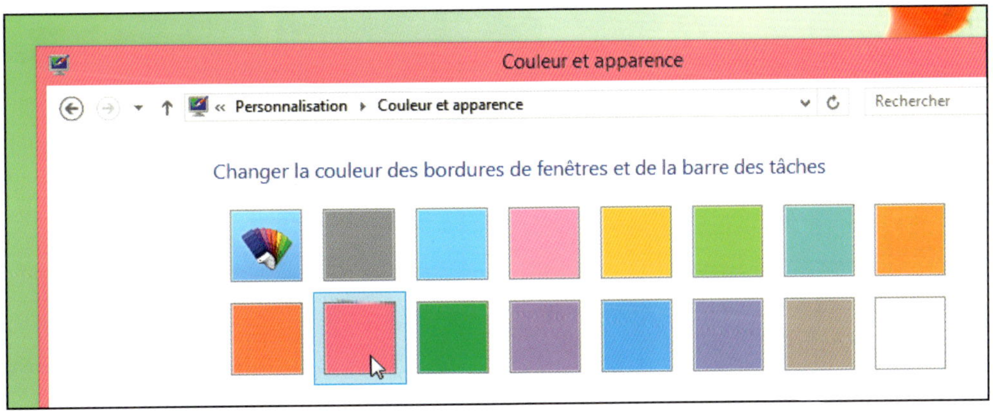

TOUT PREMIERS PAS

Épinglez vos programmes préférés dans la barre des tâches

1 Épingler vos programmes favoris dans l'écran d'accueil vous permet de gagner un temps précieux… à condition de vous trouver dans l'environnement moderne. Pour être aussi véloce dans l'environnement classique, vous aurez tout intérêt à les épingler aussi dans la barre des tâches ; ainsi, leur icône demeurera dans cette dernière même après leur fermeture, et vous pourrez donc les démarrer d'un seul clic.

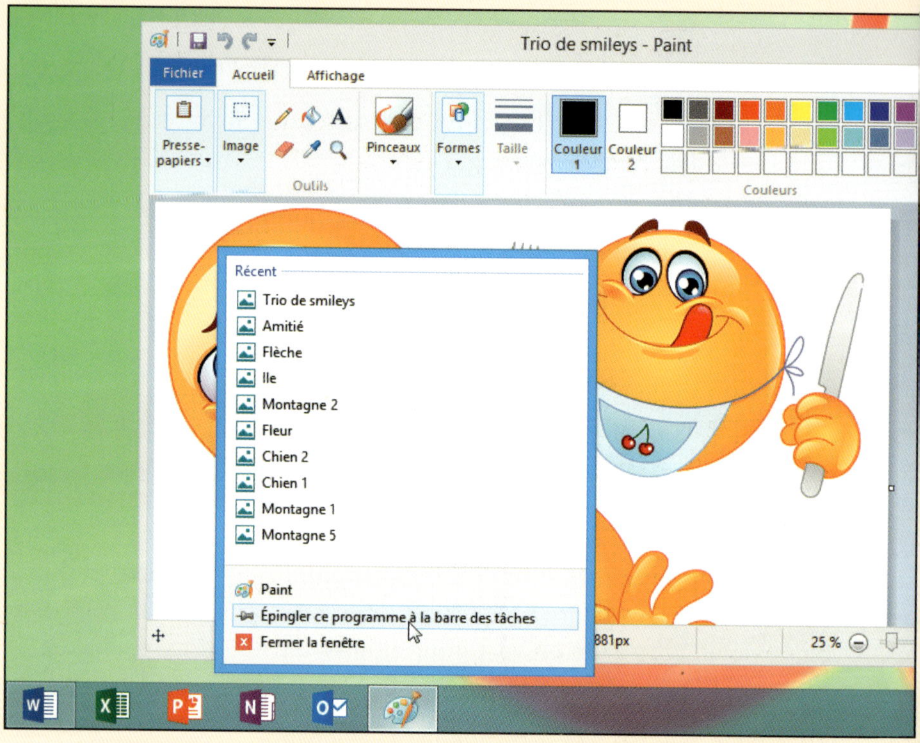

Après avoir ouvert un programme à garder sous la souris (!), cliquez du bouton droit sur son icône dans la barre, puis du bouton gauche sur **Épingler ce programme à la barre des tâches** dans le menu qui s'affiche.

2 L'icône s'installe définitivement dans la barre des tâches : mission accomplie !

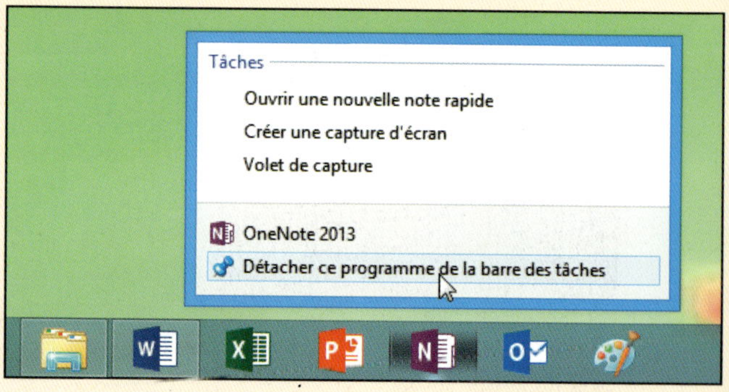

Mais comme avec l'écran d'accueil, évitez d'encombrer la barre des tâches d'icônes dont vous ne vous servez pas. Dès que vous en repérez une inutile, donc, cliquez dessus du bouton droit, puis du bouton gauche sur **Détacher ce programme de la barre des tâches**. L'icône disparaît, mais comme les vignettes détachées de l'écran d'accueil, le programme lui-même il reste bien présent sur votre ordinateur.

Effectuez quelques réglages salutaires

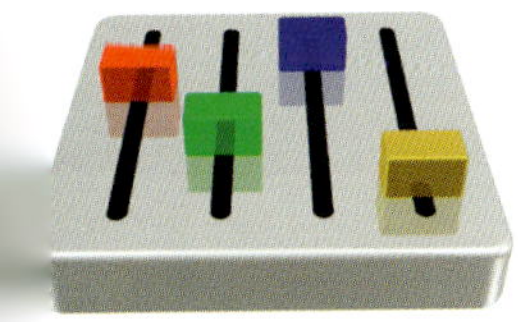

Au-delà des aspects essentiellement esthétiques que nous avons vus jusqu'à présent, vous pouvez aller un peu plus en profondeur dans la personnalisation des deux environnements de Windows. Bien évidemment, je ne vais pas me lancer dans un long catalogage indigeste. Je préfère attirer votre attention sur les réglages les plus intéressants, et laisser votre curiosité vous emmener à la découverte des autres en fonction de vos envies et de vos besoins !

Commençons par ceux qui se trouvent dans le volet **PC et périphériques** de l'environnement moderne. Pour y accéder, balayez l'écran vers la gauche depuis son bord physique droit ou pointez son angle inférieur droit, puis touchez ou cliquez successivement sur l'icône **Paramètres** dans la barre des contrôles, sur **Modifier les paramètres du PC** au bas du volet **Paramètres**, et sur **PC et périphériques** dans le volet **Paramètres du PC** : ouf !

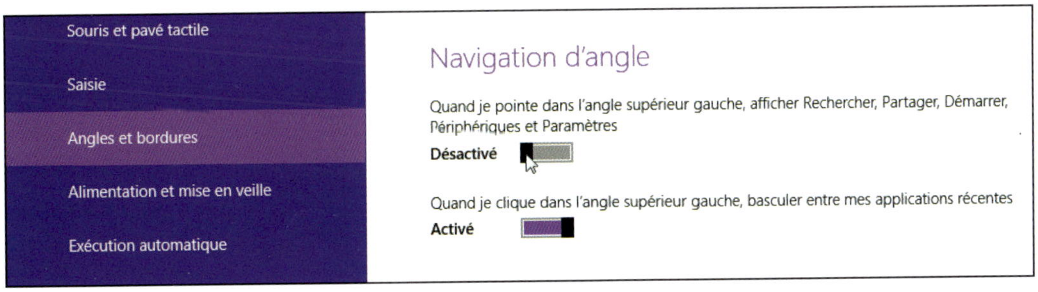

De l'écran de verrouillage aux coins actifs, en passant par l'alimentation ou le clavier tactile, vous pouvez paramétrer de très nombreux aspects de Windows grâce au volet **PC et périphériques**.

Par exemple, la rubrique **Écran de verrouillage** permet de changer l'image actuellement appliquée à l'écran de verrouillage : il suffit de toucher ou cliquer sur la vignette souhaitée au-dessous d'**Arrière-plan** ou, si aucune ne vous convient, sur **Parcourir**, afin de choisir parmi vos clichés personnels. Et si vous redoutez la monotonie, il est même possible de demander un défilement automatique de toutes les photos contenues dans votre bibliothèque **Images** sur l'écran de verrouillage : faites juste glisser le curseur **Diaporama** vers la droite en position **Activé**.

Autre exemple, dans un tout autre genre, avec la rubrique **Angles et bordures**. Si vous possédez un écran tactile, vous pouvez renoncer à la souris pour afficher la barre des contrôles : faites simplement glisser le premier curseur **Navigation d'angle** vers la gauche en position **Désactivé**.

Et maintenant, direction l'environnement traditionnel !

TOUT PREMIERS PAS

Optimisez votre démarrage dans Windows

1 L'environnement classique inclut une boîte de dialogue bien cachée qui renferme de véritables trésors pour les deux environnements de Windows ! Pour l'ouvrir, cliquez du bouton droit dans la barre des tâches, puis du bouton gauche sur **Propriétés**.

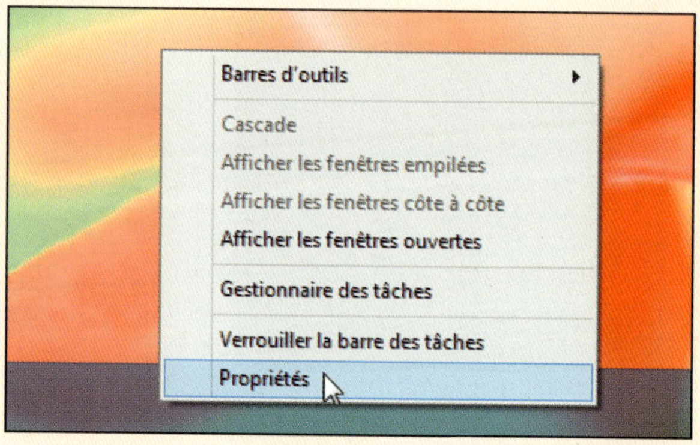

2 La boîte de dialogue **Propriétés de la barre des tâches et de la navigation** apparaît, avec de nombreuses options pour personnaliser la barre des tâches. Mais ici, nous nous intéresserons uniquement à son onglet **Navigation** et plus précisément à ses trois options ci-dessous, car avec elles, c'est un peu comme si Windows vous déroulait le tapis rouge !

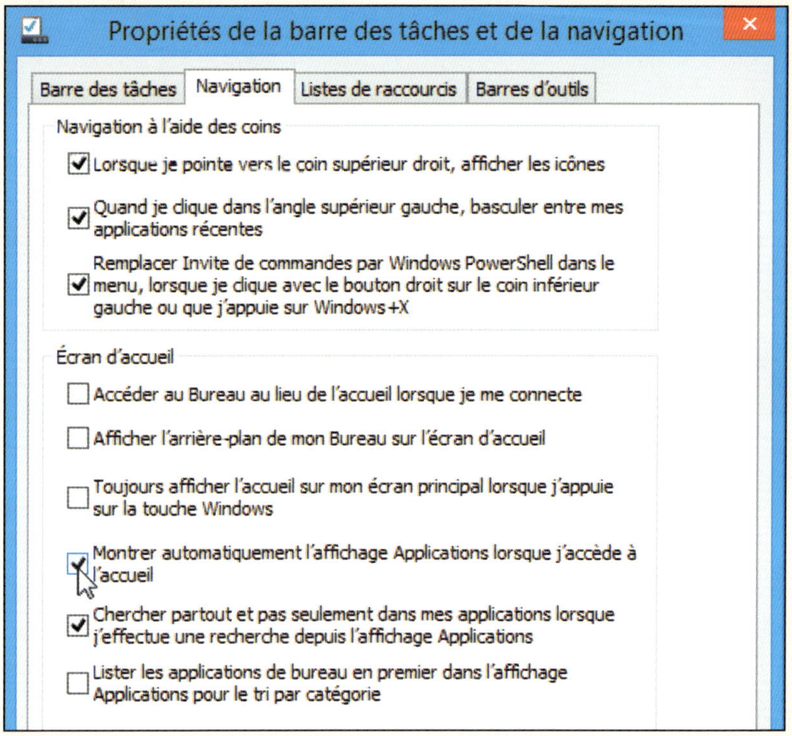

- Si vous n'appréciez pas vraiment l'écran d'accueil, cliquez sur **Accéder au bureau au lieu de l'accueil lorsque je me connecte** pour arriver directement sur le bureau au démarrage de Windows.
- Si vous recourez très souvent à la liste complète des applications qui se cache derrière l'écran d'accueil, épargnez-vous une étape en cliquant sur **Montrer automatiquement l'affichage Applications lorsque j'accède à l'accueil** ; ainsi, cette liste exhaustive apparaîtra automatiquement au démarrage de Windows à la place de l'écran d'accueil et de son nombre limité de vignettes.
- Si vous utilisez beaucoup de programmes, cliquez sur **Lister les applications de bureau en premier dans l'affichage Applications pour le tri par catégorie**, de façon que la liste complète des applications accessible depuis l'écran d'accueil débute par les programmes.

3 Cliquez sur **OK** : vos nouveaux réglages prendront effet dès le prochain démarrage de votre ordinateur !

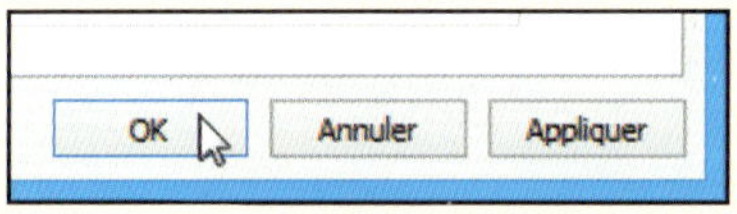

TESTEZ-VOUS !

Avez-vous retenu les trois mots essentiels de ce chapitre ?

1 Volet Paramètres

D'après vous, s'agit-il…

- **a** D'un bandeau affichable d'un clic droit en haut de l'écran et qui indique la taille de celui-ci ?
- **b** Du panneau affichable depuis l'icône et qui permet d'effectuer de nombreux réglages ?
- **c** D'une fenêtre dans l'environnement classique qui liste les caractéristiques techniques de votre ordinateur ?

2 Épingler

D'après vous, s'agit-il…

- **a** De garder la barre des tâches classiques affichée au bas de l'écran d'accueil ?
- **b** D'afficher l'initiale de tous les programmes ouverts dans la barre des tâches ?
- **c** D'ajouter une vignette dans l'écran d'accueil ou une icône dans la barre des tâches pour une application ou un programme ?

3 Écran de verrouillage

D'après vous, s'agit-il…

- **a** D'un panneau de verre à poser sur l'écran pour empêcher l'utilisation de votre ordinateur ?
- **b** D'un écran affiché par votre pare-feu quand il bloque un accès non autorisé à votre ordinateur depuis l'Internet ?
- **c** De l'écran qui apparaît au démarrage de Windows et vous réclame généralement un mot de passe ?

Réponses : 1 : b, 2 : c, 3 : c

Mémo visuel

L'écran d'accueil

Éléments qui apparaissent après un déplacement de la souris

Flèche pour accéder à la liste complète des applications

Barre de défilement pour parcourir les vignettes de l'écran d'accueil

Barre des tâches qui apparaît après un clic droit dans l'écran d'accueil ou un balayage vers le haut depuis le bord inférieur physique de l'écran

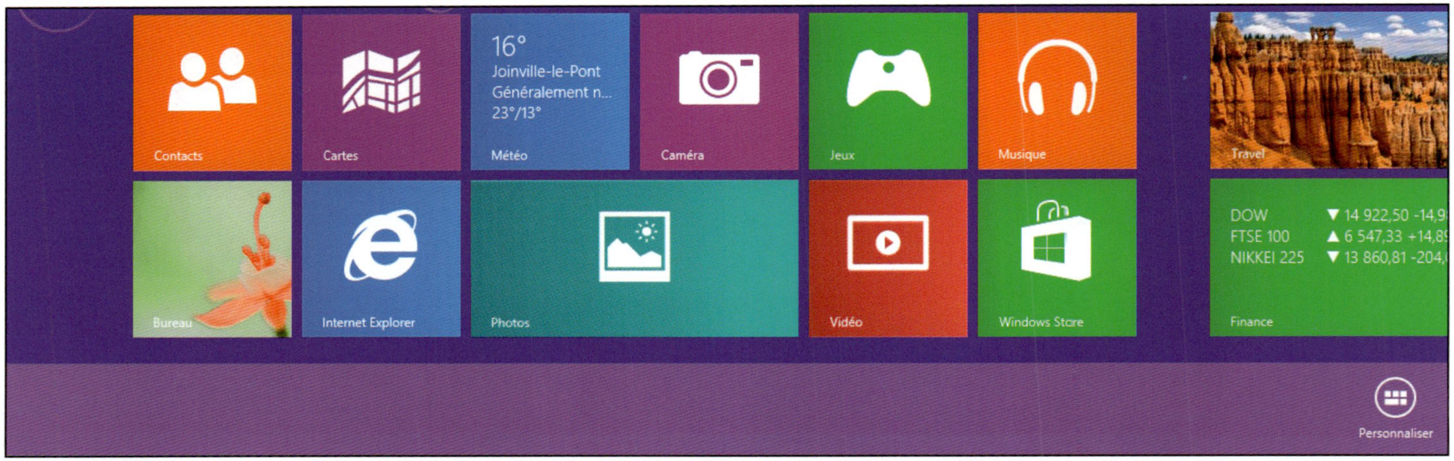

Éléments qui apparaissent après un pointage de l'angle inférieur droit de l'écran et un déplacement vers le haut du pointeur, ou un balayage vers la gauche depuis le bord droit physique de l'écran

Petit panneau d'informations qui indique au moins l'état de la connexion à l'Internet, l'heure et la date

Barre des contrôles

Le bureau

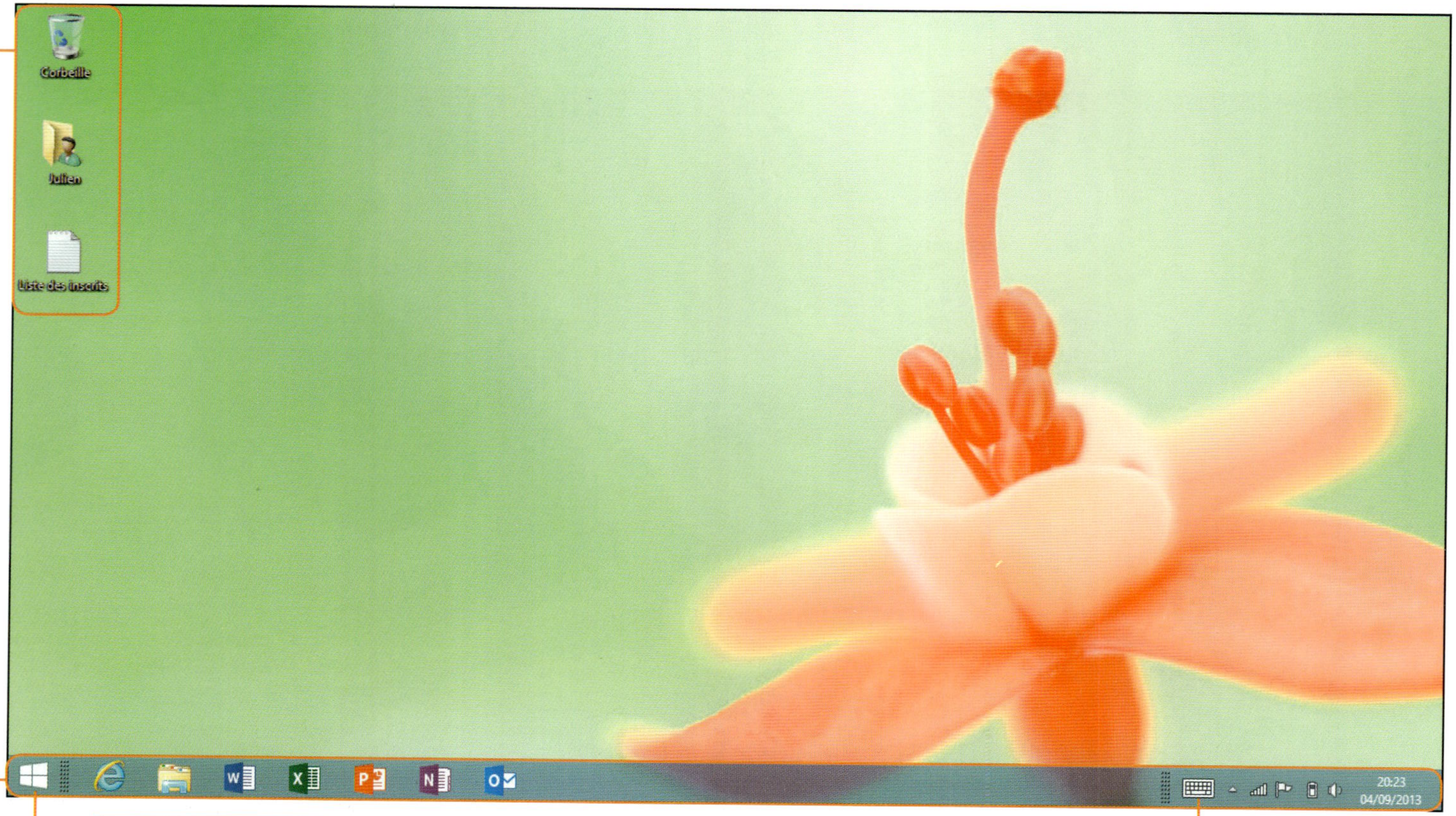
Icônes
Corbeille
Julien
Liste des inscrits
Barre des tâches
Bouton **Démarrer**
Icônes de programmes
Icône pour afficher le clavier tactile
Zone de notification
20:23
04/09/2013

Glossaire

application

Programme dans l'environnement moderne.

balayer

Faire glisser un ou plusieurs doigts sur l'écran.

barre de défilement

Barre horizontale ou verticale située respectivement au bas ou à droite de la fenêtre en cours et qui permet d'accéder au contenu masqué de cette dernière.

barre de titre

Barre située en haut d'une fenêtre de programme, et qui affiche au moins le nom de celui-ci et des boutons pour manipuler cette fenêtre.

barre des tâches

- Dans l'environnement moderne, barre qui apparaît au bas de l'écran essentiellement à la suite d'un clic droit ou d'un balayage depuis le bord inférieur physique de l'écran, et qui propose des commandes directement liées à l'élément actuellement affiché.
- Dans l'environnement traditionnel, barre affichée en permanence au bas du bureau et qui permet essentiellement d'accéder à certains programmes en express et de connaître la date et l'heure.

bibliothèque

Dossier spécial, créé par Windows pour le stockage de vos photos, documents, *etc.* personnels.

boîte de dialogue

Fenêtre spéciale qui permet de régler l'exécution de certaines commandes grâce à différentes options.

bureau

Arrière-plan de l'environnement classique au-dessus duquel s'affichent les programmes.

Centre de maintenance

Outil qui réunit, contrôle et permet de régler tous les programmes de sécurité présents sur l'ordinateur.

compte Microsoft Live

Adresse de messagerie associée à un mot de passe et indispensable pour bénéficier des services Microsoft en ligne.

contact

Personne dont les coordonnées sont enregistrées dans l'application Contacts.

conversation

Groupe de courriels qui possèdent tous le même objet.

Corbeille

Emplacement sur l'ordinateur où sont conservés tous les éléments que vous supprimez (jusqu'à leur effacement définitif).

courriel

Message textuel (éventuellement accompagné d'un fichier) qui s'échange par l'intermédiaire de l'Internet grâce à un programme spécialement conçu pour ce type de courrier.

dossier

Emplacement délimité sur un support de stockage informatique, destiné à contenir des fichiers et éventuellement d'autres dossiers (alors appelés *sous-dossiers*).

écran d'accueil

Fond coloré et doté de vignettes qui vous accueille au démarrage de Windows.

écran de verrouillage

Fond imagé qui apparaît peu après le démarrage de Windows et vous demande votre mot de passe pour utiliser votre ordinateur.

épingler

Figer une application, un programme ou autre sous la forme d'une vignette dans l'écran d'accueil, principalement, ou d'une icône dans la barre des tâches classique.

espion

Petit programme introduit à votre insu sur votre ordinateur pour y récupérer des informations personnelles.

Explorateur

Programme inclus dans Windows et dédié à la gestion du contenu de l'ordinateur.

fenêtre

Panneau dans lequel s'affichent les applications et les programmes.

fichier

Élément qui regroupe des informations dont la nature varie en fonction du type du fichier. Par exemple, un document renferme essentiellement du texte, tandis qu'une image peut correspondre à une photo ou un dessin.

hameçonnage (ou phishing)

Envoi de courriels frauduleux qui semblent provenir d'un organisme connu et fiable, mais cherchent en fait à récupérer des informations confidentielles vous concernant.

icône

Petite image qui représente un élément de l'ordinateur (comme un programme) ou un événement récent (comme la réception d'un courriel).

infobulle

Petit encadré qui apparaît quelques instants pour renseigner sur une procédure en cours ou un élément visible à l'écran.

lecteur

Dispositif matériel qui permet à l'ordinateur de stocker et d'afficher des fichiers.

lien

Texte ou image qui permet d'accéder, d'un simple clic ou toucher, à la page Web ou tout autre fichier qu'il ou elle cible.

menu

Ensemble de commandes textuelles réunies dans un petit panneau.

mise à jour

Correction ou amélioration apportée à Windows, une application ou un programme.

mise en veille

Basculement de l'ordinateur dans un état inactif (mais pas éteint) où il consomme moins d'énergie.

navigateur Web

Programme, comme Internet Explorer, qui permet de visiter des pages Web.

Nuage (ou Cloud)

Sorte de monde virtuel dans lequel toutes vos informations sont interconnectées, qu'elles soient stockées sur votre ordinateur, votre tablette ou autre.

onglet

Élément qui permet d'afficher un autre groupe d'options dans une boîte de dialogue classique ou une autre page Web dans Internet Explorer.

Panneau de configuration

Composant de l'environnement classique de Windows qui donne accès à de nombreux outils dédiés notamment à la sécurisation, à la gestion et à l'amélioration de l'ordinateur.

pare-feu

Programme qui contrôle sévèrement toutes les tentatives d'accès à votre ordinateur depuis l'Internet et qui bloque celles d'origine douteuse.

ruban

Longue bande placée dans la partie supérieure de certaines fenêtres de programmes et qui offre un accès rapide aux principales commandes par le biais de boutons.

sélectionner

Mettre en évidence un ou plusieurs éléments (comme des fichiers ou du texte) pour indiquer à Windows ou au programme que vous allez le(s) manipuler.

SkyDrive

Zone de stockage en ligne que vous alloue Microsoft gratuitement pour vos fichiers, de façon à mettre ceux-ci en sécurité et à pouvoir les consulter de n'importe quel appareil connecté à l'Internet.

spam

Faux courriel publicitaire, le plus souvent, qui vise à infecter votre ordinateur par un virus ou à encombrer votre boîte aux lettres électronique.

télécharger

Transférer un fichier depuis l'Internet sur votre ordinateur.

vignette

Rectangle ou carré de couleur affiché sur l'écran d'accueil, et qui offre un accès immédiat à l'élément qu'il représente.

virus

Programme malicieux qui s'introduit sur votre ordinateur à votre insu pour y commettre des dégâts plus ou moins graves.

Wi-Fi

Technologie qui permet de créer des réseaux sans fil dont les composants (des ordinateurs, principalement) communiquent par ondes radio.

Windows 8.1

Super programme qui dirige votre ordinateur, assure la bonne coopération des différents programmes et matériels, et vous permet d'utiliser votre machine en toute convivialité.

Windows Store

Magasin en ligne de Microsoft qui propose notamment des milliers de programmes gratuits ou payants.

Windows Update

Fonctionnalité de Windows qui veille à la mise à jour permanente de ce dernier.

zone d'adresse

Zone rectangulaire présente dans des programmes comme l'Explorateur et Internet Explorer, qui affiche l'emplacement de l'élément actuellement visible dans la fenêtre (dossier ou page Web, notamment).

zone de notification

Zone située dans la partie droite de la barre des tâches classique et qui indique, entre autres, la date, l'heure et des activités en cours sur l'ordinateur.